MAIS ELOGIOS A LID

"Desenvolver líderes que saibam como fazer a coisa certa — liderar com integridade — é extremamente importante conforme a economia global evolui e as organizações enfrentam novos desafios. John Mackey e seus coautores fizeram uma importante contribuição ao debate sobre como liderar."

—**Jeff Wilke**, CEO de Consumidores Internacionais, Amazon

"Este importante livro, cheio de exemplos inspiradores, oferece um caminho pelo qual os líderes podem desenvolver a si mesmos de modo que suas empresas sejam não apenas mais sustentavelmente bem-sucedidas, como também se tornem contribuintes ativas para um mundo melhor."

—**Tony Schwartz**, autor best-seller de *Não Trabalhe muito, Trabalhe Certo!* e CEO da The Energy Project

"John Mackey é um verdadeiro inovador e líder. Aqui ele compartilha insights de evolução e psicologia, bem como de sua própria experiência e de outros em empresas para expor com clareza e eloquência o que significa liderar com amor, propósito e integridade."

—**Matt Ridley**, autor de *How Innovation Works*

"Este é um dos melhores livros sobre liderança que já li. É um manual para criar valor e fazer a coisa certa."

—**Ed Freeman**, professor na UVA's Darden School of Business e autor de *The Power of And*

"Este livro integra claramente o mundo do crescimento pessoal e o dos negócios, apresentando um caminho adiante que cada um de nós pode trilhar para cumprir nossos maiores propósitos. Se quiser contribuir ao máximo com o mundo, este é o livro que deve ler!"

—**Doug Rauch**, ex-presidente do Trader Joe's, fundador do Daily Table

"Raramente um livro me leva às lágrimas, mas este levou, ao colocar um espelho perante o tipo de líder que desejo profundamente ser. *Liderança Consciente* é um convite poderoso a mudar nossa mentalidade dos jogos de guerra de ganhar/perder para as virtudes de amor, autenticidade e integridade que geram comunidade. Este livro se baseia na ideia radical de que as empresas podem ser uma força para levar mais amor ao mundo. Conte comigo."

—**Brian Robertson**, criador da Holacracy

"John Mackey e seus coautores trazem uma grande variedade dos meus tipos favoritos de lições de liderança — as *empíricas*, às vezes aprendidas na escola da vida. Estas páginas são uma aula magistral, especialmente para aqueles que nunca ouviram falar da expressão 'liderança consciente'."

—David Gardner, cofundador da The Motley Fool

"*Liderança Consciente* traz insights profundos e importantes sobre negócios e consciência. Ele dá tanto a mulheres quanto a homens a permissão de aceitarem sua feminilidade e masculinidade, traços essenciais de um líder consciente. Leitura obrigatória."

—Radha Agrawal, cofundadora e CEO da Daybreaker, cofundadora da THINX, e autora best-seller de *Belong*

"A essência mais importante de *Liderança Consciente* é como o leitor pode pensar sobre sua vida e nossa sociedade pelo filtro da sabedoria representada nestas páginas; você terminará este livro buscando melhores resultados para todos nós."

—Bob Greifeld, ex-CEO da Nasdaq, presidente da Virtu Financial

"Da mesma forma que John Mackey revolucionou as compras de mercado, também o fez com a liderança — inserindo noções definitivamente não corporativas, porém definitivamente humanas de amor, compaixão e autodesenvolvimento. O resultado é um tipo de Bíblia da Liderança. Quer você deseje lançar uma startup, dirigir uma empresa da Fortune 100, ou simplesmente criar filhos conscientes, você *deve* ler este livro."

—Dan Buettner, membro da National Geographic, fundador da Blue Zones, e autor de diversos best-sellers do *New York Times*

"Este livro é uma revelação e uma revolução. Ajudou-me a alinhar-me profundamente com meu propósito, fazer a mim mesma perguntas importantes sobre que tipo de líder quero ser, e lembrar a mim mesma que tudo bem evoluir constantemente."

—Miki Agrawal, fundadora da TUSHY, THINX e Wild, e autora dos best-sellers #1 *Disrupt-Her* e *Do Cool Shit*

"Hoje os líderes precisam de um ritmo mais rápido, estratégias mais incisivas e responsabilidades mais amplas, mas também de mais atenção, humildade e autenticidade. *Liderança Consciente* o ajudará a reunir a coragem de abrir seu coração, ir mais fundo e continuar crescendo como um líder consciente."

—Walter Robb, diretor da Stonewall Robb, ex-coCEO do Whole Foods Market

"*Liderança Consciente* fala sobre a presença, a energia e a mentalidade que um líder coloca em tudo o que faz, e como isso ecoa para fazer a diferença. É esse tipo de liderança que o mundo deseja, e este livro oferece um mapa para tornar-se esse tipo de líder."

—Alexander McCobin, CEO da Conscious Capitalism, Inc.

LIDERANÇA CONSCIENTE

*Inspirando a Humanidade
Através dos Negócios*

JOHN MACKEY
STEVE MCINTOSH
CARTER PHIPPS

ALTA BOOKS
E D I T O R A
Rio de Janeiro, 2021

Liderança Consciente

Copyright © 2021 da Starlin Alta Editora e Consultoria Eireli.
ISBN: 978-65-5520-499-5

Translated from original Conscious leadership: elevating humanity through business. Copyright © 2020 by Whole Foods Market Services, Inc., Steve McIntosh, and Carter Phipps. ISBN 9780593189214. This translation is published and sold by permission of Portfolio / Penguin, an imprint of Penguin Random House LLC, the owner of all rights to publish and sell the same. PORTUGUESE language edition published by Starlin Alta Editora e Consultoria Eireli, Copyright © 2021 by Starlin Alta Editora e Consultoria Eireli.

Todos os direitos estão reservados e protegidos por Lei. Nenhuma parte deste livro, sem autorização prévia por escrito da editora, poderá ser reproduzida ou transmitida. A violação dos Direitos Autorais é crime estabelecido na Lei nº 9.610/98 e com punição de acordo com o artigo 184 do Código Penal.

A editora não se responsabiliza pelo conteúdo da obra, formulada exclusivamente pelo(s) autor(es).

Marcas Registradas: Todos os termos mencionados e reconhecidos como Marca Registrada e/ou Comercial são de responsabilidade de seus proprietários. A editora informa não estar associada a nenhum produto e/ou fornecedor apresentado no livro.

Impresso no Brasil — 1ª Edição, 2021 — Edição revisada conforme o Acordo Ortográfico da Língua Portuguesa de 2009.

Erratas e arquivos de apoio: No site da editora relatamos, com a devida correção, qualquer erro encontrado em nossos livros, bem como disponibilizamos arquivos de apoio se aplicáveis à obra em questão.

Acesse o site www.altabooks.com.br e procure pelo título do livro desejado para ter acesso às erratas, aos arquivos de apoio e/ou a outros conteúdos aplicáveis à obra.

Suporte Técnico: A obra é comercializada na forma em que está, sem direito a suporte técnico ou orientação pessoal/exclusiva ao leitor.

A editora não se responsabiliza pela manutenção, atualização e idioma dos sites referidos pelos autores nesta obra.

Dados Internacionais de Catalogação na Publicação (CIP) de acordo com ISBD

M157l   Mackey, John
         Liderança Consciente: Inspirando a Humanidade Através dos Negócios / John Mackey, Steve McIntosh, Carter Phipps ; traduzido por Luciana Ferraz. - Rio de Janeiro : Alta Books, 2021.
         256 p. ; 16cm x 23cm.

         Tradução de: Conscious Leadership
         Inclui índice e bibliografia.
         ISBN: 978-65-5520-499-5

         1. Liderança. 2. Negócios. 3. Inovação. 4. Humanidade. I. McIntosh, Steve. II. Phipps, Carter. III. Ferraz, Luciana. IV. Título.

                                                    CDD 658.4092
         2021-3265   CDU 65.012.41

Elaborado por Odilio Hilario Moreira Junior - CRB-8/9949

Rua Viúva Cláudio, 291 — Bairro Industrial do Jacaré
CEP: 20.970-031 — Rio de Janeiro (RJ)
Tels.: (21) 3278-8069 / 3278-8419
www.altabooks.com.br — altabooks@altabooks.com.br

Produção Editorial
Editora Alta Books

Gerência Comercial
Daniele Fonseca

Editor de Aquisição
José Rugeri
acquisition@altabooks.com.br

Produtores Editoriais
Illysabelle Trajano
Maria de Lourdes Borges
Thales Silva
Thiê Alves

Marketing Editorial
Livia Carvalho
Gabriela Carvalho
Thiago Brito
marketing@altabooks.com.br

Equipe de Design
Larissa Lima
Marcelli Ferreira
Paulo Gomes

Diretor Editorial
Anderson Vieira

Coordenação Financeira
Solange Souza

Assistente Editorial
Mariana Portugal

Equipe Ass. Editorial
Brenda Rodrigues
Caroline David
Luana Rodrigues
Raquel Porto

Equipe Comercial
Adriana Baricelli
Daiana Costa
Fillipe Amorim
Kaique Luiz
Victor Hugo Morais
Viviane Paiva

Atuaram na edição desta obra:

Tradução
Luciana Ferraz

Copidesque
Vivian Sbravatti

Capa
Rita Motta

Revisão Gramatical
Daniel Salgado
Fernanda Lutfi

Leitura Técnica
Hugo Bethlem

Diagramação
Joyce Matos

Ouvidoria: ouvidoria@altabooks.com.br

Editora afiliada à:

SUMÁRIO

AGRADECIMENTOS	vii
Prefácio: livro John Mackey, Steve McIntosh e Carter Phipps Liderança Consciente — Edificando a Humanidade Por Meio das Empresas	ix
INTRODUÇÃO: Meu Despertar para a Liderança Consciente	xv

PARTE I: VISÃO & VIRTUDE

1.	Priorize o propósito	3
2.	Lidere com amor	25
3.	Sempre Aja com Integridade	51

PARTE II: MINDSET & ESTRATÉGIA

4.	Encontre Soluções Ganha-Ganha-Ganha	75
5.	Inove e Crie Valor	97
6.	Pense no Longo Prazo	121

PARTE III: PESSOAS & CULTURA

7.	Desenvolva a Equipe Constantemente	147
8.	Revitalize-se regularmente	171
9.	Aprenda e Cresça Continuamente	191

Apêndice: Sobre Cultivar a Inteligência Cultural	215
Notas	221
Índice	227

Para todos os líderes conscientes com quem trabalhei na Whole Foods, especialmente Walter Robb, Glenda Flanagan, A.C. Gallo, Jim Sud, Jason Buechel, Sonya Gafsi Oblisk e Keith Manbeck.
—JOHN MACKEY

À minha amada esposa, Tehya McIntosh, e nossos dois lindos filhos, Ian e Peter. E aos líderes conscientes do futuro.
— STEVE MCINTOSH

Aos muitos indivíduos que me ensinaram — por meio de sua coragem, sabedoria e visão, bem como de suas lutas e desafios — o imenso valor da liderança consciente.
— CARTER PHIPPS

AGRADECIMENTOS

Como diremos muitas vezes nestas páginas, a inovação ama companhia. Conquistas significativas raramente são produto de uma única mente, mas nascem do "gênio coletivo" de uma comunidade criativa. Este livro não é exceção.

Nosso objetivo como autores era capturar nossa visão profunda de liderança, mas essa visão também é a expressão de uma comunidade inspirada de desbravadores e empreendedores cuja convicção no poder ético dos negócios ajudou a iluminar o caminho que trilhamos. De fato, temos uma dívida intelectual com os muitos pioneiros do Capitalismo Consciente e liderança iluminada que deixaram suas marcas nesse campo. Há muitos mais do que podemos listar neste espaço, mas queremos mencionar alguns cujo trabalho e exemplo foram indispensáveis: Stephen Covey, Don Davis, Ed Freeman, Daniel Goleman, Clare Graves, Howard Gardner, Robert Greenleaf, Stuart Kauffman, Robert Kegan, Fred Kofman, Deirdre McCloskey, Doug Rauch, Jeff Salzman, Peter Senge, Robert C. Solomon, Roy Spence, e muitos outros cujas valiosas contribuições não couberam nesta lista.

Gostaríamos de agradecer à dedicada e capacitada equipe da Portfolio; especialmente, Trish Daly por seu apoio criativo contínuo, visão firme e edição atenciosa; e Adrian Zackheim por sua sabedoria editorial e profundo comprometimento com este projeto.

Nosso agente, Rafe Sagalyn, foi fundamental ao nos ajudar a ver a importância e o potencial deste livro, e agradecemos por seu apoio consistente ao longo de todo o processo. Além disso, Keith Urbahn e a equipe na Javelin foram pacientes e prestativos nas primeiras conversas que levaram a este projeto.

Este livro jamais teria se tornado real sem a maestria editorial de Ellen Daly. Somos gratos por sua capacidade de ajudar a estruturar o manuscrito e moldar três estilos diferentes em uma única voz lúcida.

Raj Sisodia merece menção especial como um importante defensor do Capitalismo Consciente. Seus esforços incansáveis para promover uma abordagem mais ética nos negócios ajudaram a tornar este livro e muitos outros como ele possíveis. Gostaríamos também de estender uma nota de reconhecimento a Alexander McCobin e sua equipe na Conscious Capitalism Inc., que faz um trabalho incrível todos os dias para edificar a humanidade por meio das empresas.

Muitas pessoas concederam generosamente seu tempo e sabedoria para debater negócios e liderança conosco. Agradecemos profundamente suas importantes contribuições a este material. Entre elas temos: Miki Agrawal, Radha Agrawal, Pauline Brown, Mary Ellen Coe, Andy Eby, David Gardner, Tom Gardner, Steve Hall, Brett Hurt, Jonathan Keyser, Adam Leonard, Ramón Mendiola, Dev Patnaik, Jenna Powers, Walter Robb, Cheryl Rosner, Brian Schultz, Tony Schwartz, Ron Shaich, Rand Stagen, Robert Stephens, John Street, Halla Tómasdóttir e Jeff Wilkie.

PREFÁCIO

livro John Mackey, Steve McIntosh e Carter Phipps Liderança Consciente — Edificando a Humanidade Por Meio das Empresas

Hugo Bethlem
Cofundador e Presidente do Instituto
Capitalismo Consciente Brasil (ICCB).

Conheci pessoalmente John Mackey, CEO e cofundador da Whole Foods Market (WFM) e cofundador do movimento Conscious Capitalism Inc, em um evento realizado em maio de 2012 em Boston, EUA. Na oportunidade, eu era VP de Relações Corporativas do Grupo Pão de Açúcar (GPA) e na época convencemos o Conscious Capitalism de que valia a pena ter na programação uma palestra do Abílio Diniz, cofundador e presidente do Conselho (na época) do GPA, sobre sua jornada empreendedora. Toda a diretoria executiva participou dessa viagem incrível, que consolidou uma nova visão e uma prática transformadora na forma de se fazer negócios.

Fui forjado no Capitalismo para Shareholder (acionista), no qual, segundo Milton Friedman, da escola de Chicago e que inspirou tantos jovens executivos nas décadas de 1970 a 1990, "a única responsabilidade social da empresa (leia-se executivo) é maximizar o retorno e o lucro do acionista". Essa máxima contribuiu muito para o crescimento dos negócios no livre mercado, mas também gerou enormes acumulações e desigualdades, sendo a riqueza e a felicidade dos acionistas (e dos C-Level) conquistadas a qualquer custo, mesmo que fosse por conta da pobreza e tristeza dos demais stakeholders, como colaboradores, fornecedores, clientes, comunidades etc.

Já no GPA seguíamos os princípios pregados pelo guru de administração Jim Collins — autor do best-seller *Empresas Feitas para Vencer* (Good to Great) [publicado pela Editora Alta Books]. Nessa obra, ele relata um estudo de 11 empresas norte-americanas de capital aberto que não eram Good (Boas), mas Great (Excelentes), porém apenas pela ótica da performance financeira. Em 2008, na crise do subprime, duas das empresas ali relatadas — Fannie Mae e Circuit City — quebraram.

Esses fatos suscitaram o seguinte questionamento: ora, como foi possível empresas "Great" falirem? Pois bem, encontrei a resposta posteriormente no livro *Firms of Endearment* [traduzido pelo Instituto Capitalismo Consciente Brasil como Empresas Humanizadas e publicado pela Editora Alta Books] do Raj Sisodia, cofundador do Conscious Capitalism junto com John Mackey. Nesse livro, há o relato de 26 empresas norte-americanas, europeias e asiáticas que não só performam muito melhor que as "Great", como nenhuma quebrou durante a crise de 2008. Então, na leitura, descobrimos que havia algo diferente nessas empresas que valia a pena conhecer e se aprofundar: a "Liderança Consciente".

Gosto de frisar essa trajetória para chegar no ponto de início deste prefácio e do meu primeiro contato com John Mackey.

Ao conhecê-lo pessoalmente, achei, como bom brasileiro e latino que sou, que ele era um líder frio e pragmático, mas na verdade ele tem um carisma incrível quando fala com paixão de dois assuntos: Capitalismo Consciente e Alimentação Saudável.

E este livro que você tem em mãos narra de forma leve a trajetória de Líderes Conscientes, começando pelo próprio John, com um depoimento vulnerável e de humildade sobre sua jornada. Sim, ele também não nasceu um Líder Consciente. Ele despertou ao longo do caminho.

Na leitura, vamos voltar ao momento quando, em 1978, em uma época em que ninguém falava disso, ele e um grupo de amigos criaram um conceito de supermercado saudável e batalharam contra o ceticismo dos fornecedores, concorrentes e até mesmo de clientes. Tiveram que fazer vários ajustes no sortimento ao longo do tempo, entendendo que a loja não podia vender apenas aquilo que ele mesmo comia. John Mackey sempre trabalhou com um incrível brilho nos olhos e isso, algumas vezes, o deixou "cego" frente ao mercado de Wall Street, e ele conta que quase foi demitido do cargo de CEO da própria empresa que fundou.

Ele conseguiu "enxergar" a tempo de salvar sua posição, mas principalmente o WFM. Descobriu nessa época (em torno dos anos 2000) que precisava evoluir seu estilo de liderança e sentiu-se convocado a assumir um grau muito maior de cuidado com as pessoas e a empresa que o tinha como fundador. Ele havia se afastado do líder confiante e consciente que a empresa precisava que ele fosse.

A primeira grande lição foi ter que abraçar totalmente o papel de CEO com toda sua responsabilidade e poder, e isso também significava montar uma equipe saudável e produtiva ao seu redor, que representasse um complemento eficiente às suas forças em vez de uma abdicação da responsabilidade.

Estava na hora de se tornar um líder mais profundo, sábio, confiante e consciente.

Ser um líder consciente é algo bem diferente, significa embarcar em uma jornada intencional de desenvolvimento.

Esse despertar fez com que o WFM crescesse US$1 bilhão em vendas por ano, desde 2002 até 2020. Tendo faturado em 2020 algo próximo a US$20 bilhões.

A principal razão de escrever este livro foi a convicção de que o único fator limitante para o Capitalismo Consciente não ser o modelo mais adotado nas empresas pelo mundo é a necessidade de existirem dezenas de milhares de líderes mais conscientes, pois é sabido que o potencial de uma organização é limitado pelas capacidades de seu líder.

A imensa diversidade de problemas aos quais um CEO deve responder exige sabedoria, assertividade, criatividade, inteligência emocional, paciência, vulnerabilidade e humildade com empatia. Por isso, a liderança é uma jornada contínua de servir na vida empresarial, não é uma posição estática de poder e glória. Pois grana e fama, ainda que sejam sinônimos de sucesso, são muito efêmeras, o verdadeiro sucesso é medido pelo impacto que causamos na vida das pessoas. Dessa forma, sempre há espaço para mais desenvolvimento.

O livro tem três grandes blocos: Visão & Virtude; Mentalidade & Estratégia; Pessoas & Cultura.

Líderes Conscientes colocam o propósito primeiro, lideram com amor e sempre agem com integridade. São determinados a encorajar soluções benéficas para todos, inovam, criam valor e pensam no longo prazo do impacto de suas escolhas. São sensíveis à cultura em torno de si e trabalham para desenvolver a equipe constantemente, reconhecem a importância de revitalizar a energia física, mental, emocional e espiritual. Líderes Conscientes têm o compromisso de aprender e crescer continuamente, tanto pessoal quanto profissionalmente.

O trabalho mais importante de todo líder consciente é conectar pessoas ao propósito da organização de tal forma que, mesmo em meio a toda complexidade das atividades diárias do negócio, o propósito brilhe intensamente. Um líder consciente incorpora o propósito e o vive de modo a torná-lo vívido e empolgante. Sempre infundem o propósito de sua empresa com autenticidade e significado. Eles demonstram e incorporam o "porquê" da organização, mostrando os caminhos possíveis para o "como".

O propósito é a imagem lúdica da pergunta: "Qual é a dor das pessoas que nosso negócio quer curar?" E normalmente nasce da visão interior de uma pessoa que, cansada da situação, decide deixar de ser "passageiro" do problema para ser o "motorista" e dirigir rumo à solução.

Para a pessoa, o propósito não é algo com que se nasce ou não. O propósito é uma prática para toda a vida. O alinhamento do propósito pessoal com o propósito da organização é muito poderoso para o sucesso individual e coletivo. Não esqueçamos que as organizações, por sua vez, trabalham duro todos os dias para ganhar dinheiro e gerar um impacto positivo na sociedade e para todos os stakeholders, mas existem para cumprir seu propósito.

Uma boa definição de propósito vem de Antoine de Saint Exupéry: "Se quiser construir um navio, não chame as pessoas para juntar madeira e receber tarefas e ordens. Mas ensine-as a desejar a infinita imensidão do oceano."

Um Líder Consciente é um líder servidor, definido como uma pessoa que prioriza as necessidades dos outros, extraindo sua autoridade do impulso sincero de ajudar.

O Líder Consciente é capaz de organizar, mobilizar e engajar pessoas para atingir resultados alinhados ao propósito. Por isso, entende que deve cuidar das pessoas que cuidarão da empresa. Cuidar é demonstrar amor, que não é uma "coisa", mas uma virtude de muitas qualidades. Amar é demonstrar Generosidade, Reconhecimento, Cuidado, Compaixão e Perdão.

Mas, além do Amor, o Líder Consciente tem que ter Integridade, que é ser honesto consigo mesmo. Falar a verdade é o principal fundamento da integridade. Como disse Thomas Jefferson: "A honestidade é o primeiro capítulo no livro da sabedoria."

Os líderes que efetivamente entendem a importância da honestidade e da integridade no ambiente profissional cultivam a verdade, seja ela boa ou ruim, e aceitam a vulnerabilidade, o que leva a permitir o erro.

Esse princípio gera a confiança, e costumo dizer que confiança se conquista depois de "comer um quilo de sal juntos". Como um castelo de cartas, leva um tempão e dá muito trabalho e cuidado para construir, mas um "peteleco" é suficiente para destruí-la.

Por fim, quando se tem um ambiente de Confiança, de Verdade e de Vulnerabilidade, emerge um ambiente propício para inovar e criar valor.

Como disse Steven Johnson: "Se você observar a história, a inovação não vem de simplesmente dar incentivos às pessoas; ela vem de criar ambientes nos quais suas ideias podem se conectar."

A inovação pode ter inúmeras formas, mas seu cerne tem a ver com criar valor para melhorar a vida das pessoas e compartilhar com a sociedade. A grande pergunta que um Líder Consciente deve sempre se fazer é: "O que posso fazer para ajudar a promover o espírito criativo de inovação nas pessoas ao meu redor? Como posso criar e nutrir uma cultura de inovação? Devo reconhecer e apoiar a inovação quando ocorrer?" Pois, afinal, líderes têm uma influência enorme, líderes conscientes pensam cuidadosamente sobre como usar essa influência para incentivar a inovação e a criação de valor para os indivíduos, para as equipes e na cultura organizacional que os conecta.

Ser um líder consciente é pensar no longo prazo, garantindo o resultado sustentável no curto prazo, mas construindo o futuro. O que não é fácil, pois somos diariamente pressionados pelo imediatismo do resultado, pela "tirania dos trimestres", pelos analistas financeiros, e até porque esquecemos que estamos em um "jogo infinito" e queremos jogar um "jogo finito" com regras que não combinamos com nossos concorrentes e que nossos stakeholders também não conhecem. Precisamos trabalhar pelo propósito da organização e para seus investidores, mas não para os especuladores.

Por fim, John Mackey traz uma visão do "otimismo saudável". Isso porque "um líder é um negociador de esperanças", como disse Napoleão Bonaparte. Para planejar e construir o longo prazo, temos que acreditar nele. Isso também significa acreditar que o futuro pode ser impactado, mudado e melhorado por meio de nossas atitudes conscientes e de nossas atividades criativas.

Não existe líder de sucesso, muito menos consciente, sem uma equipe bem preparada, motivada, alinhada e comprometida. Sempre, ao lado de um líder bem-sucedido, tem um grupo incrível de pessoas talentosas que complementam seus pontos fortes e compensam seus pontos fracos.

Como líderes, somos tão bons quanto as nossas equipes. Mas, para isso, devemos inverter a tradição de contratar competência e demitir por comportamento. Vamos contratar comportamento, caráter, alinhamento de propósito e valores; dar treinamento e, se for o caso, demitir por competência.

Como um apaixonado pela alimentação saudável e pelos esportes ao ar livre, John Mackey não poderia encerrar este brilhante livro sem falar de saúde física e mental para o líder e para a sua equipe.

Ao trabalhar muitos anos com outro líder absolutamente apaixonado por saúde física e mental, Abílio Diniz, que sempre disse que a virtude está no meio, no equilíbrio de todas as coisas como vida profissional e pessoal (aliás não tem "dois" de nós, somos a mesma pessoa que vive fora e dentro da empresa, lembre-se sempre disso), aprendi que é fundamental termos pausas para recuperação, como sono, alimentação balanceada, esportes constantes, meditação, diversão, prazeres e espiritualidade.

Lembre-se de que a vida é um constante aprendizado e aperfeiçoamento daquilo que somos, e como disse o poeta uruguaio Eduardo Galeano: "Somos o que fazemos, mas somos principalmente o que fazemos para mudar o que somos."

Boa leitura!

INTRODUÇÃO

Meu Despertar para a Liderança Consciente

John Mackey

Quando o avião pousou na Flórida em janeiro de 2001 e eu olhei pela janela e vi um mundo de palmeiras e sol, soube que minha vida tinha chegado a uma encruzilhada. Eu não estava ali para tirar férias, apesar de estar precisando. Estava ali a pedido do conselho administrativo da Whole Foods Market. Meu emprego e meu futuro estavam em jogo. Em uma reunião marcada para o dia seguinte, eu seria entrevistado, junto aos outros membros da equipe executiva da empresa, como parte de uma investigação destinada a determinar quem lideraria a empresa para o futuro. Eu continuaria como CEO da empresa que cofundei em 1978 e pastoreei por mais de duas décadas? Ou seria convidado a retirar-me e dar espaço para um novo líder? A resposta não estava nem um pouco clara.

Quando desembarquei do avião e peguei minhas malas, senti-me um pouco entorpecido. A ideia de perder boa parte do trabalho da minha vida pesou muito sobre mim, e nem as belezas ensolaradas da Flórida conseguiram dissipar as nuvens psicológicas que escureciam minha disposição. Como eu tinha chegado a isso? Saindo do aeroporto, refleti sobre os eventos que culminaram neste dia difícil.

Apenas alguns anos antes, na década de 1990, o boom da internet tinha atingido sua maior ascendência. Como muitos da época, nossa equipe reconheceu as profundas disrupções que estavam chegando ao mercado varejista como resultado da revolução online. Era empolgante; era transformador; estava tudo acontecendo rapidamente. Como poderíamos fazer parte daquilo? Pensando naqueles dias inebriantes, posso também admitir que, como muitos outros, nos deixamos levar pela emoção. Ficamos inebriados pelas possibilidades da internet

Na Whole Foods Market, nós bolamos um plano para sair na frente na revolução pontocom. Tínhamos uma base de clientes leal e crescente apaixonada por alimentos orgânicos e naturais. Por que eles não se interessariam também por um estilo de vida orgânico e natural? Na verdade, o mercado LOHAS (lifestyles of health and sustainability [estilos de vida de saúde e sustentabilidade]) era o setor que estava bombando no momento. E nós tínhamos um funil direto para os desejos e necessidades desses consumidores influentes. Então decidimos fazer uma jogada online significativa. Compramos uma empresa de venda de suplementos nutricionais por correio em Boulder, Colorado, chamada Amrion e lançamos o WholePeople.com. Pegamos alguns investimentos de risco para ajudar a financiar a iniciativa. Definimos que venderíamos alimentos, suplementos, livros, roupas, viagens — tudo o que nosso público-alvo desejasse, e tudo disponível em um só lugar: online.

Para concentrar-me nesse projeto, me mudei para Boulder a fim de dirigir o WholePeople.com. É claro que eu ainda fiquei de olho na empresa maior, mas a maior parte da minha atenção diária estava nas possibilidades extraordinárias desse novo empreendimento. Eu sou empreendedor por natureza e, depois de muitos anos fazendo a Whole Foods Market crescer e tornar-se uma grande empresa nacional, foi estimulante estar de volta ao modelo de startup.

A saga do WholePeople.com, que no fim das contas fracassou, é uma longa história à parte. Nosso timing não foi bom, os custos para tirar a empresa do papel se mostraram excessivos e, quando a bolha da internet estourou, ficou claro que o negócio estava perante prospectos mais fracos e uma estrada muito mais longa e difícil do que havíamos imaginado. Simplesmente não seria o sucesso instantâneo que esperávamos. Além do mais, nossos acionistas não gostaram da iniciativa na internet, e o preço de nossas ações naquele período refletiu seu desgosto. Quando a bolha da internet murchou, ficou claro para mim e minha equipe que era hora de nos concentrarmos novamente no que já tornava a Whole Foods maravilhosa.

No final de 2000, nós vendemos a propriedade majoritária do WholePeople.com para a marca de estilo de vida, Gaiam, e eu retornei a Austin, pronto para voltar a liderar nossa empresa bem estabelecida. O que não previ foi que havia um golpe em curso. Um dos líderes da equipe executiva em que eu mais confiava, mais dois membros de nosso conselho administrativo, decidiram que essa era a hora de me substituir, e uma guerra por controle estava a caminho. Meu emprego e meu futuro tornaram-se repentinamente incertos. Eu não estava na invejada posição que alguns empreendedores desfrutam hoje em dia, com ações de voto especial e o real controle sobre a empresa. Apesar de ter cofundado e construído a Whole Foods do zero, eu possuía uma porcentagem relativamente pequena de ações. Em outras palavras, eu servia conforme ditado pelo conselho administrativo. Mas eu ainda tinha apoiadores no conselho, e era muito próximo de boa parte da equipe executiva — muitos dos quais estavam na empresa desde os primeiros dias. Juntos havíamos ajudado a elevar a empresa ao colosso dos alimentos naturais que ela havia se tornado. Fiquei chocado com essa reviravolta, mas ainda esperava poder convencer o conselho de que eu era, na verdade, a pessoa certa para continuar a liderar a empresa para o futuro.

Na Flórida, sabendo que não havia muito mais que eu pudesse fazer para preparar-me para a fatídica reunião no dia seguinte, decidi fazer o que sempre faço ao viajar e tirar um tempo para visitar nossas lojas locais. Conforme eu andava pelos corredores, repletos de uma abundância de alimentos naturais e saudáveis, e conversava com os membros da equipe que estavam realizando um trabalho incrível, as nuvens se dissiparam pela primeira vez em semanas. A missão da Whole Foods ressurgiu em mim, com toda sua clareza e relevância. Era *essa* a essência de nossa empresa — não batalhas em salas de reuniões ou sonhos de sucesso pontocom. Este era o coração da Whole Foods — lindas lojas cheias de colaboradores sorridentes, esforçando-se para ajudar nossos clientes na busca pela alimentação mais saudável e deliciosa possível. Era isso que eu amava; essa era minha paixão e meu chamado. Foi isso que me inspirou a começar a empresa tantos anos antes. Senti meu propósito renovado. Aos 47 anos, eu estava apenas iniciando meus melhores anos de liderança. Havia tanto a fazer. Eu queria desesperadamente continuar desenvolvendo essa empresa incrível; só esperava ter a oportunidade de fazê-lo.

Quando entrei na reunião do conselho naquela tarde, ainda estava em um estado bastante alterado. A transmissão de amor e propósito que eu havia recebido da equipe que conheci na Whole Foods ainda estava fresca, e minha ansiedade acerca do desafio que eu estava enfrentando tinha sumido completamente. O conselho me fez muitas perguntas, às quais eu respondi de coração. Não me defendi ou tentei provar nada. Apenas compartilhei verdadeiramente minha paixão e minha convicção no poder e no potencial da Whole Foods, e meu compromisso de ir adiante com a empresa ao novo milênio.

A reunião acabou e eu voltei a Austin, onde aguardei a decisão do conselho. Mas não simplesmente aguardei. Estava surgindo em mim uma nova percepção. Qualquer que fosse o resultado de suas deliberações, tinha ficado claro que eu precisava crescer e mudar. Todo o episódio foi uma baita sacudida. Meu estilo de liderança precisava evoluir. Fui convocado a assumir um grau muito maior de cuidado com a empresa que eu havia cofundado. Percebi que parte do fiasco que eu estava vivendo era culpa minha. Eu não estava simplesmente enfrentando um desafio externo à minha liderança — havia também um desafio interno a ser confrontado. Eu havia me afastado do líder confiante e consciente que a empresa precisava que eu fosse. Na verdade, minha relutância em dar o passo de crescimento necessário criou um vácuo na liderança, e eu havia sido complacente em permitir que outros se prontificassem e preenchessem aquele vazio — pessoas que tinham a ânsia de estar no comando, mas não necessariamente as habilidades, os motivos ou o cuidado certos. Quando alguém não se prontifica adequadamente e assume as rédeas da liderança consciente efetiva, esse vácuo é inevitavelmente preenchido por pessoas que querem poder, e nem sempre pelos motivos certos.

Se eu quisesse continuar liderando a Whole Foods em seu futuro brilhante, precisava crescer e evoluir como líder consciente. Eu tinha que assumir uma responsabilidade mais profunda por essa empresa bilionária que eu havia cocriado. Isso não significava que eu tinha que microgerenciar tudo — não mesmo. Eu sempre tive um foco empresarial e fui bom em manter minha atenção no todo. Mas, de alguma forma essencial, eu precisava abraçar totalmente o papel de CEO com toda sua responsabilidade e poder, e isso também significava montar uma equipe saudável e produtiva a meu redor que representasse um complemento eficiente às minhas forças em vez de uma abdicação da responsabilidade. Eu tinha que me esforçar mais de todas as formas possíveis.

Ao longo de muitas semanas seguintes, fiz vários exames de consciência. Conversei francamente com amigos próximos e mentores; escrevi um diário; li; meditei; e participei de algumas técnicas terapêuticas poderosas. Por meio desses processos, passei a apreciar ainda mais profundamente as transformações pelas quais eu precisava passar pessoalmente. Eu estava em um ponto de transição crítico; não era hora de meias medidas. O CEO que eu havia sido até 2000 já era. Estava na hora de tornar-me um líder mais profundo, sábio, confiante e consciente.

Em muitos aspectos, minha própria jornada de liderança consciente acelerou muito aquele dia na Flórida. Deixei de confiar no ritmo de minhas habilidades naturais e paixão empresarial para tornar-me um CEO verdadeiramente consciente, capaz de liderar eficientemente uma empresa pública multibilionária para o futuro. Todos nascemos com certos talentos e qualidades de caráter, algumas das quais contribuem para uma liderança efetiva. Eu certamente tinha algumas forças inatas, mas, como a maioria das pessoas, eu definitivamente também tinha algumas fraquezas. E descobri, como muitos que vieram antes de mim, que ser um líder *consciente* é algo bem diferente. Significa embarcar em uma jornada intencional de desenvolvimento. Significa elevar-se propositalmente a um nível muito mais alto de integridade e responsabilidade. Este livro nasceu de tudo o que aprendi ao trilhar esse caminho.

Naqueles dias sombrios de 2000, quando pareceu temporariamente que eu poderia perder tudo, deparei-me com a necessidade de minha própria liderança consciente para a Whole Foods. Foi quase tarde demais. Felizmente, nem tanto. Logo recebi uma ligação de um dos membros do conselho avisando-me de que a decisão fora de me manter como CEO. Mas aquilo não era tudo. Eles queriam fazer diversas mudanças — na equipe executiva, no conselho administrativo e na estrutura da organização. *Que bom*, pensei comigo. *Eu também quero.*

Desde aquele dia, a Whole Foods cresceu de cerca de US$1 bilhão em vendas anuais para mais de US$19 bilhões anualmente. Em grande parte, foi a equipe que montamos em 2001 que supervisionou o notável período de progresso. A Whole Foods sobreviveu e prosperou ao longo daqueles anos principalmente por causa das decisões que tomamos após minha crise de liderança e despertar. Não foram decisões estratégicas sobre fatia de mercado e produto. Isso viria depois. Foram decisões sobre liderança e pessoas — sobre quem pastorearia a empresa que todos amávamos em direção a um futuro brilhante, e o tipo de líderes que todos nos tornaríamos no processo.

Após aquela noite escura surgiu uma manhã luminosa. Este livro é um tributo àquela luz da manhã, e minha convicção de que, com a atitude e abordagem de liderança certas, ela pode brilhar para todos nós.

POR QUE ESCREVEMOS ESTE LIVRO

Primeiro articulei minha compreensão da liderança consciente como parte de um projeto maior: o livro *Capitalismo Consciente*, o qual escrevi com Raj Sisodia e publiquei em 2013. Aquele livro ajudou a catalisar um movimento mundial no sentido de mudar o modo como o mundo pensa sobre negócios, e o modo como os negócios pensam sobre si mesmos. Ele mostrou que o capitalismo pode ser uma ótima força para o bem no mundo. Tenho orgulho de o livro ter se tornado um best-seller; ter sido traduzido em 12 idiomas; ter se tornado referência cultural de uma forma melhor de fazer negócios; e ter inspirado líderes e empreendedores ao redor do mundo a estimular suas empresas, comunidades e países. Na verdade, em 2019, a Business Roundtable — um coletivo de CEOs das maiores empresas norte-americanas responsáveis por mais de 15 milhões de colaboradores e mais de US$7 trilhões em receitas anuais — emitiu uma declaração formal que seria inimaginável até mesmo uma década antes. Nela, eles redefiniram o propósito de uma empresa como sendo beneficiar não somente os acionistas, mas todos os stakeholders, incluindo consumidores, colaboradores, fornecedores e comunidades.[1]

Ao viajar ao redor do mundo falando sobre Capitalismo Consciente, percebi algo interessante. Dentre todos os temas importantes que o livro abordou, há um favorito constante em meu público: a liderança consciente. Os leitores amaram o que dissemos naquele tópico, e queriam mais. *Liderança Consciente* é a tão aguardada resposta àqueles muitos pedidos.

É também uma resposta a algo que ficou ainda mais claro para mim nos anos desde a publicação de *Capitalismo Consciente*: o principal fator limitante, tanto para mudar a narrativa sobre os negócios quanto para evoluir o comportamento dos negócios, é que precisamos de dezenas de milhares de líderes mais conscientes. É uma verdade bem estabelecida que o potencial de uma organização é limitado pelas capacidades de seu líder. (John Maxwell chamou isso de "a lei da tampa".) Então, se nosso objetivo é que os negócios se tornem mais conscientes, não há como escapar do imperativo de os líderes assumirem o desafio pessoalmente. E cada vez mais líderes estão fazendo exatamente isso. Da mesma forma que eu me senti compelido a levantar-me e assumir uma responsabilidade mais profunda e cuidar da Whole Foods Market, líderes ao redor do mundo, em todos os setores, estão respondendo ao mesmo chamado interno. Você ouvirá muitas de suas vozes nas páginas a seguir. Elas vêm de diversos setores — do varejo ao imobiliário comercial, passando por fabricação, saúde, tecnologia e capital de risco. Mas elas refletem as mesmas paixões e o mesmo comprometimento com crescimento pessoal *e* transformação organizacional.

A liderança sempre apresentou desafios, mas hoje, em meio à economia global em rápida evolução, esses desafios são realmente monumentais. A tecnologia está se mostrando cada vez mais disruptiva, a concorrência global está sempre presente, as mudanças geracionais no local de trabalho estão complicando a cultura organizacional, e mudanças de mentalidade em relação às responsabilidades dos negócios estão exercendo ainda mais pressão nos líderes. A imensa diversidade de problemas a que qualquer CEO deve responder exige a sabedoria de Buffett, a assertividade de Churchill, a criatividade de Jobs, a inteligência emocional de Oprah e a paciência de Mandela! Nenhum indivíduo atende perfeitamente a essas múltiplas demandas, mas os melhores aprendem uma lição inestimável: que a liderança é uma jornada contínua de serviço, não uma posição estática de poder. Mais importante, sempre há espaço para mais desenvolvimento.

Não é fácil se tornar um líder mais consciente. Não é suficiente apenas cumprir regras ou adotar a última moda da liderança. O termo *consciente* significa ser mais cuidadoso, mais atento e mais intencional ao aceitar nosso papel e as responsabilidades que ele outorga. É uma palavra que pode ser imediatamente associada a crescimento pessoal, espiritualidade ou filosofia em vez de desenvolvimento profissional. E este é exatamente o ponto: a liderança consciente é primeira e principalmente uma jornada interior de desenvolvimento de caráter e transformação pessoal, embasada em uma compreensão poderosa da natureza e da cultura humanas. Foi por isso que, quando chegou a hora de escrever este livro, escolhi dois coautores que passei a respeitar por seus profundos conhecimentos e experiências em cruzar esse terreno.

Steve McIntosh e Carter Phipps são pensadores independentes e astutos cujos insights e sabedoria consultei repetitivamente em minhas próprias empreitadas para tornar-me mais consciente. Steve e Carter cofundaram a entidade sem fins lucrativos, Institute for Cultural Evolution, e eu entrei para o conselho e ajudo a sustentá-lo financeiramente. Além disso, seus escritos ajudaram a inspirar a visão do Capitalismo Consciente, e me trouxeram novas perspectivas sobre minha própria vida interior e os desafios que enfrentei como líder. Eles são bem versados no funcionamento dos negócios, contudo, o mais importante é que ambos mergulharam fundo nos campos da transformação pessoal e cultural. Nós três compartilhamos uma paixão por ajudar a evolução cultural a avançar de formas construtivas e dinâmicas, e todos percebemos que a liderança consciente é uma das chaves para esse reino.

Em parte, o que a liderança consciente significa e como ela é será diferente para cada indivíduo. Entretanto, em nossas conversas em interações com centenas de homens e mulheres, descobrimos nove características e comportamentos distintos que unem aqueles líderes que vemos se esforçando para ser mais conscientes. Para o objetivo deste livro, as organizamos em três categorias.

Visão & Virtude

Líderes conscientes **colocam o propósito primeiro**, guiados não somente pelo lucro, mas por uma visão do valor que podem contribuir para o mundo. Eles **lideram com amor** — tratando os negócios não como concorrência feroz, mas como uma oportunidade de servir e estimular pessoas e comunidades. E se esforçam para **sempre agir com integridade**, apegando-se aos mais altos padrões a fim de ganhar a confiança daqueles que lideram e daqueles que servem.

Mentalidade & Estratégia

Líderes conscientes são determinados a **encontrar soluções benéficas para todos** em todos os desafios. Eles **inovam e criam valor**, e constroem culturas em torno de si que nutrem e liberam o espírito criativo. Eles não são obcecados pelo "curto-prazismo"; eles **pensam no longo prazo** do impacto de suas ações e escolhas.

Pessoas & Cultura

Líderes conscientes são sensíveis à cultura em torno de si e trabalham para **desenvolver a equipe constantemente**. Eles reconhecem o quão importante é **revitalizar regularmente** — renovando sua própria energia física, mental, emocional e espiritual. E têm o compromisso de **aprender e crescer continuamente**, tanto pessoal quanto profissionalmente.

Nossa comunidade empresarial — e nosso mundo — jamais precisou tanto de líderes conscientes como agora. De fato, não são só as empresas que precisam de líderes conscientes, mas também governos, organizações sem fins lucrativos, instituições educacionais, as forças armadas e mais. Ainda que os exemplos deste livro sejam tirados principalmente de empresas, nossa intenção é que os princípios e práticas que compartilhamos possam ser aplicados em qualquer setor. Quando os líderes se tornam mais conscientes, as organizações que lideram se tornam mais conscientes, criando um círculo cada vez mais amplo de culturas e comunidades orientadas pelo propósito. Nós elevamos as empresas por meio de nossa humanidade, e elevamos a humanidade por meio das empresas. Dessa forma, todos ganham.

PARTE I

VISÃO & VIRTUDE

1

PRIORIZE O PROPÓSITO

> Se você ama seu trabalho, estará lá todos os dias tentando dar o melhor que pode, e logo todos ao seu redor serão contagiados pela sua paixão — como uma febre.
>
> — SAM WALTON

Era um dia lindo. Sem nenhuma nuvem no céu, observaram algumas testemunhas. Uma grande multidão havia se reunido para ouvir um grande orador apresentar suas considerações no cemitério de uma batalha histórica. Para um povo despedaçado por violência e sofrimento, a cerimônia trouxe uma chance de encontrar algum fio de esperança entre os fantasmas dos falecidos. Como tecer os fios da guerra em uma tapeçaria significante de redenção e renovação? Qual propósito poderia ser encontrado do outro lado de tal dor?

Enquanto milhares assistiam, o grande orador do dia começou suas considerações. Ele falou por mais de duas horas, relembrando os detalhes da batalha, colocando-a no panteão da história, e apelando às emoções e ao patriotismo do público. Para todos os efeitos, ele era inspirador, erudito e poderoso. Ele então passou o palco para outro palestrante, e um segundo discurso — este mais curto, simples e claro. Em vez de algumas horas, durou alguns minutos. Posteriormente, com o público em respeitoso silêncio, seu autor temeu que suas palavras não tivessem sido bem recebidas. Ele não precisava se preocupar. O primeiro discurso do dia acabou sendo uma consideração histórica; o segundo compõe as 272 palavras mais memoráveis já enunciadas.

Um grande propósito — seja para uma empresa ou país — é simples. Quando Abraham Lincoln olhou a multidão reunida em Gettysburg naquele dia de novembro em 1863 e leu o pequeno papel em que havia escrito o Discurso de Gettysburg, ele expressou — de forma simples, bela e inesquecível — o propósito da nação, e da União. Ele declarou sua missão, sua história e o contexto mais amplo de suas batalhas correntes. Como qualquer propósito é capaz de fazer, ele estimulou, incentivou e ajudou a unificar um povo dividido e atribulado. Ele mostrou um caminho adiante e tocou nas mais altas emoções de nossa humanidade comum.

Lincoln tinha muitas qualidades notáveis como líder. Mas talvez a mais excepcional — aquela que afinal guiou e fortaleceu suas outras qualidades — foi seu profundo e inabalável comprometimento com um propósito maior. Ele usou os calamitosos disparos da Guerra Civil para aprimorar e refinar aquele propósito em uma declaração que todos os norte-americanos internalizaram e entenderam. Sua articulação renovada do mandato de fundação dos Estados Unidos — uma nação única dedicada à liberdade e igualdade de todas as pessoas — tem sido uma fonte de solidariedade cultural e identidade nacional para os norte-americanos desde então.

Quer saiba isso ou não, toda pessoa e toda organização tem o potencial de adotar, promulgar e envolver as pessoas em torno de um propósito maior. Isso pode não exigir as habilidades retóricas de Lincoln ou chegar à significância histórica do Discurso de Gettysburg, mas está ali. Grandes líderes e empresas duradouras são construídos sobre grandes propósitos tão certamente quanto grandes prédios são construídos sobre fundações sólidas e robustas. Ele pode estar presente desde o início; pode ser descoberto, cultivado e desenvolvido ao longo do tempo. Mas, de uma forma ou de outra, o propósito é fundamental. Para um indivíduo, oferece direção e motivação para canalizar as atividades da vida a esforços cada vez mais frutíferos. Para uma organização ou instituição, um propósito maior oferece o contexto moldante que transforma um grupo de indivíduos em uma força de trabalho organizada, produtiva, criativa e engajada.

O primeiro e mais importante trabalho de todo líder consciente, como Lincoln sabia, é *conectar pessoas ao propósito*. O trabalho de um líder é garantir que, em meio a toda a complexidade das atividades diárias, o propósito brilhe intensamente — que ele continue sendo vital e relevante, um contexto norteador, tanto no sentido ético quanto prático. Isso implica mais do que simplesmente acreditar no propósito maior de nossa organização. Um líder consciente o incorpora, e o vive de modo a tornar aquele propósito vívido e empolgante. Como exemplificado pela forma como Lincoln uma vez convocou uma nação — de forma simples, humilde e resoluta — os líderes conscientes infundem o propósito de suas organizações com autenticidade e significado. Eles o fazem tomar vida, nas pequenas e grandes coisas, todos os dias. Sua paixão pelo propósito pode tornar-se um parâmetro para aqueles ao seu redor. Eles demonstram e incorporam o "porquê" de uma organização. E mostram um caminho plausível para o "como".

A JORNADA DE UM LÍDER PARA O PROPÓSITO

Antes de haver organizações, há indivíduos. Antes de existir uma empresa chamada Patagonia, existia um jovem chamado Yvon que gostava muito de escalar e da selva, e tinha dificuldades para encontrar as roupas certas para seu hobby. Antes de existir um estúdio cinematográfico chamado Disney, havia um jovem animador chamado Walt, vendendo seus produtos em Hollywood, que era apaixonado por desenhos e ilustrações. No século XIX, quando o movimento ambiental mal fazia parte dos pensamentos da opinião cultural, e o Sierra Club ainda estava longe de ser fundado, havia um jovem explorador e amante da natureza chamado John Muir que coletava e catalogava plantas nas (então) regiões selvagens de Ontário. E, muito antes de existir a Whole Foods, havia um jovem idealista de 23 anos que encontrou um lar inesperado e uma recém-descoberta paixão por alimentos naturais em um coletivo vegetariano contracultural.

Para toda declaração de propósito de uma empresa que enfeita a parede do lobby ou seu site, havia antes um indivíduo cultivando visões interiores e atrapalhando-se com novas ideias e abordagens. Mas como alguém descobre um propósito maior? Como um futuro líder consciente dá o primeiro passo nesta jornada? Antes que um líder possa priorizar o propósito, ele tem que descobrir exatamente o que esse propósito pode ser. Para a maioria, esse processo começa com algum tipo de paixão ou curiosidade, a busca natural pelos interesses de vida de alguém. Esse processo pode ser altamente intencional, ou pode parecer quase acidental, saltando de um interesse para outro sem um caminho óbvio ou discernível — ao menos inicialmente. Nós não saímos da adolescência sabendo o que nos motiva, e a maioria de nós mal começou a encontrar seu propósito. Não é algo que venha anexado a um diploma universitário ou a um cartão de aniversário de 18 anos. É claro que há sempre alguém que sabe exatamente o que quer fazer, e por que, desde cedo — mais poder a eles. Mas, para a maioria dos futuros líderes, encontrar um propósito não é simples — trata-se de uma exploração atrapalhada, talvez semiconsciente, de talentos, capacidades, valores e curiosidades.

"Não pergunte às crianças o que querem ser quando crescerem. Pergunte a elas o que amam fazer",[1] costuma dizer Roy Spence, fundador do Purpose Institute. Às vezes, a melhor forma de começar é simplesmente seguindo suas próprias inclinações pessoais, com certo grau de convicção e comprometimento. As coisas que nos atraem são na verdade janelas para nossas almas, e podem nos levar por caminhos inesperados que têm potencial nos surpreender com oportunidades imprevistas.

Em algum ponto ao longo da jornada de autoconhecimento, um propósito começa a se revelar. Um "norte" começa a aparecer na bússola interna da pessoa. Ele pode ser claro e nítido, ou pode surgir lentamente, quadro a quadro, ao longo do tempo. Mas, em algum momento, um caminho, ou ao menos uma direção, pode ser vislumbrado. Uma jornada crucial começou. E, para o líder consciente, aconteceu algo mais: iniciou-se um diálogo entre as paixões centrais de seu próprio coração e as atividades intencionais de sua vida.

Esse diálogo, como um motor, gerará a energia motriz para a jornada de um líder consciente. Ele pode nos levar adiante em um único caminho direto, ou pode tornar-se o fundamento de diversos caminhos diferentes que se desenvolvem e se sobrepõem. Pode até nos inspirar a dar um salto no escuro, construir algo novo, fazer algo grande, aprender algo obscuro, criar algo belo ou começar algo que torne o mundo melhor. Uma vida em busca de um propósito maior raramente é segura, fácil ou previsível. Geralmente, é preciso aventurar-se além dos portos seguros do conforto e da segurança e experimentar o mundo de novas maneiras. Pode envolver disrupções emocionais, desafios pessoais ou outros obstáculos de desenvolvimento significativos. O mais importante é que há muitas chances de que a pessoa que chega ao outro lado da jornada do propósito seja totalmente diferente daquela que começou. Esses são os riscos e recompensas de uma vida vivida em busca de um propósito. Ela oferece satisfação, significância, sucesso e fortalecimento. Mas exige independência, coragem, mudança, desenvolvimento e sacrifício.

Quando um propósito começa a ficar claro, surge uma nova questão: *qual a melhor forma de expressar esse propósito no mundo?* Ou seja, como alguém pega os anseios crescentes do coração e os transforma em atributos demonstráveis de uma vida? Para alguns, essa pergunta tem uma resposta óbvia. Se você tem um chamado para curar, é provável que haja algum tipo de medicina em seu futuro. Se você tem paixão por entender a natureza profunda do universo físico, há muitos departamentos astrofísicos que canalizarão esse desejo. Mas, para outros, não é tão simples. A longa e sinuosa estrada percorrida por muitos empreendedores é testemunha do fato de que descobrir nosso propósito e encontrar uma forma de expressá-lo no mundo dos negócios é uma jornada e não apenas um destino. Phil Knight tinha a inspiração, em sua época em Stanford, de vender sapatos baratos de qualidade para amantes da corrida como ele. Mas ele não tinha ideia do trajeto tortuoso extraordinário que o acabaria levando por todo o mundo antes de fundar a marca de artigos esportivos mais bem-sucedida e inspiradora da história, a Nike. Richard Branson era hippie, um amante da música apaixonado por negócios, e seguiu seus interesses e instintos em um trajeto bastante eclético por diversos setores — revistas, música, companhias aéreas, refrigerantes, bancos — até finalmente construir uma das mais bem-sucedidas coleções de empresas orientadas por propósito do mundo. No caso dele, o propósito maior não era o produto ou serviço específico; era o ato de sacudir o status quo — desestabilizar indústrias consolidadas e, com isso, fazer a diferença na vida das pessoas. Ter esse senso de propósito claro, ressalta Branson, foi altamente significativo em seu sucesso — muito mais do que o desejo de ganhar dinheiro.[2]

Líderes como Knight e Branson são capazes de pegar a busca individual por um propósito maior e transformá-la em um desejo coletivo. Ele pode tornar-se tão poderoso e tão intencional que atrai outras pessoas em seu despertar — centenas, milhares, talvez até milhões. O que começa como uma busca atrapalhada pelo ponto certo entre talento, paixão, oportunidade de mercado e um chamado superior pode evoluir para algo muito maior do que qualquer um deles individualmente. Lincoln não se propôs no início de sua carreira política a mudar a direção do país e colocar um fim da escravidão. Mas, ao longo do tempo, seu comprometimento crescente tornou-se tão forte que despertou uma nação para uma nova noção de seu destino. Um propósito pessoal pode crescer e inspirar toda uma organização, movimento, comunidade e até mesmo país. O que começa como a busca de uma pessoa por significado acaba impregnada por tanta energia e poder coletivo que os outros percebem suas vidas enriquecidas ao participar da jornada.

AMOR, DESIGN E MOBÍLIA

Quando Shawn David Nelson esteve no simbólico MarketSite da Nasdaq em junho de 2018 e bateu o sino de abertura para comemorar o IPO de sua empresa de móveis online, sua natureza orientada por propósito estava clara e nítida. A Lovesac, como ele batizou sua empresa upstart, vende móveis que são "projetados para a vida", o que significa que são feitos com materiais sustentáveis e recicláveis, e também que são modulares, alteráveis e atualizáveis. Podem ajustar-se às mudanças da vida e, assim, permitir que os consumidores mantenham seus móveis por mais tempo, tirando milhões de toneladas de entulhos dos aterros todos os anos e refreando o conceito de obsolescência programada. Hoje, Nelson é fervoroso e eloquente acerca dos princípios que informam sua empresa, mas ele não começou a Lovesac com esse propósito quando ele era apenas um garoto Mórmon arrumadinho fazendo planos em seu dormitório na universidade nos anos de 1990. Essas preocupações nobres estavam no final de sua lista quando ele passou dois anos obrigatórios em sua missão Mórmon em Taiwan e trabalhou dia e noite para tirar a empresa do papel com vinte e poucos anos. Naquela época, ele queria buscar sua paixão empreendedora, curtir a vida, e fazer o maior pufe do mundo (recheado com espuma reciclada), que ele desenhou na adolescência. Mas algo aconteceu até chegar na venda de milhares de Lovesacs, e se divertir fazendo isso. Aos poucos, o próprio motivo mais profundo de Nelson para dirigir a empresa estava vindo à tona.

Para os líderes que são conscientes e se importam com o mundo ao seu redor, o propósito tem um jeito de alcançá-los. Mesmo que, a princípio, sejam apenas algumas sementes de interesse, com o tempo evoluirá, se aprofundará e expandirá. Um leitor voraz, Nelson deparou-se com o trabalho de Victor Papanek sobre design ecologicamente sensível. Enquanto pensava o que era preciso para aplicar aqueles conceitos ao projeto e produção de móveis, ele leu o livro de William McDonough e Michael Braungart, *The Upcycle: Beyond Sustainability — Designing for Abundance* [O Upcycle: Além da sustentabilidade — Projetando para a Abundância, em tradução livre]. "Os seres humanos não têm um problema com poluição, eles têm um problema de design",[3] escrevem os autores.

Inspirado e desafiado, Nelson levou aquelas palavras a sério. O jovem empreendedor foi atingido pela ideia de construir um tipo diferente de empresa de móveis, uma que poderia diminuir enormemente os resíduos negativos e o uso dos aterros. Os móveis, descobriu, são especialmente culpados por nossa cadeia de resíduos, sendo responsáveis por um terço do que depositamos em aterros todos os anos. Uma empresa de móveis seria capaz de ajudar a reinventar a cadeia de fornecimento para obter uma economia mais sustentável? Conforme a Lovesac passava pelos altos e baixos de tentar vencer na indústria supercompetitiva de varejo de móveis, a perspectiva de Nelson acerca de sua empresa amadureceu e ele aperfeiçoou seu senso de propósito. Quando ele encontrou seu propósito, a empresa encontrou sua posição. Quando a empresa se alinhou em torno dessa visão renovada, encontrou um sucesso crescente.

Hoje, a Lovesac é uma das empresas de móveis que cresce mais rapidamente no país, sendo pioneira em um novo tipo de design e repleta de um senso de propósito quanto a fazer negócios de forma diferente. E o então missionário que a fundou está inflamado por um novo senso de missão — elevar os negócios como de costume na enorme indústria de móveis.

O propósito é uma jornada evolutiva. Isso é um fato, quer estejamos falando de indivíduos ou de empresas. Mas, às vezes, nós precisamos atravessar a floresta para encontrar um senso de direção. E, mesmo depois de encontrado, ele deve ser redescoberto, relembrado, reinventado e renovado. Nesse sentido, o propósito é algo vivo. Na verdade, não é bem "algo", mas um processo. Não é um objeto que nós "encontramos", mas uma descoberta contínua que se desdobra ao longo de nossa vida. Para a maioria das empresas e líderes conscientes, o propósito continuará a aprofundar-se e expandir com o tempo.

Especialistas já sugeriram que a ideia errada de que o propósito está "por aí" esperando ser encontrado é uma fonte de confusão que se mostra contraprodutiva para jovens líderes. Carol Dweck, professora de psicologia de Stanford e autora best-seller de *Mindset*, recentemente conduziu uma equipe de pesquisa que concluiu que nossas paixões e interesses pessoais quase sempre precisam ser desenvolvidos gradualmente.[4] Ainda que alguns raros indivíduos possam conseguir acessar um propósito mais profundo que lhes consome imediatamente, para a maioria de nós é algo que deve ser cultivado intencionalmente. Como a própria capacidade de liderança, o propósito não é algo com que se nasce ou não. O propósito é uma prática para toda a vida.

> **PRATICANDO O PROPÓSITO: Aproxime-se de Seus Heróis**
>
> Quem são seus heróis? Quais citações o lembram de seu propósito? Quais livros mudaram sua vida? As histórias de quem o levaram a uma nova ação? Uma parte crucial da busca por um propósito maior é simplesmente retornar às fontes originais de sua inspiração — em busca de renovação, conexão e comunhão. Talvez você tenha um manual motivacional preferido ou uma história de uma conquista pessoal. Pode ser que prefira meditar nas palavras de um autor predileto ou aproximar-se de uma grande figura histórica por meio de um livro ou filme. Alguns leem a Bíblia, o Alcorão, ou o Bhagavad Gita. Outros penduram retratos de seus heróis em suas casas ou escritórios. Nós homenageamos muitos de nossos heróis nestas páginas, incluindo Abraham Lincoln, com quem começamos este capítulo. Um dos líderes que entrevistamos, que compartilha de nossa admiração por Lincoln, lê o livro *Lincoln*, de Doris Kearns Goodwin, sempre que se sente desconectado de seu propósito maior, encontrando sabedorias mais profundas em cada revisitada. Sempre que você se aproximar de seus heróis, não os subestime. Torne isso uma prática honrosa e sagrada. Eleve sua significância em sua vida. Quando a caminhada fica difícil e o caminho adiante parece obscuro, o líder consciente encontra sabedoria na orientação daqueles que trilharam o caminho do propósito antes.

O PROPÓSITO POTENCIALIZA OS LUCROS: O MOTOR DO CAPITALISMO CONSCIENTE

Muitas pessoas têm dificuldade de relacionar a ideia de um propósito maior ou transcendente a um negócio empresarial. De fato, a própria distinção entre lucrativos e não lucrativos capta a forma como tendemos a pensar: as empresas dedicam-se a gerar lucros para seus acionistas (o que geralmente é interpretado como ganância), enquanto organizações orientadas por propósito, por definição, não têm a menor intenção de ganhar dinheiro. Esperamos que organizações como a Humane Society, o Nature Conservancy, ou os Médicos Sem Fronteiras sejam guiadas por metas nobres e motivos altruístas e não pelo desejo de maximizar receitas. Propósito e lucro, de muitas formas, são mutuamente excludentes — se optamos por servir um, segundo o raciocínio, o outro deve ser abandonado. Ao longo das últimas décadas, houve algumas tentativas louváveis e importantes de encontrar um meio-termo, como a criação de novas categorias de negócios como Empresas B e o tripé de sustentabilidade, mas esta atitude binária ainda persiste, especialmente em nossa época de sentimento anticorporativo.

No coração do Capitalismo Consciente, há a refutação radical das percepções negativas sobre negócios, e uma rejeição à separação entre propósito e lucro. Ele alega que os dois não precisam ser mutuamente excludentes, que dentro do centro da atividade geradora de lucros está o potencial de realizar um propósito positivo e elevar esse propósito maior a um lugar ainda mais importante na empresa. Em outras palavras, existe a semente de um propósito maior na maioria das empresas e, quando um líder reconhece isso e eleva sua importância, os benefícios econômicos e sociais daquele negócio se expandem exponencialmente.

Hoje, ouvimos falar muito sobre transformar os negócios ou reformar o capitalismo, mas isso geralmente é algo que estamos apenas impondo de fora — como se um negócio com fins lucrativos fosse fundamentalmente amoral ou até mesmo uma atividade condenável que simplesmente esperamos vestir para ter uma aparência melhor em festas, em vez de uma atividade que pode ter um benefício intrínseco. Não há, obviamente, nada de errado com as muitas vias pelas quais os negócios usam sua grandeza para fazer o bem no mundo — obras de caridade, serviço comunitário, ativismo ambiental, investimentos locais ou outras formas de bem social que possam adotar além de sua atividade lucrativa. Essas atividades são fundamentalmente positivas e merecem nosso reconhecimento e aplauso. Mas seria uma pena se nossos esforços por uma renovação acabassem tornando-se uma desculpa para as empresas em vez de uma afirmação e uma elevação de seu potencial inerente.

Nada motiva pessoas ou transforma organizações como a possibilidade de descobrir um propósito maior embutido no trabalho essencial da própria empresa. Para um líder consciente, essa motivação é fundamental. Há muitos caminhos para a liderança no Capitalismo Consciente, mas todos eles envolvem busca, reconhecimento, afirmação e elevação do propósito maior intrínseco da organização de modo que possa atingir todo o seu potencial — tanto em impacto *quanto* em lucro.

Então, como alguém descobre ou encobre o propósito maior de um negócio? Em muitas organizações, foi previsto claramente pelos fundadores desde o início. A Whole Foods Market, por exemplo, nasceu de uma paixão por tornar alimentos naturais e saudáveis amplamente disponíveis para as pessoas, e esse norte continua guiando a empresa há mais de 40 anos. Há muitas outras empresas bem-sucedidas, porém, que discerniram seu propósito maior apenas depois de se estabelecerem. E, até mesmo as empresas que começam com um claro propósito maior, geralmente acabam desenvolvendo-o conforme crescem. Um propósito maior é como algo vivo: deve ser cultivado e frequentemente reafirmado no contexto de novos desafios e oportunidades. Em cada passo da jornada, é papel do líder buscar, refinar e defender esse propósito. E, para muitos líderes conscientes, o propósito da organização é inseparável de sua própria raison d'être.

A chave para descobrir o propósito maior de uma empresa, se já não estiver claro, implica discernir o bem intrínseco que está no centro de sua proposta de valor. Todas as organizações viáveis, e especialmente empresas lucrativas, devem criar valor continuamente a fim de sobreviver. E é nesta atividade de criação de valor que a essência do propósito de uma organização geralmente pode ser encontrada. Em determinado nível, a criação de valor pode ser definida simplesmente como os benefícios imediatos do produto ou serviço sendo vendido. Mas o significado mais profundo dessa criação de valor — a parte "maior" do propósito — encontra-se na melhora geral inerente que a criação de valor ajuda a gerar. Podem haver alguns casos em que essa melhora seja obscura ou mal exista, ou seja soterrada por outros problemas. Mas todas as formas autênticas de valor tornam o mundo incrementalmente mais bonito, verdadeiro ou melhor em algum nível. É neste arco de positividade discernível que o significado mais profundo e o propósito de uma organização podem ser vistos.

Para a Whole Foods, o bem intrínseco por trás de nossa proposta de valor são saúde e vitalidade — tanto para as pessoas quanto para o planeta. Para uma empresa de informação como o Google, seu valor essencial encontra-se no aumento de conhecimento, em ajudar humanos a contornarem habilmente o mundo crescente dos dados na era da informação. Para uma varejista de equipamentos para esportes externos como a REI, conectar pessoas com a beleza da natureza é o valor intrínseco por trás de seu trabalho. Uma forma pela qual a REI expressa poderosamente seu compromisso é fechando suas lojas no dia em que, para muitos varejistas norte-americanos, é o dia mais lucrativo do ano — a Black Friday. Em vez disso, a empresa concede a todos os seus colaboradores um feriado remunerado e encoraja eles e seus consumidores a "optar pelo exterior" e passar tempo na natureza. Em 2019, ela levou esta tradição mais além, reconhecendo a seriedade da crise climática, e usou o dia para encorajar sua comunidade a agir e proteger o meio ambiente.

Ao alegar que o propósito é mais profundo que o lucro para muitas organizações, não queremos dizer que todas as atividades sejam perfeitamente orientadas a este fim, ou que não haja objetivos concorrentes e outras motivações. Não negamos que as realidades diárias dos negócios são repletas da coragem e do esforço de concorrer em um mercado desafiador. Mas, ainda assim, existe um impacto real e benéfico que a empresa deixa em seu despertar conforme cresce e se desenvolve. Mesmo que o bem intrínseco que o consumidor recebe pareça pequeno ou banal, quando esse bem é ampliado pela escala de um grande mercado, a criação de valor torna-se socialmente significativa. Líderes conscientes, portanto, "vivem" seus propósitos maiores ao ajudar todos os seus acionistas a sentirem a satisfação autoatualizante que surge quando sua organização cumpre a promessa daquele bem intrínseco.

Entendemos que a conversa de "bem intrínseco" provocará comoção no clima social antiempresas de hoje. Muitos parecem achar que o propósito das empresas é simplesmente extrair uma recompensa máxima, extorquir os consumidores e enriquecer os acionistas à custa de todos os outros stakeholders. Este é um equívoco infeliz, porém persistente. Médicos ganham muito dinheiro, mas seu real propósito é curar pessoas. Todos os profissionais são pagos por seus esforços — de professores a arquitetos e engenheiros — mas esse não é o propósito maior que dá significado a seu trabalho. A criação de valor que torna essas atividades nobres sempre se relaciona aos benefícios que trazem às pessoas. Da mesma forma, o objetivo central da maioria das empresas é trazer benefícios a outras pessoas, e não simplesmente ganhar dinheiro.

O professor de administração, Ed Freeman, ilustra este ponto por meio de uma analogia física: nossos corpos produzem hemácias. Isso é absolutamente essencial, e, se parassem de produzi-las, nós morreríamos bem rapidamente. Mas ele não faz isso necessariamente só porque precisamos das hemácias, o propósito de nossas vidas é cultivar hemácias.[5] Da mesma forma, as empresas precisam ganhar dinheiro — como defende o *Capitalismo Consciente*, é socialmente irresponsável que não o façam[6] — mas, para a maioria das empresas, e especialmente aquelas com líderes conscientes, ganhar dinheiro não é o principal motivo pelo qual fazem o que fazem. Elas tentam resolver problemas, mudar comportamentos, melhorar nossas vidas, inventar novas tecnologias ou oferecer serviços novos e melhores. Mas raramente elas existem "só para ganhar dinheiro".

É claro que existem exceções. Algumas empresas lidam com quase nada que não seja ligado ao lucro. Mas, quando falamos com empreendedores e líderes empresariais, o que descobrimos, quase sempre, é que eles estão ali pelo propósito, o significado que aquilo traz às suas vidas e o valor que leva aos outros. O propósito é central em sua motivação. O dinheiro faz parte da equação, e não há nada de errado nisso. É um marcador de sucesso, da capacidade da organização de realmente cumprir sua proposta de valor no mercado. Na verdade, eles devem se sentir satisfeitos quando os consumidores pagam por seus produtos ou serviços, pois isso afirma e ratifica seu propósito. O lucro é algo importante; mas não é o mais importante. Organizações trabalham todos os dias para ganhar dinheiro, mas existem para cumprir seu propósito.

PROPÓSITO, PRAGMATISMO E LUCRO

O grande desafio — e também a grande oportunidade — diante de líderes de empresas lucrativas orientadas por propósito é que eles também precisam ser pragmáticos e voltados ao mercado. Qualquer negócio deve seguir as necessidades dos consumidores — ao menos em certo nível. Ele não precisa ser um escravo do mercado, mas precisa estar conectado à realidade daquilo pelo que as pessoas estão dispostas a trocar valor. Se você não está conectado aos gostos e desejos existentes, não durará muito no mercado, como aprendi da pior maneira.

Antes de nos tornarmos a Whole Foods Market, abrimos uma loja chamada Safer Way que vendia alimentos naturais, absolutamente livre de carnes, aves, frutos do mar, açúcares refinados ou café. Ela era orientada por um propósito maior, mas desconectada do mercado. Como você pode imaginar, não tivemos muito sucesso inicialmente, porque não estávamos dirigindo um negócio atraente o bastante para uma base de clientes grande o suficiente. Nós éramos jovens idealistas, cheios da alegria dos pensamentos superiores, e deixamos nosso senso de pureza obscurecer outras preocupações importantes. Afinal, qual a finalidade de um mercado com um propósito maior se não conseguíamos vender produtos suficientes para ser um negócio viável?

Após dois anos como Safer Way, nos mudamos para um local maior, nos unimos a uma loja muito parecida, mudamos o nome para Whole Foods Market, e adicionamos alguns daqueles itens proibidos — carnes, aves, frutos do mar, café, açúcar, cerveja, vinho e alguns grãos refinados. Após seis meses da inauguração, tínhamos vendas semanais mais altas do que qualquer loja de alimentos naturais do país. Ainda vendíamos produtos naturais e orgânicos, sem corantes artificiais, aromatizantes ou conservantes. Ainda oferecíamos ótimas opções para quem desejasse se alimentar melhor. Ainda oferecíamos uma via de varejo para todos os tipos de empresas de alimentos naturais iniciantes. Ainda ajudávamos a impulsionar a tendência por uma alimentação saudável. Mas agora tínhamos algo mais: impacto e influência. Paramos de tentar reformar o mercado e começamos a envolver o mercado. Começamos a ter conversas reais com nossos consumidores. Com o advento da Whole Foods, esse diálogo, como qualquer boa conversa, tornou-se uma via de mão dupla. Sim, tínhamos o que falar naquela conversa, mensagens a entregar sobre alimentos e estilos de vida mais saudáveis — mas agora também estávamos ouvindo.

A natureza transacional de mão dupla inerente ao comércio limita, inevitavelmente, a lucratividade dos negócios, mas também o fortalece. Ela oferece um caminho para que o negócio orientado por propósito tenha um impacto demonstrável. Boa parte do valor de um negócio advém de unir forças do mercado em seus próprios termos. Ao fazer isso, ele tem duas grandes vantagens. Primeiro, tem verdadeiro potencial para liderar, porque, como um carro de segurança, precisa estar conectado às forças do mercado para guiá-las. Segundo, ele tem o potencial de ser autofinanciado. De modo que o que falta na busca exclusiva por ideais superiores pode ser compensado em impacto sustentável e mensurável. Ele pode não aderir descompromissadamente a um propósito escrupuloso independentemente do custo, mas, à sua maneira, um negócio pode ser um poderoso agente de mudança.

A sociedade precisa tanto de empresas lucrativas quanto sem fins lucrativos, bem como dos líderes orientados por propósito que estão envolvidos em ambas. Por exemplo, pense em um problema que nos toca muito: proteção animal. Há muitas empresas sem fins lucrativos bem financiadas e importantes impulsionando essa causa nobre, realizando trabalhos importantes e fazendo enorme diferença na vida dessas criaturas. Elas devem ser parabenizadas por isso. Ao mesmo tempo, empresas inovadoras como Beyond Meat e Impossible Foods estão aproveitando a oportunidade para mudar os hábitos dos consumidores ao atender o mercado à sua própria maneira, com novos produtos que apelam ao convencional, gerando recursos significativos raramente disponíveis fora do contexto lucrativo. Elas também buscam um propósito maior, mas foi a promessa de impacto no mercado que lhes permitiu crescer e prosperar.

PRATICANDO O PROPÓSITO: Desenvolva Defensores do Propósito

Toda empresa precisa de indivíduos que mantenham seu propósito maior vivo. Inevitavelmente, haverá momentos em que você precisará de pessoas influentes que estejam tão alinhadas ao propósito da organização que podem representar sua significância em qualquer situação importante. Talvez seja o presidente do conselho, que está fora do combate diário. Talvez seja o fundador, que mantém uma conexão profunda com o propósito maior da empresa. Ou então alguma outra pessoa ou grupo. Seja qual for o caso, toda empresa precisa de "defensores do propósito" que possam defendê-lo quando grandes decisões estão sendo tomadas, e que continuem a infundir habilidosamente o significado daquele propósito na comunidade interessada, e, por fim, na cultura.

O IDEAL E O REAL

Pense em algumas destas declarações de propósito das organizações mais bem-sucedidas de hoje, tanto lucrativas como sem fins lucrativos:

- **Nike:** "Trazer inspiração e inovação a todo atleta* do mundo." *Se você tem um corpo, é um atleta.
- **Unilever:** "Tornar comum a vida sustentável."
- **Tesla:** "Acelerar a transição do mundo para o transporte sustentável."
- **Whole Foods:** "Nutrir as pessoas e o planeta."
- **Zappos:** "Entregar Felicidade."
- **ING Financial Group:** "Fortalecer as pessoas para estarem um passo adiante na vida e nos negócios."
- **U.S. Humane Society:** "Honrar os animais, confrontar a crueldade."
- **NPR:** "Gerar um público mais informado — desafiado e revigorado por uma compreensão e apreciação mais profundas dos eventos, ideias e culturas."
- **TED:** "Espalhar Ideias."

A maioria dessas declarações capta precisamente a atividade criadora de valor de alto nível da empresa ou organização. Nós podemos ver aqui que, em termos de propósito, as empresas com e sem fins lucrativos são mais parecidas do que diferentes. Ambas são idealistas e pragmáticas. Elas pontam para objetivos nobres, e também representam um padrão a partir do qual avalia-se a relevância e a importância de atividades estratégicas. Mas é inevitável que os líderes precisem traduzir esse ideal nobre em resultados práticos. Buscar um propósito maior em um contexto empresarial sempre tem a ver com servir a dois senhores, ambos exigindo nossa atenção: o ideal e o real.

Nós amamos um propósito inspirador e idealista. Também amamos empresas pragmáticas e bem-sucedidas focadas em resultados. Buscar um sem o outro pode ser problemático. A prática diária de um líder consciente é garantir que nenhum desses senhores — propósito e pragmatismo — jamais domine totalmente o outro. O ideal e o real apontam cada um para um elemento indispensável do sucesso no Capitalismo Consciente. Como duas pernas, os dois lados desta polaridade são importantes para ir adiante (para saber mais sobre o gerenciamento de polaridades, veja o Kit de Ferramentas do Líder Consciente: A Arte e a Ciência das Polaridades, p. 21). Se um propósito idealista assumir todo o poder sobre o trabalho diário da organização — servir aos clientes, ser eficiente na alocação de recursos, novos produtos, serviços inovadores e ganhar dinheiro — pode sufocar rapidamente muitos dos saudáveis "espíritos animais" que fortalecem a empreitada capitalista. A Zappos pode desejar "entregar felicidade", mas é melhor entregar muitos sapatos ao mesmo tempo! Senão, a empresa pode começar a falhar em sua atividade criadora de valor essencial e perder vantagem, ainda que pareça temporariamente ganhar uma auréola a mais.

Da mesma forma, se as preocupações diárias com vendas, finanças, alocação de recursos, clientes, concorrentes e crescimento dominarem totalmente e o negócio se desconectar de seu propósito central, a organização pode acabar ficando sem rumo. O propósito maior oferece clareza de direção na tomada de decisão e cria uma pressão positiva por crescimento e inovação progressistas. Perder isso é sempre perigoso para a viabilidade de qualquer negócio a longo prazo. Se a Zappos perder seu jeito característico de serviço ao consumidor — se esquecer-se de que "entregar felicidade" é o centro de sua marca —, ela certamente perderá exatamente o que lhe concede uma posição única no mercado. Isso impactará na moral, na motivação, e por fim, na criação de valor essencial, mesmo que pareça temporariamente aumentar os lucros. Líderes conscientes entendem que propósito e pragmatismo devem crescer juntos sob o mesmo teto.

No início deste capítulo, ressaltamos a notável habilidade de Lincoln em conectar pessoas a um propósito maior. Negociar o relacionamento entre o ideal e o real era outra coisa que ele fazia com capacidade ímpar — uma qualidade que o tornou excepcionalmente apto a liderar o país nos imensos desafios da Guerra Civil. Mesmo enquanto articulava o propósito maior renovado para a nação, ele entendia que incorporar aquele propósito é uma jornada contínua para todos nós, não um destino final a ser alcançado de uma vez por todas. E, ainda que esse propósito possa brilhar claramente e oferecer um "norte" que mostre o caminho, a estrada pragmática em sua direção nem sempre é um caminho bom. Um compromisso idealista pode oferecer uma clareza geral da direção, mas os passos dados exigem inevitavelmente curvas inesperadas e desvios necessários. Em um contexto mais contemporâneo, é também o caso de uma empresa que esteja cumprindo sua missão. A necessidade de seguir o mercado cria flexibilidade estratégica e tática, mesmo quando a responsabilidade em cumprir o propósito gere direção e disciplina. Ambas são indispensáveis. Propósito sem pragmatismo é impotente; pragmatismo sem propósito não tem sentido. O realismo do mercado, nas mãos de um líder consciente, é um aliado poderoso para um propósito idealista.

> **PRATICANDO O PROPÓSITO: Crie Lembretes Conscientes**
>
> A fim de ter sucesso ao usar um propósito maior para guiar e motivar uma organização, o propósito deve ser mantido na frente da consciência das pessoas. Manter a atenção ao propósito envolve comunicá-lo e demonstrá-lo continuamente de formas novas e criativas. Um ótimo exemplo disso vem de Jeff Bezos, que, no início do crescimento da Amazon, comunicava o propósito declarado da empresa de ser "a empresa mais centrada no cliente do mundo" ao deixar uma cadeira vazia em suas reuniões para representar o cliente. Símbolos físicos como esse criam um lembrete poderoso que infunde a missão da empresa na tomada de decisão de todos.

PROPÓSITO CRIA ALINHAMENTO

Acreditar que as empresas podem, e devem, buscar um propósito maior não significa que devemos simplesmente aceitar todo slogan de marketing sem questionar. Em uma sociedade inundada por chavões nobres, é fácil ficar um pouco cansado ou até cético acerca de mais uma alegação de que este ou aquele produto ou tecnologia vai "mudar o mundo". O propósito real pode vir nos mais diversos tamanhos e cores; não precisa ter sempre proporções que mudarão o universo. A pergunta que importa é: seria esse o propósito certo, no momento certo, para a organização certa?

O verdadeiro propósito de uma organização é algo cuja descoberta e cumprimento todos os seus stakeholders podem participar. A participação dos stakeholders é crucial se o propósito maior for a eficiência em estimular a organização e incentivar o envolvimento emocional. Ele não impactará todas as decisões, mas deve impactar as importantes. A liderança consciente inclui reconhecer e afirmar este chamado maior, para que não seja deixado de lado em meio às demandas diárias da vida organizacional. Ajuda todos a sentirem-se conectados com o propósito organizacional e oferece um contexto no qual líderes em toda a organização podem tomar decisões.

A arte de extrair um propósito maior de um trabalho comum foi poeticamente expressa em uma citação geralmente atribuída a Antoine de Saint Exupéry: "Se quiser construir um navio, não chame as pessoas para juntarem madeira e receberem tarefas e ordens. Mas ensine-as a desejar a infinita imensidão do oceano." Já faz alguns séculos que a "infinita imensidão do oceano" não captura a imaginação humana como costumava. Hoje, os exploradores entre nós não dirigem seu desejo aos oceanos, mas ao espaço. Contudo, o mesmo princípio permanece. Muitos conhecem a famosa história da visita de John F. Kennedy à sede da NASA em 1962. Enquanto Kennedy passeava pelo prédio, encontrou um zelador carregando uma vassoura e lhe perguntou o que ele estava fazendo. O zelador respondeu: "Estou ajudando a levar um homem à lua."[7] Um dos segredos da vida e dos negócios é que a maioria das pessoas são mais motivadas por significado do que por dinheiro. Se pudermos oferecer significado, há muito pouco que não podemos conquistar, e as pessoas farão fila para nos ajudar na conquista.

Quando os stakeholders participam e ajudam a desenvolver o propósito maior de uma organização, pode ser contagioso. Toda a empresa recebe um impulso extra de alinhamento. Há poucas coisas mais poderosas do que um compromisso compartilhado com um propósito maior entre todos os stakeholders relevantes. Ele permite que todos se sintam conectados ao coração da organização, ao menos em certo nível.

Entretanto, a suposição de que todos os empresários são simplesmente "idiotas gananciosos" é comum em nossa sociedade, e essa visão deturpada pode prejudicar a sinceridade e o comprometimento necessários para manter os stakeholders da organização envolvidos em seu propósito maior. Líderes conscientes trabalham para superar essa resistência ao demonstrar a preeminência do propósito maior por meio de suas ações, afirmando que significa muito mais do que palavras no papel. Na verdade, é pela priorização constante do propósito ao enfrentar situações difíceis que as dimensões mais profundas deste mesmo propósito são continuamente descobertas e renovadas.

Quando os stakeholders veem decisões importantes sendo tomadas de formas alinhadas aos valores centrais da empresa, e quando veem líderes de fato envolvidos com esse propósito maior, o impacto é imenso. Na falta de uma palavra melhor, isso dá esperança às pessoas.

KIT DE FERRAMENTAS DO LÍDER CONSCIENTE

A Arte e a Ciência das Polaridades

O que tornou os Beatles uma das maiores bandas de rock da história? Talento? Bom timing? Anos de prática? Tudo isso teve um peso. Mas ao menos um dos segredos de seu sucesso foi a poderosa combinação de dois atributos aparentemente opostos: *competição e cooperação*. Os Beatles tinham um relacionamento cooperativo altamente desenvolvido, e sua sinergia musical era extraordinária. Ainda assim, eles também tinham uma dinâmica competitiva poderosa, especialmente entre Lennon e McCartney. Essa competição levou a banda a alturas criativas maiores. Cooperação e competição — ambas eram essenciais. Foi uma polaridade que ajudou a definir seu sucesso.

Sem saber, os Beatles estavam mostrando um conceito importante do qual todo líder consciente deve estar ciente: a *teoria da polaridade*. Ela sugere que, enquanto algumas polaridades são *positivo/negativo* (guerra e paz, lucro e prejuízo, riqueza e pobreza), outras são na verdade *positivo/positivo*. O que significa que os dois lados são de fato desejáveis. Como o psicólogo clínico e coach de liderança Bert Parlee sugere: "Uma pergunta fundamental a se fazer diante de uma dificuldade é: trata-se de um problema que podemos 'resolver', ou de uma polaridade corrente que devemos gerenciar bem?"[8] De fato, polaridades positivo/positivo são melhor vistas como *sis-*

temas a serem gerenciados do que problemas a serem resolvidos. O consultor em Polarity Management (Gerenciamento de Polaridades) Barry Johnson explica que, nesse tipo de polaridade, "como os dois lados... são interdependentes, você não pode escolher um como uma 'solução' e negligenciar o outro. O objetivo... é obter o melhor dos dois opostos enquanto evita os limites de ambos".[9]

Como descrito acima, uma polaridade positivo/positivo é *competição e cooperação*. A competição é saudável quando melhora o desempenho, estimula a criatividade e leva as pessoas a darem o seu melhor. Mas, dentro de uma organização, a competição irrestrita, na ausência de um acordo maior para cooperar, pode tornar-se rapidamente um ambiente tóxico que interfere na confiança essencial e no apoio mútuo. Da mesma forma, a cooperação é uma ótima qualidade em qualquer organização, mas, por si só, sem o incentivo ou a oportunidade de excelência ou criatividade individual, pode se tornar um pensamento de grupo ou uma mediocridade burocrática sufocante. Porém, quando competição e cooperação são reunidas em um relacionamento mutuamente corretivo que estimula os melhores aspectos de ambos, coisas ótimas podem acontecer. Em vez de desconfiança e individualismo, você tem sinergia e criatividade. Em vez de pensamento de grupo e estagnação, você tem autonomia produtiva e colaboração criativa.

O grande físico, Niels Bohr, declarou: "É marca de qualquer verdade profunda que sua negação também é uma verdade profunda."[10] Esse é o resumo da teoria da polaridade. Polaridades interdependentes semelhantes que os líderes podem encontrar incluem: desafio e apoio, estrutura e flexibilidade, defesa e ataque, simplicidade e complexidade, liberdade e igualdade, e até mesmo indivíduo e grupo. Como dito neste capítulo, uma polaridade positivo-positivo essencial que se relaciona ao propósito é *real e ideal*. Nesses exemplos, cada conjunto de valor mostra um relacionamento oposto, porém mutuamente corretivo, e o relacionamento contínuo entre eles produz uma tensão criativa saudável. As qualidades de cada polo servem para mitigar e moderar as desvantagens de seu polo oposto em um processo gradual recorrente que resulta em um progresso "ambos-e" em vez de escolhas "este ou aquele".

Viver e trabalhar com polaridades nos desafia a incorporar mais complexidade em nosso estilo de liderança. Nos ajuda a ir além do pensamento binário preto no branco. Desafia nossa capacidade de entender nuances e pode acessar as inevitáveis ambiguidades que enfrentamos todos os dias como líderes. Elas nos dão uma ferramenta poderosa por meio da qual podemos examinar a saúde e vitalidade gerais de nossa cultura organizacional. As polaridades são reais; você as enfrentará todos os dias de sua carreira de liderança. Líderes conscientes aprendem a gerenciá-las habilidosamente.

2

LIDERE COM AMOR

> Só o amor é capaz de unir seres vivos de modo a completá-los e satisfazê-los, pois somente ele os toma e os une pelo que há de mais profundo em si mesmos.
> — PIERRE TEILHARD DE CHARDIN

NA WHOLE FOODS MARKET, antes de terminarmos qualquer reunião, fazemos uma pergunta: *alguém gostaria de elogiar algum colega de trabalho?* Seja uma reunião de equipe de loja ou uma sessão de estratégia com a equipe de liderança executiva, nós nunca vamos embora sem dar abertura para o reconhecimento das contribuições positivas uns dos outros. Esses reconhecimentos são voluntários, e acontecem em todos os níveis da empresa. Eles podem destacar simples atos de gentileza ou conquistas empresariais significativas. É um dos elementos mais não convencionais de nossa cultura, porém com o tempo tornou-se um dos mais populares. E operacionalizar uma virtude que costuma ser esquecida nos negócios — o *amor* — é uma das muitas formas pelas quais prosperamos como empresa.

Em princípio, poucos contestariam a declaração de que o amor é extremamente importante em todos os domínios da vida humana. Ainda assim, quando se trata de negócios, a ausência desta virtude humana central é marcante. O amor raramente entra na lista ao lado de virtudes de liderança tradicionais, como integridade, trabalho duro e coragem. É claro que não estamos falando de amor romântico ou sexual aqui — há bons motivos para deixá-los fora do local de trabalho. Mas é uma pena que o amor em um sentido mais amplo costume estar fora de nossas vidas profissionais. Como consequência desta omissão, as empresas são lugares muito menos agradáveis de se trabalhar do que deveriam, as culturas organizacionais estão aquém do ideal e seus maiores potenciais são atrofiados. O amor está no armário corporativo. Mas não precisa ser assim. Precisamos praticar a virtude do amor em todos os domínios de nossas vidas — inclusive quando vamos trabalhar. E os líderes que o fizerem descobrirão que, na verdade, como o consultor e escritor Steve Farber costuma dizer: "O amor é um ótimo negócio."[1]

Ainda que a emoção do amor seja intrínseca à natureza humana, e que sua expressão possa ser instintiva quando se trata de atividades como formar família, liderar com o amor nos negócios é uma habilidade que deve ser aprendida, praticada e desenvolvida. Para líderes conscientes, esse desafio é complicado por diversas metáforas comuns que definem como pensamos sobre essa área de nossas vidas. Afinal, todos os humanos são criaturas narrativas, e a linguagem e a imagem que usamos tendem a moldar nossas formas de pensar. Algumas das histórias que contamos sobre negócios são quase antiéticas para a virtude do amor. Vamos examinar algumas.

CAMPOS DE GUERRA, SELVAS, TUBARÕES E ESPORTES

A julgar pela forma como costumamos falar a respeito, pode-se pensar que os negócios são uma batalha sangrenta todos os dias da semana. Uma das metáforas mais comuns usada para descrever os negócios é a da guerra. Vemos nossos concorrentes como "o inimigo" que deve ser "assassinado", "destruído", ou "aniquilado" antes que faça o mesmo conosco. A estrutura hierárquica da organização empresarial costuma ter uma "cadeia de comando" quase militar, e os colaboradores costumam ser chamados de "a tropa". Criamos "estratégias de combate" e "campanhas" competitivas para ganhar fatia de mercado e derrotar nossos rivais. As reservas de dinheiro para necessidades futuras às vezes são chamadas de "baú de guerra" que podem ser usadas em "aquisições hostis". Fazemos reuniões no "gabinete de guerra" para planejar estratégias competitivas. Se a batalha com nosso concorrente estiver perdida, os executivos responsáveis pela derrota podem negociar "golden parachutes" [paraquedas dourados, em tradução livre] que lhes permitem escapar das consequências.

Se uma empresa está em guerra, como pode haver espaço para liderar com amor? Há uma cena clássica no filme de 1970 sobre a Segunda Guerra Mundial, *Patton — Rebelde ou Herói,* na qual o General Patton (vivido por George C. Scott) está visitando soldados norte-americanos feridos e moribundos em um hospital. Ele encontra um soldado que está chorando e sofrendo de síndrome de estresse pós-traumático. Em vez de mostrar qualquer empatia ou preocupação com o homem, Patton fica indignado e começa a violentá-lo física e verbalmente por chorar, dizendo repetidas vezes que ele é um covarde que está desonrando os Estados Unidos. Ele promete mandá-lo de volta ao fronte imediatamente ou executá-lo por covardia e chega ao ponto de começar a levar a mão à sua arma. Por fim, ele é agarrado pelos médicos e por sua equipe antes que possa concretizar essa dura justiça.

Essa cena se baseou parcialmente em diversos incidentes reais; Patton era bastante antiquado. Obviamente, nossos padrões e perspectivas evoluíram ao longo das décadas que se passaram, assim como nossa compreensão e reconhecimento da realidade de condições como o estresse pós-traumático. Entretanto, *Patton* retrata um tipo de liderança alfa masculina que é comum na guerra e ainda é elogiada em muitos círculos, inclusive no mundo dos negócios. Na nossa história, admiramos "líderes fortes" como o General Patton porque fizeram tudo o que era necessário para derrotar inimigos perigosos e ganhar guerras. Essa pode, em certo nível, ser uma qualidade necessária em conflitos reais, mas por que estamos pensando dessa forma nos negócios? Ao pensar sobre liderança pela perspectiva da guerra, amor e cuidado não são necessariamente virtudes, mas possíveis fraquezas! Tais condições de vida exigem estilos de liderança muito específicos. Obviamente, o amor ficará em segundo plano em circunstâncias tão urgentes de vida ou morte. Mas será que não é hora de repensar se os negócios são mesmo um campo de guerra?

Outro léxico popular que utilizamos ao descrever os negócios é o da evolução darwiniana. Sem dúvidas, linguagem e imagem evolutivas como ecossistemas, nichos, inovação, adaptação e afins podem ser bastante úteis para descrever atividades empresariais. Mas é muito comum usarmos termos darwinianos que invocam uma concorrência implacável pela sobrevivência. Geralmente ouvimos frases como "sobrevivência do mais forte", "seleção natural", "lá fora é uma selva" e "cobra comendo cobra".

Andrew Grove, ex-CEO da Intel, costumava dizer que "apenas os paranoicos sobrevivem".[2] O famoso programa de televisão *Shark Tank* fez muito para encorajar positivamente o empreendedorismo nos Estados Unidos, mas toda a idealização do programa é lamentavelmente darwiniana. Diversos empreendedores defendem suas ideias de negócio a investidores de risco de cara fechada, ou "sharks" [tubarões], e apenas as melhores ideias sobrevivem à "concorrência cruel" para receber investimentos. O termo "shark tank" [tanque de tubarões] por si só tornou-se uma metáfora empresarial comum, reforçando a ideia (ou mito) de que o conflito sangrento é a realidade fundamental dos negócios.

Quem além de uma pessoa muito corajosa ou tola entraria em um tanque cheio de tubarões famintos? Se os negócios forem mesmo um mundo de "sobrevivência do mais forte", qual o lugar do amor nele? Se estamos lutando por nossa existência, certamente o amor terá que esperar até depois de termos exterminado a concorrência. Esse dia realmente chegará? Não se ficarmos presos nessa metáfora!

Ainda que tanto a guerra quanto a seleção natural sejam comumente usadas nas descrições de negócios, as metáforas mais populares de hoje provavelmente foram tiradas do mundo dos esportes e dos jogos. Falamos muito sobre "fazer um gol", "enterrar uma cesta", "executar o plano de jogo", "organizar-se em equipes" e assim por diante. Um livro excelente que mostra como os esportes permearam a forma como pensamos sobre negócios é *Game Plans: Sports Strategies for Business* [Planos de Jogo: Estratégias Esportivas para Negócios, em tradução livre] de Robert Keidel.

De muitas formas, a linguagem e a imagem dos jogos e esportes são um grande avanço perante as guerras e selvas. Elas necessariamente impõem limites importantes como regras, espírito esportivo e competição leal, bem como virtudes positivas como desafio, diversão, criatividade, trabalho em equipe e excelência. A metáfora dos jogos se traduz bem nas comparações competitivas entre empresas lutando para ganhar fatia de mercado por meio de melhor qualidade, menores preços e melhor serviço. Esse tipo de competição é essencial para o sucesso, sem dúvidas, mas ainda há muitas falhas nessa concepção de negócios que deveriam ser abordadas.

Em primeiro lugar, pode dar origem a uma obsessão por vencer acima de tudo, o que pode ser nocivo para o bem-estar geral e moral da organização. É famosa a fala do treinador de futebol americano dos UCLA Bruins, Henry Russell Sanders: "Vencer não é tudo... é a única coisa."[3] Além do mais, jogos e esportes tradicionais geralmente resultam em apenas um ganhador, deixando os outros competidores ou equipes na categoria rotulada como "perdedores". "Ninguém se lembra do segundo lugar" é outra declaração incisiva que capta a preeminência de ficar no topo do pódio. Notavelmente, esse *não* é o caso nos negócios, em que sempre há múltiplos vencedores. De fato, quando metáforas de jogos são aplicadas à estratégia de negócios, é melhor considerá-las no contexto de estratégias ganha-ganha-ganha, nas quais todos os grandes stakeholders "ganham" em suas trocas voluntárias com a empresa — ou então não estariam fazendo a troca. (Veja no capítulo 4 mais soluções ganha-ganha-ganha.) Ironicamente, o *negócio* dos esportes segue esse princípio ganha-ganha-ganha, com comunidades, times, jogadores, anunciantes, patrocinadores e empresas de mídia participando de um ecossistema crescente e mutuamente benéfico. Mas, se tantas das metáforas que usamos se baseiam em uma ideia de ganha-perde, nos esquecemos disso facilmente.

A ideia de negócios como um jogo fracassa totalmente ao levar em consideração que pouquíssimos stakeholders fazendo trocas com uma empresa estão realmente jogando um jogo. Consumidores, colaboradores, fornecedores, investidores e comunidades estão trocando voluntariamente com a empresa de diversas formas por ganhos mútuos — não estão buscando vitória exclusiva em uma competição de alto risco. Por isso, ainda que a metáfora do jogo competitivo anime a liderança sênior de uma empresa quando estão pensando sobre como superar seus rivais, ela raramente estimula a comunidade maior de stakeholders à qual o negócio existe para servir.

Entretanto, metáforas de jogos e esportes permitem a possibilidade de existir amor na organização. Afinal, no espírito de uma competição saudável, costumamos amar nosso time, nos conectar com nossos colegas de equipe, reconhecer a alegria da camaradagem e cuidar das pessoas que estão nos ajudando, como nossos consumidores. Porém, quando a mentalidade do tudo ou nada se torna dominante, o amor é rapidamente relegado aos bastidores.

Há outra metáfora que começamos a ouvir recentemente que reúne muitos dos elementos descritos acima, inclusive guerra, concorrência darwiniana e jogos. É uma referência ao sucesso *Game of Thrones*, da HBO, que foi exibido em mais de 170 países ao redor do mundo. Muitas pessoas, ao que parece, se apegaram à série como um paralelo adequado ao mundo dos negócios. Nós discordamos. Aos leitores que talvez não se incluam entre as dezenas de milhares de fãs da série: tudo o que você precisa saber é que os diversos personagens no mundo fantasioso criado pelo escritor George R. R. Martin estão lutando para serem coroados rei ou rainha dos Sete Reinos e sentar-se no Trono de Ferro de Westeros. A maioria se mostra absolutamente cruel nessa busca, e apenas os mais fortes, inteligentes e melhores sobrevivem. A guerra é uma ferramenta estratégica constante nesse jogo mortal. Como uma das possíveis monarcas, Cersei Lannister, diz: "Ao jogar o jogo dos tronos, você vence, ou morre. Não existe meio-termo."[4]

Nem preciso dizer que há pouquíssimo amor nessa série — quase nenhum que não seja alimentado por laços familiares. E até mesmo nesses casos, o amor é frequentemente pisoteado na busca pelo poder. "Quanto mais pessoas você ama, mais fraco é"[5] é outra lição de liderança concisa de Cersei, que dificilmente será convidada para quaisquer conferências futuras de liderança do Capitalismo Consciente (embora — alerta de spoiler — ela se torne rainha de Westeros temporariamente antes de encontrar seu fim).

Nós gostamos das muitas temporadas cativantes de *Game of Thrones*, mas isso não significa que queremos que o *ethos* de Westeros defina a ética dos negócios! Nesse mundo hostil de machos e fêmeas alfa competindo por poder, autoridade e status, o amor dificilmente passa de uma brecha na armadura. Nós com certeza temos melhores práticas que não sejam interpretar nossas atividades empresariais através dessas lentes. Entretanto, muitas pessoas o fazem, mesmo sem perceber as consequências, e isso, em suma, explica por que o amor fica escondido em nossos armários corporativos. É incompatível com os modelos mentais que tantos de nós veem como a necessidade fundamental para fazer negócios. Ele não tem lugar em um mundo onde estamos em guerra com nossos concorrentes, onde apenas os melhores e mais fortes sobrevivem, e onde só pode haver um vencedor.

EM BUSCA DE NOVOS MAPAS E METÁFORAS

Se quisermos tirar o amor do armário corporativo, se quisermos ser líderes conscientes que praticam habilidosamente essa poderosa virtude humana não somente em casa, mas no trabalho, então precisaremos pensar sobre negócios de formas totalmente novas. Precisamos buscar novos modelos mentais e metáforas que sejam mais fiéis à essência do que são os negócios e salientar o que têm de melhor.

Isso não quer dizer que as metáforas antigas são totalmente inúteis — cada uma delas representa verdades parciais sobre os negócios. A competição, por exemplo: lutar por excelência acima e além dos concorrentes é um motivador importante do desenvolvimento empresarial. Ela pode e deve inspirar virtudes e qualidades que discutimos detalhadamente neste livro, como inovação e melhoria contínua do líder e da equipe. Mas, como apontamos, a competição sem um equilíbrio dos outros atributos, como cooperação e serviço, pode tornar-se rapidamente contraprodutiva e tóxica. Ela não desaparecerá da liderança quando o amor entrar, e nem deve. Mas assumirá seu devido lugar como uma entre as muitas formas nas quais pensamos sobre nossas empresas, em vez de ser vista como a sine qua non da realidade empresarial.

Incentivamos você a criar suas próprias metáforas para um negócio orientado por propósito e movido por amor. Gostamos da seguinte: em vez de pensar em negócios como um campo de guerra ou selva, que tal pensar nele como uma comunidade? O reconhecimento de que toda empresa é composta por uma variedade de stakeholders que estão voluntariamente trocando com a empresa por ganhos e benefícios mútuos é um dos pilares fundamentais do Capitalismo Consciente (veja "Kit de Ferramentas do Líder Consciente: Integração de Stakeholders", na página 49). Ele parte do princípio de que um dos maiores propósitos de uma empresa é criar valor para todos os seus principais stakeholders. Quando fazemos isso, todos os stakeholders prosperam, a empresa prospera e nossa sociedade mais ampla prospera.

Se pensamos nos negócios como uma comunidade de stakeholders que estão conectados por meio de interesses e benefícios mútuos, então podemos reconhecer que o trabalho da liderança é criar valor para todos os membros daquela comunidade em uma série contínua de decisões ganha-ganha-ganha. Como estamos tão acostumados a pensar em termos de ganha-perde, pode ser difícil para muitos líderes fazer a mudança para essa nova forma de pensar. A metáfora da comunidade nos ajuda nessa reestruturação, dando às nossas mentes permissão para criar soluções novas e inovadoras que beneficiam todas as principais partes. Ela também nos ajuda a reconhecer o quanto é importante para toda a organização liberar o amor. Isso nos ajuda a ser melhores na criação de valor para todos esses stakeholders diferentes, porque nos permite entender melhor suas necessidades e desejos e nos preocupar mais em atendê-los. O amor é a cola que une tudo.

Quando os stakeholders se sentem amados por uma empresa, eles tendem a amar a empresa e reconhecer o valor que ela está criando para eles. Isso significa mais do que uma transação — isso constrói a experiência de uma comunidade. E uma comunidade autêntica é praticamente o santo graal do branding no mundo atual. Quantos dólares são desperdiçados em marketing tentando formar uma comunidade em torno de uma marca, quando um pouco de amor autêntico seria muito mais eficaz? O líder consciente sempre luta pela prosperidade de toda a comunidade, e liberar amor é essencial para conquistar isso. Se os consumidores se sentirem como membros de uma comunidade, se tornarão os maiores defensores e os maiores marqueteiros da empresa. Da mesma forma, colaboradores permanecerão e trabalharão para a empresa por décadas. Fornecedores darão tratamento especial à companhia e trabalharão junto ao negócio para inovar em novos produtos e serviços.

Quais outras metáforas podemos usar para capturar o espírito da jornada empresarial humana desde a startup inicial, passando por um pequeno negócio e chegando a uma grande corporação? Por um lado, a resposta para essa pergunta tem a ver com a maneira como interpretamos a própria experiência humana. Seres humanos são animais únicos na jornada evolutiva. Os grandes mamíferos têm algumas características extraordinárias e demonstraram inteligência notável e formas de consciência dignas de reconhecimento e proteção, mas eles não desenvolveram as notáveis capacidades cognitivas que distinguem o *Homo sapiens*. Precisamos de novos mitos, novas histórias e novas formas de entender a arena dos negócios e da liderança que englobam as muitas dimensões do que nos torna humanos. A guerra é uma parte infeliz da condição humana, mas não é tudo o que nos define. A luta darwiniana por sobrevivência é muito real, mas há mais na vida do que tais instintos primitivos. Nosso tribalismo é sem dúvidas parte de nossa organização social, mas não somos puramente criaturas de status. Às vezes, conseguimos transcender tudo isso. Nossas metáforas não deveriam conseguir transcender também?

Humanos também são criaturas de emoção elevada, imaginação artística, alegria, riso e votos de confiança. Imaginamos novas realidades, inventamos coisas incríveis, compreendemos perspectivas mais amplas, criamos belezas extraordinárias, descobrimos novas realidades, construímos comunidades e refletimos cuidadosamente sobre tudo isso. Nós amamos. Nossa espécie contém todas essas capacidades e mais — com os negócios não deveria ser o mesmo? É muito fácil instalar-se em modos de pensamento que possam representar precisamente nossas motivações biológicas ou alguns de nossos instintos evolucionários, mas eles são incapazes de captar verdadeiramente o que significa estar realmente vivo.

LIDERANÇA SERVIL: AMOR EM AÇÃO

Outro modelo recente que encoraja a virtude do amor nos negócios é a prática da "liderança servil". Em um panorama empresarial ainda repleto de metáforas baseadas em conflito, essa tendência que surgiu nas últimas décadas se destaca com grande contraste. É uma filosofia de negócios que, como o Cavalo de Troia, contrabandeou amor para dentro dos grandes escalões da corporatividade dos Estados Unidos, abertamente praticada por empresas como Starbucks, Southwest Airlines, the Container Store e os hotéis Marriott; e defendida por influentes pensadores empresariais como Stephen Covey, Peter Drucker, Ken Blanchard, Warren Bennis e Peter Senge. Basicamente, a liderança servil revê o papel do líder como alguém que serve à organização, em vez de impor poder sobre ela.

A ideia surgiu de um artigo de 1970, "The Servant as Leader" [O Servo como Líder, em tradução livre] do ex-executivo da AT&T, Robert Greenleaf. Em meio às revoluções contraculturais da era, enquanto fontes tradicionais de autoridade eram questionadas e anuladas por todos os lados, Greenleaf estava fazendo seu próprio exame de consciência. A pergunta que o orientava era: "Onde podemos encontrar as fontes naturais de autoridade legítima que são necessárias para a liderança eficiente?" Ele encontrou as sementes de uma resposta no romance de Hermann Hesse, *Viagem ao Oriente*, que conta a história de um servo modesto chamado Leo, que guia um grupo de peregrinos pelo deserto em busca da verdade suprema. É só depois que Leo desaparece e o grupo se desfaz que eles acabam percebendo que o homem que estava carregando suas malas e cuidando de suas necessidades era na verdade o grande e nobre líder de sua ordem religiosa. Inspirado por essa história, Greenleaf escreveu seu, agora famoso, artigo e despertou um dos mais influentes movimentos de liderança dos últimos 50 anos. Nas décadas desde sua origem, ele tornou-se relevante apenas quando hierarquias poderosas de corporações tradicionais sofreram críticas de todos os lados e uma nova onda de líderes começou a experimentar sistemas mais democráticos e igualitários.

Um líder servil é definido como uma pessoa que prioriza as necessidades dos outros, extraindo sua autoridade do impulso sincero de ajudar. Acredita-se tradicionalmente que os líderes são aqueles que "vão na frente", direcionando as questões de cima. A filosofia da liderança servil, porém, vira essa ideia do avesso. Em vez de se enxergarem no topo da hierarquia, onde precisam usar seu poder para controlar as coisas, os líderes servis colocam-se na base da hierarquia, adotando o papel de servos de todos os stakeholders da organização. Alguns defensores dessa abordagem concentram seu serviço nas necessidades dos consumidores, em lhes fornecer produtos ou experiências excepcionais. Pense em empresas como Trader Joe's, Amazon, Zappos, The Home Depot e Ritz-Carlton. Outros priorizam o apoio e o fortalecimento de seu pessoal, servindo em seu desenvolvimento e crescimento e colhendo lealdade e alto desempenho no processo. Empresas como Nordstrom e Southwest Airlines empregaram essa estratégia com grande sucesso. Seja qual for a ênfase específica, a liderança servil é uma expressão de amor em ação, e um antídoto muito necessário contra a abordagem de campos de guerra e tanques de tubarão.

Na verdade, o motivo da ideia de serviço ser tão radical é que ela bagunça os conceitos tradicionais de poder e domínio e a vontade de vencer que tantos veem como indissociável do sucesso nos negócios. Pergunte a Jonathan Keyser, um corretor de imóveis comerciais de Phoenix cuja jornada nos negócios foi de um extremo a outro. Ao refletir sobre os primeiros anos de sua carreira, ele é direto: "Eu era um babaca cruel." E não é surpreendente — ele trabalhava em um setor que podia facilmente ser chamado de modelo para aquelas metáforas com as quais começamos este capítulo. Como um colega lhe advertiu: "Este setor é cheio de tubarões, e é cada um por si. Os bonzinhos são pisoteados aqui. Você precisa procurar ser o número um."[6]

Keyser logo sentiu na pele essa cultura cruel e competitiva. Parecia ser comum os corretores manipularem e sabotarem uns aos outros, mentirem para seus clientes e roubar os leads uns dos outros. Diz ele: "As coisas que acontecem — não dá nem pra acreditar que são legais!" Ele aprendeu a atender ligações importantes no carro — nunca se sabe quem está escutando. Ele adotou os comportamentos que via a seu redor, convencido de que era o necessário para ter sucesso. E ele teve sucesso. Ele ganhou como "novato do ano" durante seu primeiro ano no ramo e continuou colhendo as recompensas financeiras. Ele gostava do setor, mas estava estressado, sempre desconfiado, e cada vez mais consciente do abismo entre seu comportamento e os valores com os quais seus pais missionários o haviam criado. Depois de 10 anos no ramo, como ele descreve, perdeu-se na "escravidão da traição naquilo tudo".[7]

Tudo mudou para Keyser quando ele se viu em uma conferência do setor em uma sessão aberta sobre networking. O orador estava compartilhando uma abordagem que envolvia o plantio de sementes pelo desenvolvimento de relacionamentos por meio de serviço e confiança que resultaria em recompensas futuras. Keyser ficou encantado. *Isso é possível?* Perguntou-se. *Isso funciona? Como? Por quê?* Afinal, ele queria saber, se essa estratégia de ajudar os outros levava a tal sucesso, por que mais pessoas não a aplicavam?

O palestrante tinha uma resposta pronta: *Porque demora muito.* Esse modelo de negócios exige uma visão de longo prazo, explicou, e poucas pessoas têm a paciência de persistir. Keyser lembra sua mensagem da seguinte forma: "O que você está fazendo agora é como caçar. Você sai, atira em um veado e o come em seguida. Mas então você tem que levantar amanhã e fazer tudo de novo. Isto é mais como uma plantação. Se você planta árvores citrinas e as cultiva, elas demoram anos para crescer, mas, depois que crescem, dão mais frutos do que você é capaz de comer. Você precisa cultivar esses relacionamentos, mas, com o tempo, você construirá uma rede de pessoas que querem ajudá-lo — de modo que você não precisará de uma força de vendas."

No avião a caminho de casa, a mente de Keyser estava acelerada. Ele poderia criar um modelo de trabalho que priorizava o serviço no mundo traiçoeiro e orientado pelo curto prazo dos imóveis comerciais? Isso era loucura ou inspiração? Ele estava determinado a tentar, e sabia que a transformação começaria com ele. "Fui trabalhar reinventando a mim mesmo", disse ele, desaprendendo os maus hábitos de uma década de interesse próprio implacável.

Sua nova abordagem era adotar literalmente o espírito de serviço: ele conectou-se com pessoas e as ajudou a conseguir o que precisavam. Em vez de procurar leads e promover seus serviços, ele se envolveu na comunidade e ajudou entidades locais sem fins lucrativos. Ele começou a procurar ativamente por formas de ajudar a todos que encontrasse — não apenas possíveis clientes, mas também seus colegas, fornecedores, e até mesmo concorrentes. "Marquei milhares de cafés, almoços, drinques e jantares", lembra ele. Decidiu que, em todas as reuniões, encontraria ao menos três ações concretas e significativas que poderia fazer para ajudar. Ao saber que uma cliente em potencial havia acabado de passar por um divórcio, enviou-lhe um livro sobre recomeçar. Ele ajudou outra cliente a conseguir um estágio para sua filha. E ajudou até mesmo outros corretores a conseguirem negócios. Sua equipe tornou-se, diz ele com um ar de riso, "um serviço de concierge que vende imóveis". Mesmo quando não havia possibilidade de negócios, ele encorajava sua equipe a procurar incansavelmente oportunidades de ajudar as pessoas. Ao descobrir que a esposa de um cliente prospecto estava morrendo de uma doença sanguínea rara, sua equipe passou diversos dias procurando o principal médico do estado especialista em sua doença.

Com o passar dos meses, e até dos anos, sem muito retorno financeiro por sua dedicação, os colegas, os amigos e a esposa de Keyser na época questionaram a sensatez de suas escolhas. Os concorrentes o chamavam de ingênuo e irresponsável. Porém, mesmo quando a dúvida o assolava, ele se lembrava das palavras do homem que o colocara nesse caminho, e continuava plantando sementes para o longo prazo. Pouco a pouco, essas sementes começaram a brotar, e começaram a fluir indicações em sua direção. Pessoas que ele havia ajudado alguns anos antes pensavam nele quando precisavam de um corretor. Ou falavam dele para seus amigos.

Por meio da prática dedicada da liderança servil, a empresa de Keyser tornou-se a maior corretora comercial de seu tipo no competitivo mercado imobiliário do Arizona, e uma das empresas que mais cresce nos Estados Unidos. E tudo isso vem do espírito de serviço. "Eu não preciso vender. Não preciso persuadir. Não preciso convencer. Eu apenas sirvo, e chegam a mim mais negócios do que consigo cuidar", diz ele. "Quando eu era cruel, pensava que estava cuidando do primeiro lugar. O que eu estava fazendo na verdade era queimar todas as pontes. Hoje, como amamos e servimos, estamos gerando grandeza para nós mesmos aonde quer que vamos. Todos estão tentando ajudar uns aos outros!"

AS MUITAS FACES DO AMOR

O amor não é uma coisa — é uma virtude de muitas qualidades. Como os esquimós, que são famosos por ter muitas palavras para neve, precisamos de muitas palavras para captar as nuances do amor. Os gregos antigos identificaram diversos tipos de amor, como *philia* (amizade), *eros* (amor romântico ou sexual) e *agape* (amor altruísta). No romance ou na vida familiar, o amor tem um conjunto de significados, mas no âmbito da liderança consciente tem outro. Entre eles há qualidades como generosidade, gratidão, reconhecimento, cuidado, compaixão e perdão. O amor é um tipo de "virtude mestra" com muitas virtudes relacionadas que, quando reunidas, representam um significado mais completo do termo. Nós não entendemos completamente o amor a menos que também entendamos e pratiquemos suas muitas manifestações. Vamos olhar mais de perto algumas dessas faces do amor, e como podem ser praticadas.

Generosidade é uma expressão da abundância — essa é a melhor forma de entender essa virtude. Ela não é uma expressão de autossacrifício, o que é um ponto comum de confusão. É comum as pessoas pensarem que, se damos algo a alguém, devemos também abrir mão de algo — de que o ganho de um lado significa a perda do outro. Mas a verdadeira generosidade é um transbordamento, um movimento do coração que quer dividir o que temos e ajudar os outros. Ela não surge de um sentimento de culpa ou dever, mas de nossa consciência de abundância tanto em nós mesmos quanto no universo maior do qual fazemos parte. Esse espírito de abundância deseja naturalmente doar, compartilhar e ajudar os outros. Obviamente, ela pode ser expressa de muitas formas. Podemos ser generosos com nosso tempo, atenção, dinheiro, conhecimento e até mesmo com nosso espírito.

Aquilo que damos aos outros, damos primeiro a nós mesmos. Essa é uma importante verdade espiritual sobre a qual os líderes deveriam refletir um pouco. O espírito de generosidade deve primeiro despertar em nossos próprios corações e mentes antes que possa fluir para fora. Uma vez que reconhecemos conscientemente que a generosidade é benéfica não apenas para a pessoa que a está recebendo, mas também para a que está fornecendo, o desejo de fornecer só cresce e se aprofunda dentro de nós. Criaremos um ciclo virtuoso de amor que nos nutre mesmo quando nutre outras pessoas. Imagine uma organização na qual o espírito de generosidade fosse um atributo definidor da cultura!

Líderes conscientes podem transformar essa virtude em hábito de muitas formas. Podemos mentorear e treinar líderes mais jovens para ajudá-los a aprender e crescer. Se tivermos atingido uma posição de segurança financeira, podemos até decidir doar boa parte ou toda nossa remuneração, e parte do nosso tempo, para organizações sem fins lucrativos que amamos — as necessidades de nosso mundo são quase infinitas, e nossos serviços são muito necessários — enquanto continuamos nosso trabalho com uma atitude de generosidade.

> **PRATICANDO A GENEROSIDADE:**
> **Fique na Companhia de Pessoas Generosas**
>
> Uma boa forma de começar a prática da generosidade é nos rodeando de pessoas generosas. A generosidade e o serviço delas ajudará a despertar e inspirar o nosso. Preste atenção nessas pessoas e em suas ações. A generosidade não precisa significar grandes gestos — pode significar apenas ajudar um amigo a cumprir um prazo ou ficar acordado até tarde para mentorear um colega mais jovem. Inspirado por esses exemplos, você pode alimentar o fogo de sua própria capacidade de doação com pequenos presentes e atos de serviço. Com o tempo, você desenvolverá gradualmente um "músculo espiritual" interno de generosidade que ficará mais forte conforme você pratica.

Gratidão é uma das chaves mais importantes para a felicidade na vida. A gratidão nem sempre precisa de um objeto — podemos sentir gratidão por praticamente qualquer coisa, até simplesmente por estar vivos. Só por sermos capazes de nos mover neste mundo, conhecer outras pessoas, amar, experimentar a abundância da vida — é maravilhoso! O grande escritor D. H. Lawrence talvez tenha dito isso melhor quando escreveu: "Seja o que for que os não nascidos e mortos saibam, eles não sabem a beleza, a maravilha de estar vivo... O magnífico aqui e agora da vida na carne é nosso, e só nosso, e nosso apenas por um tempo. Devemos dançar com euforia por estarmos vivos na carne, e sermos parte do cosmos vivo e encarnado."[8]

Se pudermos reconhecer e refletir sobre essa verdade diariamente, expandiremos nossos corações e mentes, e a alegria e a felicidade serão mais constantes em nossa jornada de vida. Mais ainda, esse tipo de gratidão traz perspectiva a um líder. Em meio aos inevitáveis desafios e dificuldades da liderança, há uma forte tendência em retrair-se. É muito fácil acabar focado de forma míope em nossos próprios problemas e queixas pessoais. Acabamos concentrados em coisas com as quais estamos insatisfeitos, em formas como fomos enganados por outros — e sempre há muitos desses!

Já ouviu falar do poder da intenção? Bem, não subestime o poder da *atenção*. Um dos segredos da vida é que nossa própria experiência é altamente influenciada por aquilo em que nos concentramos, por onde colocamos nossa preciosa atenção. Se nos concentramos em queixas e dor, isso inevitavelmente leva à infelicidade. Desmoronamos em nós mesmos. Por outro lado, se nos concentramos na gratidão, expandimos naturalmente nossa consciência para fora e abrimos espaço para uma perspectiva mais profunda. Essa mudança de atenção, essa prática de gratidão, nos permite colocar problemas reais e queixas em seus devidos contextos e perspectivas. A gratidão é uma chave que abre o coração. Se encontrarmos meios de expressar a gratidão todos os dias, seremos líderes mais bem-sucedidos *e* experimentaremos mais alegria e felicidade do que jamais julgamos possível.

> **PRATICANDO GRATIDÃO: Manhã, Tarde e Noite**
>
> Considere começar cada dia com apenas um minuto de gratidão — refletindo sobre o quanto o universo é maravilhoso e o quão incrível é estar vivo! Se você tem uma prática matinal espiritual ou de meditação, começar essa prática com gratidão ajudará a aprofundá-la e enriquecerá todo o seu dia. Você pode tentar o mesmo antes de sua prática matinal de exercícios.
>
> As refeições são uma ótima hora para expressar gratidão — como muitas de nossas tradições culturais nos dizem. Começar nossas refeições com alguns segundos de agradecimento pelo que estamos prestes a comer pode ser uma experiência de união e nos ajudar a va-

> lorizar mais a experiência de sustento e vida. (Também tem benefícios práticos: tendemos a fazer nossas refeições mais lenta e conscientemente, o que ajuda na digestão e nos impede de comer demais.)
>
> Muitas pessoas mantém um "diário de gratidão". Ao final de cada dia, antes de deitar-se para dormir, elas anotam alguns pensamentos sobre o dia, concentrando-se especialmente naquilo pelo que são gratas. É uma ótima forma de acalmar nossas mentes e abrir nossos corações antes de dormir. Isso costuma resultar em um descanso mais profundo e pacífico.

Reconhecimento. Em seu discurso de formatura em Princeton em 2019, o colunista George Will tinha uma mensagem para os futuros líderes da prestigiada instituição. Ele os advertiu a ter cuidado com a tendência da cultura contemporânea de aceitar raiva e indignação como normais na expressão pública. "Nesta era de raiva, o menosprezo é o normal para muitos norte-americanos", lamentou ele. E então implorou a seu jovem público que adotasse as virtudes do reconhecimento e do elogio. "Elogiar de forma inteligente é um talento. É aprendido. Como todas as virtudes, é habitual. É um hábito. E, agora, é uma virtude da qual precisamos mais. É a virtude de reconhecer virtudes, de saudá-las."[9]

Um dos trabalhos mais importantes de um líder é saudar a excelência — enxergá-la, reconhecê-la e apreciá-la, como fazemos em nossas reuniões na Whole Foods. Mas lembre-se de que o reconhecimento precisa ser autêntico. As pessoas têm antenas bem atentas para cumprimentos enganosos ou dissimulados. Descobrimos que elogiar alguém verdadeiramente não somente faz a pessoa que está recebendo o cumprimento sentir-se bem; como ajuda a construir confiança e quebrar barreiras entre as pessoas. Afinal, é difícil manter julgamentos a respeito de outra pessoa se ela está nos elogiando verdadeiramente! E isso funciona para os dois lados. É quase impossível elogiar alguém de verdade sem abrir nossos corações de alguma forma. Costumamos passar muito tempo julgando o que os outros fazem ou dizem. A maioria de nós tem um crítico interno que mede constantemente tanto a nós mesmos quanto as outras pessoas. O real reconhecimento quebra o poder desse crítico. Quando o fazemos com vontade, silenciamos essa parte em nós e isso nos permite abrir o coração. Repentinamente, o amor é liberado. Essa prática tem sido incrivelmente benéfica em nossa cultura de trabalho, e ainda assim é tão simples.

Um líder consciente precisa ser alguém que reconhece ativamente. Podemos ser líderes mais duros às vezes, e podemos e devemos ser fortes, mas, no fim das contas, seres humanos respondem melhor a cuidado e reconhecimento. É importante lembrar que, nos negócios, tudo o que conquistamos é feito por meio de outras pessoas. É isso o que líderes conscientes fazem — nós inspiramos, motivamos, desenvolvemos e lideramos os outros. Reconhecer os dons que outras pessoas compartilham conosco e com nossas equipes é edificante e gera uma sensação recompensadora de realização.

A implementação do reconhecimento pelos líderes e organizações, como fizemos na Whole Foods, é fácil e tem repercussões muito poderosas. Isso une as pessoas, gera camaradagem e ajuda a construir confiança. Líderes conscientes devem considerar formas de institucionalizar uma cultura de reconhecimento — suas equipes lhes agradecerão por isso.

Deixe-me encerrar esta seção sobre reconhecimento com uma nota pessoal. Eu sempre fui muito grato pelas pessoas com quem trabalhei ao longo dos últimos 40 e tantos anos na Whole Foods. Sem elas, a empresa jamais teria chegado aonde chegou, e nem eu. Todos os dias eu trabalho com pessoas que sei que são incrivelmente inteligentes, talentosas, atenciosas e apaixonadas. Tento tirar um tempo para reconhecer e agradecer às pessoas todos os dias. Sou profundamente grato por todas as coisas que as pessoas fazem para tornar a Whole Foods melhor. Sou grato a todos os stakeholders — a nossos colaboradores, consumidores, fornecedores e comunidades, e à nossa empresa-mãe, a Amazon.

PRATICANDO O RECONHECIMENTO:
Pegue as Pessoas Fazendo Algo Certo

Em seu livro best-seller, *O Gerente Minuto*, Ken Blanchard popularizou uma prática que ele chamou de "pegar as pessoas fazendo algo certo". Em nossas vidas normais, a maioria de nós tende a fazer o oposto — somos caçadores de falhas prontos para pegar as pessoas fazendo algo errado. Voltar nossa atenção ao bom trabalho que as pessoas estão fazendo ajuda a levar nossa percepção a uma qualidade de pro-

> fundo reconhecimento. Você pode fazer isso todos os dias em sua vida de trabalho normal. Mas não o restrinja ao trabalho. Praticar o reconhecimento autêntico com as pessoas que você mais ama ajudará a levar esses relacionamentos a novos níveis de felicidade mútua.

Cuidado. As pessoas sempre sabem se o líder realmente se importa com elas ou não. Quando nós como líderes demonstramos indiferença ou apatia no trabalho, estamos comunicando que não nos importamos com os outros como indivíduos. Quando tratamos os outros como objetos — "recursos humanos" a serem usados simplesmente por seu valor utilitário — e não como sujeitos individuais que reconhecemos e valorizamos em seus próprios termos, isso não passa despercebido. O capital social é significante em muitos ambientes de trabalho, e, toda vez que um líder fica abaixo de determinado limiar de cuidado, ele perde o respeito daqueles a seu redor. "As pessoas tentarão convencê-lo de que deve manter a empatia fora de sua carreira", diz o CEO da Apple, Tim Cook. "Não aceite esta falsa premissa."[10]

Vale lembrar que tudo o que um líder faz é amplificado, seja positivo ou negativo. Os sussurros de um líder são ouvidos como gritos, como diz o ditado. Então, quando tiramos um tempo para nos entregar e cuidar de um colaborador, consumidor ou outro stakeholder, o efeito cascata é enorme. Começamos a acumular boa vontade, e isso pode ter um impacto incrivelmente positivo ao longo do tempo. É importante também estar muito ciente de qual comportamento estamos demonstrando para nossa equipe. Se nós, como líderes, não nos importamos, então por que nosso pessoal deveria se importar?

O verdadeiro cuidado é um ato de imaginação moral. Por quê? Porque exige darmos um salto de perspectiva, nos colocarmos realmente no lugar do outro. É claro que falamos dessas coisas frequentemente, mas é muito difícil importar-se profundamente com alguém se não formos capazes de ver a vida por sua perspectiva. E isso envolve uma capacidade de transcender nossa própria visão de mundo míope, ao menos em certo nível. Isso é muito mais fácil com familiares — pessoas a quem somos geneticamente ligados. Nesse sentido, a evolução nos ajuda um pouco! Também é mais fácil se as pessoas estiverem em nosso grupo social próximo, ou forem membros de nossa "tribo". Mas fazer isso por colegas menos próximos, parceiros, consumidores, colaboradores e outros em nossos círculos organizacionais exige uma capacidade de empatia bem mais desenvolvida. Muitos não conseguem fazê-lo; é um salto psicológico muito grande. Mas, se conseguirmos aprender a dar esse passo, descobriremos que fica muito mais fácil expressar naturalmente uma noção autêntica de cuidado e preocupação para com nossos consumidores, fornecedores e outros stakeholders na organização. Seremos capazes de entender suas necessidades mais profundamente, e isso é sempre um benefício para nossa capacidade de liderar.

> **PRATICANDO O CUIDADO: Como Posso Ajudar?**
>
> Praticar o cuidado significa perguntar-se constantemente: "Como posso ser mais útil nesta situação?" Na maior parte do tempo há algo que podemos fazer, mas, se não mantivermos essa pergunta viva, podemos deixar o momento ou a oportunidade passar. Às vezes, o cuidado é simples, e suas pequenas expressões podem fazer uma grande diferença.

Compaixão é uma virtude poderosa que geralmente é usada como sinônimo real do próprio amor. "Nesta completude do Amor Divino brota a bela e perfumada flor da compaixão", alega a mestre espiritual indiana, Amma.[11] Esse ideal não se reserva aos santos e sábios; pode inspirar também importantes qualidades de liderança no mundo mais secular dos negócios. Tradicionalmente, a compaixão é vista como proveniente de uma confrontação profunda com nossa impermanência e mortalidade. Quando alguém confronta o sofrimento que existe neste mundo, e a verdade de que todos devemos morrer, o sentimento natural que essa pessoa experimentará é a compaixão. Mesmo sem de fato crer que essa visão um tanto sombria é a declaração final sobre a existência, ainda há uma verdade profunda ali. Nós celebramos nossa existência com gratidão e admiração, mas também aceitamos que somos seres mortais, e todos experimentamos a realidade da dor, da perda, da morte e do luto.

Da mesma forma que a gratidão e o reconhecimento surgem naturalmente de um reconhecimento do profundo milagre e abundância da vida, a compaixão surge do reconhecimento de nosso sofrimento e dor compartilhados. À luz da realidade do sofrimento, a única melhor resposta que podemos ter frente a todo ser vivo não seria a compaixão? Líderes que sentem e expressam compaixão autêntica despertam uma profunda qualidade espiritual dentro de si que irá inspirar outras pessoas. A verdadeira compaixão gera confiança, comprometimento e lealdade nos outros. A compaixão nos une e nos lembra daquilo que é mais importante na vida.

> **PRATICANDO A COMPAIXÃO: Esteja Totalmente Presente**
>
> A virtude da compaixão pode parecer um ideal nobre, mas o primeiro passo para praticá-la é, na verdade, simples. Basta prestar atenção no que está acontecendo ao seu redor. Em vez de sonambular pela vida, perdido em seus pensamentos, acorde e esteja presente no fluxo de vida a seu redor. Quando estamos totalmente presentes em cada momento, começamos a perceber medo, tristeza, raiva, doenças, baixa autoestima e depressão nas outras pessoas. A compaixão é a resposta humana natural à dor e ao sofrimento, mas devemos estar presentes no momento para perceber. Não é fácil estar presente. Como regra geral, preferimos anestesiar nossas consciências para evitar perceber o sofrimento tanto em nós mesmos quanto nos outros. Como em qualquer habilidade, quanto mais praticarmos estar presentes (ou "mindful", na tradição budista), mais veremos o sofrimento e mais compaixão surgirá em nossos corações.

Perdão é uma face importante do amor, e é também uma habilidade de liderança subestimada. Talvez isso se dê porque é uma virtude que não vem fácil para a maioria de nós. Muitas pessoas se apegam firmemente a seus rancores e resistem em abrir mão deles. Mas, como ferro quente, eles nos queimarão se os segurarmos por muito tempo. Quando nos recusamos a perdoar, nos permitimos culpar os outros, e líderes bem-sucedidos não querem se entregar a essas distrações desgastantes. Eles não têm tempo a perder se lamentando. E é incrível quanta energia é liberada pelo simples ato do perdão.

Perdoar significa aceitar as ações das pessoas que nos feriram? Não. Nem significa esquecer ou negar a dor que podem ter causado. Mas não precisamos agravar essa dor nos limitando com julgamentos, culpas e vitimização. Líderes conscientes podem demonstrar um alto nível de responsabilidade ao praticar o perdão.

Sejam quais forem nossas intenções, somos nós que sofremos quando guardamos negatividade. Ficamos presos em nossa própria prisão de vitimismo. O perdão, verdadeiramente praticado, nos permite escapar. Como o psicólogo Lewis B. Smedes escreve de forma sagaz: "Quando perdoamos, libertamos um prisioneiro e então descobrimos que o prisioneiro liberto éramos nós."[12] Praticar o perdão ampliará nosso universo interno em um espaço de bondade amorosa, em que podemos florescer e ser realmente felizes. Na verdade, em um mundo onde há infinitas oportunidades de se ofender, e a cultura da afronta domina as mídias sociais, o perdão é ainda mais relevante e poderoso. É essencial viver uma vida autêntica e amorosa. Quando praticamos o perdão, toda a culpa, julgamento e sofrimento que suportamos de nossos erros passados podem finalmente ser esquecidos. Quando perdoamos os outros, descobrimos algo maravilhoso: nós, também, somos perdoados.

PRATICANDO O PERDÃO:
A Água Desgasta a Montanha

O perdão nem sempre é fácil. Escolha uma pessoa que você acha difícil até mesmo imaginar perdoar. Talvez a ideia de chegar a essa pessoa e dizer "eu perdoo você" seja inimaginável. Tudo bem. Lembre-se, perdoar não significa aceitar ou esquecer. Nem precisa significar dizer à pessoa diretamente. Mas significa que, interiormente, você liberta o rancor. Para começar, você pode simplesmente concentrar-se em ter a intenção clara de perdoar. Inicialmente, é possível que haja resistência, especialmente se o rancor for profundo. Mas, se você continuar a praticar sinceramente, como a água desgastando a montanha, a resistência vai lentamente se corroer. A persistência

> é a chave do perdão. Em algum momento você se sentirá tão livre da bagagem emocional que será capaz de se reconectar pessoalmente com quem o machucou.

AMOR COMO FONTE DE FORÇA

Quando consideramos a virtude do amor, pensamos primeiro em suas faces de apoio, acolhimento e gentileza, muitas das quais destacamos neste capítulo. Muitos líderes são, francamente, deficientes nessas qualidades, motivo pelo qual estamos defendendo que precisam ser trazidos à frente do negócio. Mas não devemos nos esquecer de que há também outra face do amor, uma que tem uma expressão mais resoluta. Da mesma forma que compaixão e devoção são exemplificadas pelos santos e divindades das tradições de sabedoria do mundo, nós também encontramos representações de dedicação justa e elevada. Esse lado forte do amor preocupa-se profundamente com a ascensão e o alcance do potencial de cada um de nós. Como a preocupação intensa que os pais têm pelo sucesso de seus filhos, essa expressão de amor pode ser difícil, desafiadora e até mesmo rigorosa às vezes. Não é um amor que aceita e tranquiliza; é um amor que exige e inspira. Para líderes conscientes, esse tipo de amor assume a forma de um desejo profundo de que indivíduos e organizações cheguem mais longe, conquistem mais e vivam à altura de seu propósito maior.

Liderar com amor nem sempre significa um gesto de reconhecimento, um ato de serviço altruísta, ou uma cultura sensível e acolhedora. Há situações em que os líderes conscientes precisam ir além da estimulação de seu pessoal e dos stakeholders — eles também precisam incorporar o lado forte do amor e *desafiá-lo*. Isso não é uma desculpa para ser autoritário, mas meramente um reconhecimento de que há hora e lugar para chamar as pessoas a níveis mais altos de desempenho, conquistas e excelência. Essas ações não precisam ser antiéticas na liderança com amor; podem ser uma importante expressão dela.

O CORAÇÃO DE UM CUIDADOR

Andy Eby cresceu com um sonho, e não era de amar as pessoas — era de bater, bloquear e lutar com elas. Desde muito novo, ele queria jogar na NFL. Havia apenas um probleminha: ele não era um atleta natural. Felizmente, ele tinha algo ainda mais poderoso. Era cheio de comprometimento. E treinou a si mesmo para tirar o máximo de qualquer talento que tivesse. Passo a passo, ele construiu seu caminho, e acabou jogando no Green Bay Packers e no St. Louis Rams, passando a bola para alguns dos melhores quarterbacks daquela época. Mas, enquanto seus sonhos eram realizados, sua vida estava longe disso. Às vezes, quando você consegue o que quer, percebe que não queria de fato aquilo. Para Andy, faltava algo no estilo de vida da NFL e seu foco em realizar conquistas individuais e buscar o próximo contrato; ele se sentia à deriva, ansiando por propósito e uma vida mais significativa. Isso viria na forma de amor — porque amor era o negócio da família, literalmente.

A avó de Andy sofrera de Alzheimer, e sua família havia lutado para encontrar um bom cuidado para ela no fim de sua vida. A natureza fria e institucional de muitas das casas de repouso da época deixava muito a desejar — tanto que o pai empreendedor de Andy decidiu abrir seu próprio negócio de assistência à vida, Bickford Senior Living. A avó de Andy foi a primeira cliente. O negócio era movido por propósito e bem-sucedido, e cresceu durante os muitos anos em que Andy ficou fora jogando futebol americano. Porém, no início dos anos 2000, seu pai ficou doente, o negócio entrou em uma época difícil e estava perdendo dinheiro. Por volta dessa época, os irmãos de Andy convidaram-no para almoçar. Ele estaria interessado em deixar as luzes da NFL para vir trabalhar no negócio da família? Andy surpreendeu a todos, inclusive a si mesmo, com a velocidade com que disse sim.

Após juntar-se ao negócio, Andy começou a entender que mudar a trajetória da empresa significava mais do que simplesmente resolver o que estava errado com a demonstração de resultados e o balanço. Mudar a Bickford Senior Living tinha que começar pelo propósito original da empresa. Significaria revitalizar o *ethos* de cuidado que havia sido o coração da visão de sua família. Andy e seus irmãos perceberam que precisavam aprofundar sua capacidade — e, consequentemente, a capacidade de toda a empresa — para liderar com amor. Afinal, é neste negócio que estão.

Conforme a endividada empresa passava por uma série de experiências de quase morte, Andy encontrou uma verdade incontestável sobre mudança organizacional: a *Liderança importa*. Ele reconheceu: "Se você quer evoluir a empresa, precisa evoluir o líder." Depois de um profundo exame de consciência, ele iniciou um caminho para tornar-se um líder mais consciente. Como parte do esforço, decidiu escrever um manifesto para a empresa. E ele não simplesmente terceirizou para uma agência de marketing. Ele o fez pessoalmente, remoendo cada palavra, desenvolvendo lentamente a linguagem e as ideias. Em cada visita a uma de suas instalações, ele o discutia com os cuidadores locais. *Estas palavras são autênticas? Elas fazem sentido? O que precisa ser incluído? Quais temas são importantes?* As palavras que ele escolheu captavam verdadeiramente o coração de um cuidador? Ele trabalhou no manifesto por um ano, obtendo feedback de cuidadores de todo o país, e, quando terminou, o próprio processo de criá-lo o havia mudado. Pensando que o havia escrito para os outros, ele percebeu que o processo havia despertado o cuidador dentro dele. "Percebi que precisava infundir o amor de um cuidador em todos os aspectos do que faço. Eu precisava aprender como liderar com aquele tipo de amor."

Andy participou da inauguração do novo centro de vida assistida Bickford, em Virginia Beach, Virginia, como faz em toda inauguração. Mas dessa vez era diferente. Ele estava munido não apenas com o novo manifesto, mas com sua própria compreensão transformada do que era a essência do trabalho da Bickford. Enquanto liderava a nova equipe no processo de treinamento como cuidadores, algo que ele nunca tinha visto ganhou vida no grupo. As pessoas começaram a se levantar e compartilhar seus próprios sentimentos de responsabilidade com amor, cuidado e a criação de uma bela atmosfera no novo centro.

"Eu não acreditava", relembra Andy. "Eu mal precisei dizer algo. Eles estavam todos compartilhando e ensinando nossos valores — um após o outro. Sei que é ridículo dizer, mas não acho que houve treinamento melhor na história das corporações dos Estados Unidos." Ao aprender a liderar com amor, Andy foi capaz de criar um espaço onde outros podiam fazer o mesmo. Sua jornada, de atacante endurecido da NFL a defensor do ato mais sensível e delicado do cuidado, o havia mudado. Mas, mais importante, foi mudando toda a organização e permitindo que compreendesse verdadeiramente o espírito de sua missão original.

Quando se trata de liderança, o amor é a virtude menos utilizada, e é, possivelmente, a mais poderosa. Uma vez que revirmos os negócios como sendo fundamentalmente para cumprir um propósito maior, e criarmos novas metáforas que se alinham a isso, seremos capazes de liberar amor em nossas organizações. Nessa nova concepção, maximizar os lucros não é mais a razão de ser dos negócios, apesar do lucro ainda ser reconhecido como necessário para alimentar a busca por propósito. Conforme o contexto se volta a este sentido, a virtude do amor, que assume a forma de serviço, generosidade, gratidão, cuidado, compaixão, reconhecimento e perdão, começa a ganhar vida. Esse passo corajoso de permitir que o amor saia do armário corporativo talvez seja a tarefa mais importante dos líderes que se sentem inspirados a contribuir com um capitalismo mais consciente.

KIT DE FERRAMENTAS DO LÍDER CONSCIENTE

Integração de Stakeholders

Um dos princípios fundamentais do Capitalismo Consciente é a *integração de stakeholders*. Como discutido anteriormente, é um afastamento da concepção tradicional de corporação, em que lucros crescentes para acionistas são vistos como a principal responsabilidade do negócio. Em vez disso, pensamos em negócios como servos de uma comunidade mais ampla de stakeholders, todos conectados por meio de interesses e benefícios mútuos.

Ed Freeman, o pai da teoria de stakeholders, descreve a ideia da seguinte forma: "Todo negócio cria, e às vezes destrói, valor para consumidores, fornecedores, colaboradores, comunidades e investidores. A ideia de que os negócios servem para maximizar os lucros para os acionistas é ultrapassada e não funciona bem, como a recente crise financeira mundial nos ensinou... A tarefa dos executivos é criar o máximo possível de valor para os stakeholders sem recorrer a trocas. Grandes empresas perduram porque conseguem alinhar os interesses dos stakeholders na mesma direção."[13]

Um stakeholder, no sentido mais amplo, pode ser qualquer pessoa, empresa ou entidade que interaja com o negócio. No

Capitalismo Consciente, dividimos os stakeholders em dois grupos: um *círculo interno* de stakeholders primários e um *círculo externo* de stakeholders secundários. Relacionamentos com stakeholders primários são relacionamentos de mão dupla que criam valor mútuo e costumam ser contínuos e voluntários. Na maioria dos negócios, esse círculo interno pode ser composto por clientes, colaboradores, fornecedores, investidores, comunidades, sociedade e o meio ambiente. Os relacionamentos com stakeholders secundários são mais esporádicos e às vezes involuntários. Esse círculo exterior pode incluir a mídia, ativistas, críticos, governos, sindicatos e concorrentes. Esses stakeholders estão conectados ao negócio, mas podem não estar trocando voluntariamente com ele por benefícios mútuos da mesma forma que os stakeholders primários fazem.

É essencial que os líderes conscientes entendam a teia de relacionamentos com stakeholders em que seus negócios operam. Nós o encorajamos a dedicar tempo para mapear seus próprios círculos interno e externo e considerar cada grupo de stakeholders em sua tomada de decisões. Todos os stakeholders, primários e secundários, precisam de líderes que levem seus interesses e perspectivas em consideração, porque todos têm uma "stake" [participação] no negócio e podem impactá-lo de modo positivo ou negativo.

3

SEMPRE AJA COM INTEGRIDADE

> A qualidade suprema para a liderança é inquestionavelmente a integridade. Sem ela, nenhum sucesso real é possível, seja em uma gangue, um campo de futebol, um exército ou um escritório.
>
> — DWIGHT D. EISENHOWER

O QUE VOCÊ FARIA SE sua empresa dobrasse de tamanho, seus acionistas estivessem felizes, os lucros estivessem altos e todos achassem você um ótimo CEO?

Se você fosse Ramón Mendiola, em 2008, a resposta seria não "Dobrar a aposta naquilo que está fazendo". Apesar da crise financeira iminente e de um conselho que não via motivos para mexer no que estava bom, Ramón estava ouvindo uma voz interna que lhe dizia que poderia ser melhor. Ele podia criar uma empresa que não fosse apenas lucrativa, mas tivesse integridade — uma empresa que não apenas enriquecesse seus acionistas, mas também fizesse a coisa certa por todos os seus stakeholders, inclusive a sociedade mais ampla e o meio ambiente.

Cinco anos antes, Ramón havia assumido como CEO da Florida Ice & Farm Company (conhecida como FIFCO), uma empresa de bebidas costa-riquenha cujo principal negócio era fazer cervejas. Sob sua liderança, a empresa melhorou sua eficiência e expandiu para novos mercados, incluindo bebidas não alcoólicas, vinhos e destilados em seu portfólio, crescendo por meio de aquisições em outros países da América Central.

A semente do descontentamento de Ramón foi plantada por uma de suas executivas, Gisela Sanchez. Ela lhe contou sobre o conceito de "tripé de sustentabilidade", que eleva as métricas de impacto ambiental e social aos mesmos status dos resultados financeiros na contabilização do sucesso da empresa. Ela também apontou que as doações filantrópicas da empresa somavam apenas 1% dos lucros, muito longe de empresas como a Microsoft, que doa 8%. "Percebi que precisávamos evoluir a forma como fazíamos negócios", reflete Ramón. "Precisávamos adotar uma visão mais consciente, inclusiva e holística em que compartilhamos a riqueza que criamos entre todos os nossos stakeholders."

Após ser exposto a essa forma de pensar, Ramón não pôde ignorar as ramificações ou voltar aos negócios como de costume. Como muitos líderes conscientes com um forte senso de integridade, ele se sentiu compelido a alinhar sua empresa com este senso de propósito recém-desperto. Ele se empenhou em dar ao impacto social e ambiental da empresa o mesmo rigor que dava ao desempenho financeiro.

"Você pode ter a consciência de que quer ser mais responsável, servir mais stakeholders, e assim por diante. Mas o que você realmente faz acerca disso? Essa é a pergunta que importa." Felizmente, Ramón é um mestre da implementação. Ele criou um processo que começou com a contratação de terceiros para obter feedbacks, tanto quantitativos quanto qualitativos, de um grande círculo de stakeholders, incluindo colaboradores, sócios, acionistas, instituições financeiras, parceiros varejistas e fornecedores, ONGs, gestores governamentais, mídia e mais. Eles perguntaram a cada um desses stakeholders: "O que podemos fazer para ser uma empresa mais responsável? Como podemos melhorar nossa pegada social ou ambiental?"

Em 2008, o feedback que receberam concentrou-se em quatro categorias claras. Primeiro, o abuso de álcool: ONGs como Mothers Against Drunk Driving acusavam empresas como a FIFCO de anunciar para crianças e promover o consumo irresponsável. Segundo, o lixo: as pessoas viam suas garrafas sujando as praias e flutuando em rios. Terceiro, a água: o acesso à água é sempre um grande problema na Costa Rica, e havia medo de que empresas como a FIFCO estivessem desviando água das comunidades. Quarto, o carbono: os 500 caminhões da FIFCO estavam sempre à vista nas estradas da Costa Rica, e as pessoas estavam preocupadas com as emissões e com a contaminação das instalações de fabricação e envase.

O próximo passo era conseguir a aprovação dos líderes seniores. "Todos precisavam concordar que deveríamos fazer algo para tentar mitigar ou minimizar essas pegadas", disse ele. "Se eu simplesmente entrar e disser a eles o que estamos fazendo, mas eles não entenderem por que é importante, as coisas ficarão complicadas." Depois de convencer a equipe de liderança, era hora de definir alvos específicos. "Se não consegue mensurar, não consegue gerenciar", diz o antigo ditado empresarial, e Ramón sabia que, para poder mensurar, era preciso um objetivo específico como parâmetro. A empresa estava habituada a definir indicadores-chave de desempenho (KPIs) ambiciosos relacionados a lucro, satisfação do consumidor e fatia de mercado. Agora eles definem objetivos igualmente ambiciosos relacionados a seus impactos ambientais. Em 2008, ele declarou que a FIFCO geraria zero resíduos sólidos até 2011, seria neutra em água até 2012, e seria neutra em carbono até o fim de 2017. "Eu não sabia como conseguiríamos", diz ele, "mas acreditava que éramos capazes."

Ele também definiu metas no âmbito social, buscando reduzir as desvantagens de seus produtos: álcool e açúcar. Isso não era movido apenas por motivos altruístas; fazia bastante sentido empresarial também. Ele sabia bem como os reguladores haviam restringido a indústria do tabaco, e queria evitar um fim semelhante. Então, trabalhou com os reguladores e outros oficiais governamentais, tomando a iniciativa de reduzir o teor de açúcar em seus refrigerantes e promover hábitos de consumo mais seguros e saudáveis.

Os objetivos mensuráveis estavam muito bem, mas Ramón sabia que havia mais um passo que precisava dar. Ele tinha que investir dinheiro nisso. E não apenas seu próprio dinheiro, mas também o de seus executivos. O modelo de compensação da FIFCO para os executivos superiores era 50% variável, o que significa que metade de cada um de seus pagamentos dependia das medidas tradicionais do desempenho financeiro da empresa. A própria compensação de Ramón era 60% variável. Ele, então, propôs que as métricas sociais e ambientais fossem incluídas naquele cálculo. Em outras palavras, se a empresa não atingisse suas novas metas, os executivos receberiam menos. Isso não era mais um projeto paralelo; era uma reestruturação fundamental dos incentivos da organização.

O conselho relutou. Isso era demais. Que tipo de tolo decide mudar o modelo de compensação da empresa no meio de uma crise financeira? Um membro do conselho, um banqueiro de Nova York, foi direto: "Esta é a maior loucura que já vi e ouvi em toda a minha carreira." Toda a iniciativa de Ramón podia ter morrido, ou diluído significativamente, naquele exato momento. Mas ele não se deu por vencido, e, ao final da discussão acalorada, conseguiu que o conselho aprovasse a iniciativa por pouco, em uma votação 4-3. Os KPIs econômicos agora eram responsáveis por apenas 60% de seu "scorecard", e os 40% restantes eram sociais e ambientais.

"Você precisa tocar o coração de seus executivos, seus líderes", diz Ramón, "mas, quando você muda a compensação, é isso o que leva a mudanças comportamentais, porque estão de fato ligados àquilo." Alguns saíram, incluindo seu CFO. Mas os executivos restantes assumiram o desafio.

Com essas mudanças cruciais instaladas, Ramón e sua equipe começaram a trabalhar — mensurando, reduzindo, ajustando, compensando. A FIFCO atingiu cada um dos objetivos ambientais que Ramón havia definido e os excedeu. Por exemplo, a empresa tornou-se neutra em água em 2012, como ele disse que faria, e então seguiu em frente para tornar-se positiva em água, devolvendo mais água para a comunidade do que retira. Eles fizeram progresso mensurável em suas prioridades sociais, também, mudando padrões de consumo de álcool. E a empresa aumentou continuamente seu compromisso filantrópico, dedicando hoje 8% de seu lucro líquido a investimentos sociais estratégicos. Nenhuma dessas mudanças prejudicou a empresa financeiramente. Na verdade, ela continuou a lucrar e crescer. Com o tempo, o então relutante conselho passou a ter grande orgulho de suas conquistas sociais e ambientais.

Atualmente, a FIFCO está prosperando e atraindo pessoas jovens e talentosas empolgadas com a abordagem holística da empresa em servir a todos os seus stakeholders. Ela se tornou um tipo de corporação modelo para a Costa Rica, algo que oficiais do governo e líderes locais podem apontar como fonte de orgulho nacional. Desde que Ramón entrou, ela cresceu de 1.800 para 6.500 colaboradores, e suas receitas cresceram de US$150 milhões para US$1,2 bilhão. Outra recompensa, acredita ele, tem sido um ambiente legislador mais estável no qual os reguladores o veem realmente como um parceiro. Mas de longe a melhor recompensa, de seu ponto de vista, é a lealdade e o entusiasmo de seus colaboradores e consumidores. "Nós não somos perfeitos", diz ele, "mas temos uma consciência, e eles enxergam isso. Estamos fazendo tudo o que podemos para ter integridade como empresa, e, quando vemos uma área onde estamos falhando, damos passos concretos para tratá-la."

O SIGNIFICADO DE INTEGRIDADE

A integridade é uma virtude que todo líder deve buscar, mas não vamos fingir que seja fácil ou comum. Em certo nível, podemos definir a integridade mais facilmente pelo que obviamente não é. Não mentir. Não roubar. Não maquiar sua contabilidade, ou destratar seus colaboradores, ou praticar "greenwash" em seu marketing. É não fazer alegações infundadas e comparações falsas. Não enganar seus consumidores ou esconder fatos do público. Todos esses fatores são facilmente agrupáveis no cesto de "falta de integridade" da liderança fracassada. Mas o que entra na pilha do "agir com integridade"? Como captamos as qualidades de caráter que fazem alguém como Ramón Mendiola sentir uma compulsão interna por melhorar o comportamento e impacto de sua empresa, apesar da recompensa incerta e do risco pessoal? Como podemos cultivar esses mesmos traços de caráter em nossa própria abordagem de liderança? Uma virtude como a integridade é simplesmente inata? Ou pode ser desenvolvida?

Talvez a melhor forma de entender e, por fim, incorporar essa virtude essencial é separando a luz branca da integridade em seus muitos componentes coloridos. Nós optamos por nos concentrar em cinco qualidades que acreditamos ser centrais ao entendimento e prática da virtude da integridade quando se trata de liderança: falar a verdade, honra, autenticidade, credibilidade e coragem. Nenhuma delas sozinha é capaz de captar adequadamente o significado de integridade. No entanto, em contrapartida, a exploração de cada uma nos ajuda a identificar as muitas qualidades de caráter que juntas constituem essa virtude elusiva, mas essencial.

FALAR A VERDADE: O FUNDAMENTO DA INTEGRIDADE

Fale a verdade. Há poucas ordens morais mais básicas. Como escreveu Thomas Jefferson: "A honestidade é o primeiro capítulo no livro da sabedoria."[1] De fato, a honestidade e o falar a verdade são elementos essenciais da integridade, junto a valores adjacentes como sinceridade, justiça e cumprimento de promessas. E, ainda que sejam comumente citadas em nosso sistema de valores culturais, dificilmente são comuns na prática. Na verdade, muitas pessoas mentem com facilidade. Talvez não de formas flagrantes ou perceptíveis, mas de formas que ainda traem uma fidelidade insuficiente à verdade.

Muitos de nós contam pequenas mentiras todos os dias, quase sem perceber. No esquema de nossas vidas diárias, elas podem não fazer muita diferença. No entanto, o limiar entre mentiras aparentemente pequenas e brechas éticas significativas nem sempre são claras, e esses limiares podem ficar ainda mais tênues quando nos habituamos a cruzar a fronteira. Quantas falhas éticas, até criminosas, no mundo dos negócios começaram com pequenos desvios, aparentemente inócuos, para fora da verdade? Às vezes, existem áreas de ambiguidade genuína, mas elas não devem jamais ser uma desculpa para encobrir erros ou distorcer regras.

A verdade é poderosa, mas nem sempre é popular, o que significa que dizer a verdade pode ser um esforço desconfortável. Muitas vezes, verdades transformadoras precisam ser ditas. Nunca sabemos exatamente quando as circunstâncias da vida nos exigirão dar voz a uma verdade maior, uma que possa ser sutil, difícil ou até mesmo perigosa. Eventualmente, pode incomodar os colegas ou desafiar convenções. Nós temos o compromisso de seguir adiante, de arriscar pôr tudo a perder em nome da honestidade e da verdade? Poucos têm esse tipo de integridade. Mas a verdadeira liderança eventualmente exige isso.

Nossa cultura tem um relacionamento de amor e ódio com aqueles que dizem a verdade. Nós os respeitamos. Às vezes os veneramos. A história pode até homenageá-los. Mas eles também nos deixam desconfortáveis. Eles não simplesmente "seguem a vida". Eles nos confrontam e desafiam nossas suposições; trazem luz às sombras culturais. Nos pedem para olhar mais de perto áreas de nossas vidas coletivas que nem sempre queremos examinar.

Líderes que entendem a importância da honestidade lutam para criar um ambiente onde a verdade possa ser facilmente dita — sejam boas ou más notícias. O ex-CEO da Medtronic, Bill George, disse uma vez a um colega que era seletivo ao dar informações negativas a seu chefe: "A integridade não é ausência de mentira."[2] Nós concordamos totalmente, mas, para esse padrão de transparência integrar-se a qualquer cultura corporativa, ele precisa começar no topo.

A virtude de integridade da liderança exige honestidade e não somente naquilo que você diz, mas também naquilo que se permite ouvir. Uma história da Ford mostra bem isso. Alan Mulally, que era CEO da fabricante de automóveis de 2006 a 2014, relatou uma primeira reunião com sua equipe de executivos sênior, uma que seria crítica para mudar a cultura da empresa em dificuldade. Naquela época, a Ford estava perdendo bilhões de dólares, porém a mensagem que o novo CEO recebia sobre a empresa era estranhamente positiva. Após alguns minutos, ele parou a reunião. "Vamos perder bilhões de dólares este ano", observou ele incredulamente. "Por que todas as linhas estão verdes? Não há nada aqui que não esteja indo bem?"

Acontece que a tendência da cultura executiva da Ford era de maquiar as coisas e tentar agradar o chefe, e não dizer a verdade honesta e muitas vezes brutal. Na reunião de análise de negócios seguinte, as coisas pareciam diferentes pois a equipe da Ford começou a entender a mensagem — seu novo líder esperava, exigia até, uma comunicação honesta.[3] É natural para as pessoas enfatizar as boas notícias, mas, às vezes, esconder as más é semelhante a mentir. Se os líderes reagem mal e condenam o mensageiro ao receber más notícias, aumentam a probabilidade de as pessoas hesitarem ao dá-las. Líderes conscientes não simplesmente praticam dizer a verdade em suas próprias vidas; eles encorajam o feedback honesto daqueles ao seu redor.

HONRA: A IDENTIDADE DE UM LÍDER CONSCIENTE

Imagine que esteja jogando baralho, e as apostas estão altas. Em um momento crítico do jogo, seu oponente se distrai com um visitante, levanta da mesa e, por um momento, deixa suas cartas abertas acidentalmente. Elas podem ser vistas facilmente com uma rápida olhada. Seu oponente jamais saberia. Você olharia? Você tiraria vantagem de um momento de descuido? Se não, por quê? Quando não há chances de repercussão, quando ninguém no mundo jamais saberia, por que não tirar vantagem?

Se você fizer essa pergunta a alguém íntegro, ele dirá algo como: "Não sou esse tipo de pessoa." É exatamente isso que queremos dizer com honra. É uma autoidentidade ética íntima e profunda que sabe quando um limite inadequado está sendo cruzado. A pessoa honrada fica bem em seu lado. Ela não se importa com o que os outros pensam, veem ou imaginam sobre ela; isso é entre ela e ela. Quando não há ninguém a impressionar, nada a ganhar pessoalmente, nenhuma imagem externa a ser polida, nenhuma posição social a manter, o que guia nossas ações? Independentemente de regras, leis, costumes, ou regulamentos, que "tipo de pessoa" eu sou?

A honra é uma das formas mais nobres de integridade, e uma das mais importantes nos negócios, porque a comunidade empresarial prospera, e a sociedade junto, quando o tão importante valor da equidade está vivo e bem. Ela pode prosperar verdadeiramente contanto que os participantes tentem infinitamente manipular o sistema, tirar vantagem de todas as brechas possíveis e violar todas as regras não escritas sempre que uma autoridade não está olhando. No final, o funcionamento virtuoso de nossa economia e sociedade não depende simplesmente da aplicação das regras, regulamentos e leis, apesar de serem importantes. Uma autoridade externa jamais é capaz de elevar os padrões de uma comunidade. Líderes individuais devem fazer isso — líderes honrados. Quando esses indivíduos se apegam consistentemente a seus padrões éticos, o tecido que une esse sistema social fica mais forte. Nenhuma restrição regulatória jamais conquistaria o que o poder intrínseco dos líderes com honra e integridade possibilitam. A qualidade de toda a comunidade se eleva.

INTEGRIDADE COMO AUTENTICIDADE

Um indivíduo que tem integridade não vive atrás de uma máscara cuidadosamente calibrada. Não se importa apenas com o que o grupo pensa e com o que é pré-aprovado para consumo público. Eles são *autênticos* — o que significa que não são uma pessoa quando estão se apresentando ao conselho e outra ao receber novos estagiários. Eles não têm duas ou três caras. A integridade tem uma face autêntica: o semblante indefeso da consistência simples. Uma pessoa autêntica não simplesmente atua para a multidão, com medo do que as pessoas pensam e do que dirão. Elas não fazem uma curadoria infinita da própria imagem. Livres de intenções ocultas, elas exalam uma transparência refrescante.

Autenticidade significa ser verdadeiro consigo mesmo e direto com os outros, em qualquer situação que esteja. É claro que isso não significa ser cego para as circunstâncias. Obviamente, não é adequado se pronunciar sobre todos os assuntos sempre que alguém nos faz uma pergunta, e isso é ainda mais real se representamos uma grande instituição. Algumas coisas são particulares; outras são pessoais. Mas líderes conscientes não são obcecados por saber os segredos, e não analisam informações em cada elo da cadeia de comando como se a segurança nacional estivesse em jogo. Sempre que possível, franqueza e transparência guiam suas ações. Líderes autênticos não se escondem atrás de títulos, posições ou status, então são mais livres para forjar os relacionamentos sobre os quais grandes empresas são construídas.

A autenticidade também é proveniente da autoconsistência entre valores internos e externos. Nesse sentido, o centro de nossa integridade pessoal é forjado no relacionamento entre nossos valores, ambições e convicções e a forma como nos comportamos no mundo. É por isso que "ser honesto consigo mesmo" costuma ser citado como elemento fundamental da integridade. Estamos atuando no mundo de forma consistente com nosso próprio senso do que é real, do que é verdadeiro, do que é mais importante? Há integração entre palavra e ato, entre valores e vontade? Quando alguém viola essa conexão, lhe falta integridade, quase que por definição. Por outro lado, se alguém tem integridade, há um senso de integração no caráter do indivíduo que é poderoso, até magnético. Ele reluz com uma força extra e confiança interna. Somos naturalmente atraídos àqueles por quem sentimos uma conexão previsível e segura entre convicção interna e comportamento externo.

Dito isso, devemos também reconhecer que os seres humanos são criaturas complexas, e que nossa psicologia inevitavelmente contém dualidades, polaridades e partes do ego diferentes, às vezes até contraditórias. Integridade não significa passar todos os vincos e rugas do caráter humano. Pureza não é a meta. Mas líderes conscientes devem lutar por um nível de autoconsciência que evita que caiam cega ou inconscientemente em expressões do ego que sejam inadequadas, destrutivas, ou autocontraditórias. Todos já ouvimos histórias de líderes impressionantes de outrora que tinham subpersonalidades não integradas, defeitos fatais que abalaram sua autoridade e credibilidade, gerando confusão e desilusão. Entramos em apuros quando parte de nossa personalidade existe como um tipo de anexo ao ego — uma "sombra" oculta que não conseguimos ou pretendemos integrar ao nosso guarda-chuva maior de identidade. (Veja "Kit de Ferramentas do Líder Consciente: Trabalho de Sombra", na página 70, para saber mais sobre essa ideia importante.) Um elemento importante de ser "consciente" é obter autoconhecimento suficiente para reconhecer melhor nossas qualidades e defeitos e assumir a responsabilidade por seu impacto, positivo e negativo, naqueles ao nosso redor.

> **PRATICANDO INTEGRIDADE:**
> **Autenticidade Nem Sempre Acontece Naturalmente**
>
> Parece uma frase de para-choque, mas é verdade: para ser alguém, é preciso conhecer a si mesmo. Quanto mais profundo o autoconhecimento de alguém, mais profunda e autêntica será sua expressão de si mesmo. Mas isso nem sempre acontece naturalmente; às vezes precisa ser conquistado. Não estamos sugerindo que os líderes corporativos de hoje larguem tudo imediatamente e tirem um ano sabático de autoajuda. Mas um pouco de autoconhecimento, seja como for obtido, se traduz em um tesouro de sabedoria de liderança. Ele pode surgir de feedbacks sinceros, análises de liderança 360°, insights contemplativos, ou outra forma de prática ou reflexão, convencional ou não. Mas sua carreira e seus colegas — e, mais importante, seu próprio caráter — estarão em melhor situação por seus esforços.

INTEGRIDADE COMO CORAGEM: FAÇA A COISA CERTA

Don Davis tornou-se um tipo de lenda nos 22 anos que passou no MIT Sloan School of Management. Ex-CEO da Stanley Works, tornado professor de ética e administração, ele desfrutou de um tipo de popularidade entre seus alunos que foi mais fundo que o mero carisma do sucesso. Ele era alguém em quem confiavam e com quem podiam buscar bons conselhos sobre importantes decisões de carreira. Entre seus muitos alunos naqueles anos, havia um jovem chamado Jeff Wilke, que entrou na universidade após um período na Andersen Consulting (hoje Accenture), e para quem Davis tornou-se um importante mentor.

Após seu período no MIT, Wilke foi confrontado pelo dilema enfrentado por todos os formandos: *E agora? Como pego as habilidades aprendidas em sala e as traduzo em experiências vividas no mundo empresarial?* Muitos de seus colegas formandos estavam aceitando empregos notáveis em Wall Street ou outros setores renomados, mas, ao refletir sobre seus próximos passos, Wilke lembrou-se de algo que Davis lhe disse. Em uma de suas muitas conversas sobre ética e integridade, ele havia encorajado Wilke a "buscar situações difíceis, porque assim você ficará melhor, e então desenvolverá a coragem de fazer a coisa certa ao ser confrontado por decisões difíceis".

Para Wilke, "buscar situações difíceis" viria a ser algo bem específico. Em vez de aceitar um emprego mais importante e lucrativo, ele decidiu que o certo para ele era fazer algo inesperado — começar sua carreira no chão de fábrica. Ele tinha muitas ofertas de trabalho na área financeira, mas estava convencido de que precisava trabalhar em uma planta fabril para consolidar verdadeiramente as virtudes de liderança que havia estudado no MIT e obter um fundamento sólido de onde conquistar a confiança e o respeito dos outros.

"Talvez tenha sido por crescer em Pittsburgh, uma cidade operária", explicou ele, "mas eu tinha este instinto de que entender com o que as pessoas que estão realmente fazendo o trabalho na operação estão lidando — entender como trabalham desde a base — seria muito precioso depois, quando eu liderasse essas pessoas". Ele colocou os olhos em uma empresa chamada AlliedSignal, liderada por alguém que admirava. E foi assim que esse jovem formando com centenas de ofertas e opções acabou em uma fábrica de nylon em Virgínia, trabalhando como engenheiro e supervisor no chão de fábrica.

Não era um trabalho que trazia as belezas do sucesso, mas para Wilke era inestimável. Ele desfrutou da experiência. Aprendeu o negócio desde a base, ganhando experiência em todos os mínimos detalhes que levam ao sucesso operacional: fazer as máquinas funcionarem corretamente, a fábrica operar perfeitamente, e as pessoas serem produtivas. Ele relembra: "Todos os dias eu ia para casa e me perguntava: 'Como estou me saindo?' E então pensava em tudo que tinha passado que não combinava com meu modelo mental e refletia: 'Como corrijo meu modelo mental e faço melhor amanhã?'" Aos poucos, conforme sua competência operacional aumentava rapidamente, Wilke sentiu que sua escolha não convencional estava gerando lucros. Mas ele ainda não tinha ideia do quão importante esta primeira experiência seria em sua futura trajetória profissional.

Em 1999, uma empresa de e-commerce lhe fez uma oferta. Eles precisavam de um guru operacional para um sistema de distribuição e entrega que crescia rapidamente. Eles queriam alguém que pudesse colocar ordem nas cadeias de fornecimento e redes de distribuição extremamente complexas que estavam desenvolvendo no início do boom das pontocom. Era a vaga perfeita para Wilke. O nome da empresa? Amazon.com. Ele assumiu o novo emprego no auge da temporada de Natal de 1999, quando as compras online estavam explodindo e a empresa estava correndo para responder suficientemente rápido a esse negócio crescente. Quando a temporada de fim de ano acabou, ele havia encontrado um lar.

Hoje, Wilke é um dos três CEOs da Amazon, sendo altamente reconhecido por ajudar a construir o que talvez seja a empresa mais operacionalmente sofisticada do mundo. As lições aprendidas no chão da fábrica de nylon trouxeram lucros extraordinários. Até mesmo hoje, Wilke ainda reconhece que as palavras de Davis o ajudaram a ver a sabedoria de seguir seu próprio instinto e percorrer a estrada menos usada que se alinhava a seus próprios valores e convicções. Não foi fácil, não era para todo mundo e não foi o que seus colegas de classe fizeram. Mas, para Wilke, foi a coisa certa. E em algum lugar nos arredores desta "certeza" vive a virtude da integridade. Ser honesto consigo mesmo — no melhor sentido que houver. Na verdade, seria bem difícil criar uma definição abrangente melhor de *integridade* do que "fazer a coisa certa".

INTEGRIDADE COMO CREDIBILIDADE

Quando os líderes demonstram a coragem de agir com integridade mesmo em circunstâncias desafiadoras — quando fazem a coisa certa perante complexidade, tentação ou confusão — eles conquistam um tipo de autoridade natural e constroem confiança entre aqueles que lideram. Esse tipo de autoridade é poderoso. Inspira profunda lealdade. Não é fácil de fingir.

Você é um líder que inspira confiança? A credibilidade é um componente essencial da integridade. Como expressou o professor Don Davis:

> A confiança não pode ser demandada — você tem que conquistá-la. E faz isso ao ser um líder de integridade inquestionável — um ser humano autêntico que tem um senso altamente elevado de retidão e justiça em todas as interações humanas. Como um líder, seus padrões éticos terão um grande impacto com base em seu comportamento, e não suas pala-

vras. É preciso coragem e um senso de valor próprio, junto a uma certa quantidade de sabedoria, para afastar-se do abismo escorregadio da tentação. Mas, quando você faz a coisa certa (e saberá qual é), ganha em todos os lados — e em todos os níveis da organização.[4]

Ser um líder confiável e praticar essas qualidades de caráter pode ser contagioso. Sermos responsáveis, transparentes, honestos e autênticos pode ajudar a estabelecer um senso mais profundo de confiança entre aqueles que lideramos. A confiança atravessa as políticas negativas e combate a maledicência e a competição por poder que pode ser tão debilitante à produtividade e à criatividade de qualquer equipe. Criar um ambiente de confiança compartilhada permite que nossas organizações "se movam à velocidade da confiança", como diz Stephen M. R. Covey. A confiança, explica ele, é uma "variável oculta que afeta tudo".[5] Em sua ausência, sem nem perceber, as organizações recorrem a políticas e processos burocráticos demorados. Quando a confiança é estabelecida, eles se tornam desnecessários, e tudo flui mais rápido.

Líderes conscientes entendem os limites de sua própria experiência e admitem honestamente quando estão errados ou não sabem alguma coisa. Ao assumir a responsabilidade por nossas próprias deficiências e falhas, facilitamos para que aqueles que lideramos façam o mesmo. E, ao reduzir a defensiva dessa forma, encorajamos a tomada de riscos necessária para a inovação. Em outras palavras, perdoar erros razoáveis ou inevitáveis, tanto nossos como dos outros, cria uma cultura de confiança que promove a autonomia necessária para desenvoltura e criatividade gerencial.

PRATICANDO INTEGRIDADE: Mantenha a Transparência das Informações

A confiança é uma via de mão dupla. Se quiser que as pessoas confiem em você, precisará retornar o favor. Como líder, uma das melhores formas de demonstrar essa confiança para as pessoas é compartilhando informações com elas. Então, a menos que haja uma razão muito boa para não revelar informações, elas devem ser disponibilizadas com transparência. Melhor ainda, os líderes podem ser proativos na entrega de informações e ao responder perguntas em arranjos

> informais como almoços de equipe ou grandes fóruns como "prefeituras". A pior coisa que um líder pode fazer é recusar o conhecimento de algo que todos já sabem por causa de uma política de comunicação excessivamente restritiva. É claro que nem tudo pode ser compartilhado livremente, mas, sempre que possível, a transparência deve ser a postura-padrão do líder consciente.

INTEGRIDADE HOJE E AMANHÃ

Para um líder consciente, a integridade deve ser algo que continua a crescer e se aprofundar de acordo com as experiências de vida de uma pessoa. Não tem a ver com ideais nobres. No vigor moral do início da vida adulta, é fácil imaginar que integridade se resuma a ser "uma boa pessoa" — estar do lado "certo" de decisões éticas importantes, não ser egoísta, dizer a verdade, tratar bem as pessoas e não fazer coisas "ruins" como mentir ou trapacear. Quando temos vinte e poucos anos, já vimos inúmeros filmes nos quais as linhas de divisão moral são reluzentes. Nessa versão hollywoodiana de moralidade, fazer a coisa certa exige sacrifício e coragem por parte do herói ou heroína, mas o caminho virtuoso raramente é lamacento ou complexo. Há poucas entrelinhas ou dualidades. Nosso mandato como protagonistas nessas narrativas morais é "Não seja mau", emprestando a famosa declaração de missão do Google. Não há nada implicitamente errado com esse conceito de integridade. Buscar um comportamento ético, e não se comprometer ou vender nosso próprio senso do que é certo ou errado por ganância ou fraqueza, obviamente é positivo. Nós certamente precisamos de menos Enrons[*] no mundo, e mais delatores corajosos. Mas, conforme continuamos a amadurecer, percebemos que a integridade adulta tem a ver com muito mais do que não ser mau. Questões éticas difíceis raramente aparecem de forma explícita. Decisões desafiadoras nem sempre se apresentam em linhas morais caricaturais. Sim, é bom não maquiar os livros contábeis, cometer fraudes, vazar informações confidenciais ou enganar os consumidores. Todos os dias as pessoas fracassam nessas escolhas, e devemos reconhecer aquelas que continuam a ouvir os anjos bons

---

[*] Companhia de energia norte-americana envolvida em um grande escândalo de fraudes e manipulação contábil.

de sua natureza. Mas, uma vez que superamos essas escolhas éticas claras, o desafio da integridade aumenta. Para o líder consciente, "agir sempre com integridade" significa buscar um nível muito superior de credibilidade, um senso ampliado de responsabilidade, um padrão superior de defesa da verdade e uma profundidade de caráter ainda maior. A integridade, nesse sentido, inclui, mas também transcende, o padrão de ser uma "boa pessoa". É a ambição de atingir nossos maiores potenciais, desenvolver nossa capacidade de ver com mais clareza, sentir mais profundamente e reagir com mais sabedoria à míriade de situações complexas que um líder ambicioso inevitavelmente enfrentará. "Não seja mau" ainda se aplica; jamais pode ser subestimado. Mas, como o Google, que acabou atualizando sua declaração de missão moral para "Fazer o que é certo", os líderes fazem bem em almejar horizontes mais expansivos.

AGENTES DE MUDANÇA EM CONSTANTE EVOLUÇÃO

Enquanto pensamos nessa definição expandida de integridade, é importante entender que não é apenas algo que "temos" (ou não). É também algo que devemos buscar desenvolver, aprofundar e viver à altura continuamente. A liderança é uma jornada, como a integridade. Por exemplo, teríamos dificuldade em encontrar uma empresa que demonstre melhor a virtude da integridade do que a FIFCO de Mendiola, e, ainda assim, apesar de tudo o que a empresa fez nos últimos anos para trazer valor a seus diversos stakeholders, ela continuou a colocar novos desafios. Em 2014, Ramón e sua equipe estavam saindo de um período agitado de expansão, incluindo uma aposta na América do Norte. Eles estavam sentindo a necessidade de unir e conectar-se com seus colaboradores. Investiram tempo esclarecendo o propósito central da empresa e criaram uma frase simples que amaram: "Levamos ao mundo uma forma de viver melhor." Ramón decidiu parar as operações por um dia inteiro para que pudesse dividir sua declaração de propósito central com todos os colaboradores na Costa Rica — cerca de 3.500 pessoas. Depois que ele terminou seu discurso, um homem se levantou, foi até a frente, pegou o microfone e disse:

"Ramón, tenho muito orgulho do que a empresa está fazendo para o meio ambiente. Mas e as pessoas que trabalham nesta empresa? Pessoas que trabalham aqui vivem na pobreza. O que você pensa sobre isso?"

Ramón ficou surpreso, ainda mais quando uma salva de aplausos se espalhou pelo auditório. Ele pegou o microfone de volta e agradeceu ao homem por se pronunciar. "Eu não sei quantos de nossos colaboradores vivem na pobreza", admitiu ele. "Mas sinto muito. Vamos fazer algo a respeito."

Mais uma vez, o senso de integridade de Ramón fora desafiado. Como ele poderia liderar uma empresa que alegava fazer o bem a seus stakeholders quando 3,6% de seus colaboradores viviam em condições de pobreza inaceitáveis? Isso não era resultado de salários ruins; a empresa pagava bem. Mas outras questões deixavam os trabalhadores vulneráveis. Agora que sabia, Ramón chamou especialistas para ajudá-lo a entender o problema, e dentro de seis meses ele havia lançado o programa FIFCO Opportunities, que abordava problemas como moradia, saúde e educação financeira. Cada participante do programa é mentorado pessoalmente por um dos executivos superiores da FIFCO. Em três anos, a empresa conseguiu tirar cada um dos colaboradores da Costa Rica da pobreza. Agora, ela está voltando sua atenção também para as outras localizações em que atua.

Não é preciso dizer que as empresas não podem resolver todos os problemas da sociedade. A FIFCO jamais transformará sozinha todos os desafios que a Costa Rica enfrenta. Mas, dentro de suas próprias esferas limitadas de influência, as empresas podem ter um impacto notável e implantar recursos altamente eficazes em questões específicas. Na Whole Foods Market, vi isso acontecer muitas vezes. Boas empresas lideradas por líderes conscientes são agentes de mudança poderosos.

A DANÇA ENTRE INTEGRIDADE PESSOAL E ORGANIZACIONAL

Com qualquer virtude ou qualidade de caráter, geralmente surge algumas questões: qual a relação entre o pessoal e o organizacional? Como nosso próprio senso individual de integridade interage com os valores das organizações com as quais podemos estar envolvidos? Uma organização é sua própria entidade, com seu próprio propósito, mas ela assume inevitavelmente alguns dos atributos de seu líder ou líderes. Até onde isso deve ir? Onde estão os limites, se existem, entre valores pessoais e organizacionais? Deixe-me explorar essa questão contando uma história sobre uma crise de integridade que sofri em minha própria vida, e que também envolveu a Whole Foods Market.

Eu sempre tive o compromisso pessoal de agir com integridade — de viver à altura de meus próprios valores e ser autêntico, honrado, honesto e confiável em minhas relações com todos em minha vida, tanto pessoal quanto profissionalmente. Enquanto esse compromisso se manteve consistente, sua aparência evoluiu substancialmente ao longo dos anos conforme aprendi com minhas experiências de vida e me envolvi em relacionamentos com um círculo mais amplo de stakeholders. A integridade, acabei entendendo, não é uma atitude moral isolada e imóvel, mas sim um compromisso autêntico e contínuo de *integrar* meu próprio propósito, meu comportamento, meus valores e o que continuo aprendendo. Cometi muitos erros na vida, mas esses erros me ajudaram a aprender e crescer para tornar-me uma versão melhor de mim mesmo.

Um dos valores orientadores da minha vida é o bem-estar animal. Desde 2003, sou vegano ético, o que significa que optei por não comer carnes, peixes, aves, ovos, laticínios ou outros produtos animais. Há alguns anos, fui convidado a participar de um debate público sobre a questão na Universidade de Stanford. Junto a meu colega de debate, Bruce Friedrich, do Good Food Institute, eu devia defender a causa de não comer animais. É algo pelo qual sinto paixão, e fui bem longe para viver em integridade com minha crença de que, para mim, os animais não devem ser fonte de alimento. Então você pode imaginar como me senti quando, no início do debate, um grupo de ativistas dos direitos animais na plateia se levantou e começou a cantar e se dirigir ao palco, segurando placas com fotos chocantes de animais em fazendas de abate. O alvo de seu protesto não eram as partes contrárias do debate sobre o consumo de carne, que estavam defendendo uma dieta baseada em animais. Era eu.

Esse não foi um incidente isolado. Na verdade, sou frequentemente alvo de defensores dos direitos dos animais, que me enxergam como um traidor de sua causa e me acusam de ser conivente com muitas das práticas que eu abomino profundamente. Por quê? Porque a empresa que eu lidero não espelha meu estilo de vida pessoal. Em outras palavras, a Whole Foods Market não é um mercado vegano. Isso é falta de integridade?

Como forma de responder, deixe-me voltar alguns anos. Minhas próprias escolhas dietéticas evoluíram por meio de uma série de despertares — alguns gerados por preocupações de saúde, outros por considerações éticas. Cada vez que obtive novas informações que mudaram a forma como eu pensava sobre o assunto, mudei minhas práticas pessoais de acordo elas. Quando eu era criança, minha dieta não era nada saudável. Eu comia a Dieta Norte-americana Padrão de alimentos altamente processados e não consumia praticamente nenhuma fruta ou vegetal. Quando estudava na Universidade do Texas em 1976, fui morar em uma cooperativa vegetariana, e lá aconteceu meu primeiro despertar dietético: um reconhecimento da abundância de alimentos naturais deliciosos e uma descoberta de que eu me sentia bem melhor ao comê-los. Mudei minha dieta e tornei-me vegetariano, comendo principalmente alimentos naturais minimamente processados.

Avançando para 2003, uma ativista foi a uma reunião de acionistas da Whole Foods Market e fez um discurso caloroso sobre o bem-estar animal, acusando a empresa de não fazer o suficiente. Fiquei irritado a princípio, porque achei que estávamos fazendo mais do que praticamente todos os outros no setor. Mas me comprometi com seu argumento, e durante aquele verão acabei lendo e pesquisando muito sobre o assunto. Mesmo para um insider relativamente informado, o que descobri me incomodou. Integridade, para mim, significava atualizar minhas escolhas à luz dessa perspectiva expandida. Decidi que a reação certa para mim era tornar-me um vegano ético. Minha saúde tem sido impactada positivamente por essa escolha, mas esse foi um benefício secundário. À luz dessa decisão, surgiu uma nova questão: como minha convicção pessoal se relaciona ao negócio que dirijo? Minha nova sensibilidade ética deveria impactar na política da empresa? Estamos tentando liderar o mercado, mas estamos tentando também servir ao mercado. Por exemplo, a Whole Foods Market sempre se baseou no comer de forma saudável, mas, como sempre disse, isso não significa que tudo na loja é perfeitamente saudável. Somos uma empresa, não uma organização ativista.

Ainda que eu seja CEO, o líder geral da empresa, jamais fui o dono da Whole Foods Market — mesmo no início do negócio. Essa é uma confusão comum, mas minha participação social sempre foi muito pequena. Estou também a serviço tanto do propósito maior da empresa quanto de todos os diversos e interdependentes stakeholders. Pelos primeiros 39 anos de nossa existência, respondi a um conselho administrativo, e, com a aquisição da Whole Foods pela Amazon, respondo a um executivo sênior de uma empresa maior. Obviamente, tenho grande influência, mas sou um líder servil na organização. É como deve ser. E, para a decepção dos ativistas veganos, eu não poderia — e não o faria — um dia anunciar que a Whole Foods não venderia mais produtos animais. Apesar de minhas convicções pessoais, não acho que essa decisão seria vantajosa para a empresa ou qualquer um de seus maiores stakeholders. Apenas cerca de 5% do norte-americanos seguem uma dieta vegetariana[6] (e em 2003 era muito menos). Apesar de me sentir motivado pela crescente conscientização e interesse na alimentação plant-based (à base de plantas), os Estados Unidos como um todo continuam muitíssimo longe de adotar essa abordagem dietética.

Mas também não fiquei de braços cruzados. Isso teria sido uma violação de minha própria integridade. Em vez disso, ajudei a liderar uma iniciativa na empresa para desenvolver um novo conjunto de normas robustas de bem-estar animal, atuando para informar melhor os consumidores sobre a comida que estão comendo, e encorajar nossos parceiros na indústria agrícola a atualizar suas práticas de bem-estar animal. Tenho orgulho dessas normas e do bem tremendo que fizeram. Lideramos a indústria e a influenciamos para o melhor. A integridade, quando se trata de casar valores pessoais e comportamento organizacional, nem sempre é uma questão simples. Eu mudei, e então a Whole Foods Market mudou, mas não exatamente da mesma forma. Eu tive que lutar com a questão de como reconciliar a evolução de meus valores com uma empresa pública que ia bem há mais de 25 anos naquela época. Na tensão criativa daquela luta, surgiu uma iniciativa bem-sucedida que acredito ter melhorado as vidas de — e trazido conscientização à situação dos — bilhões de animais de criação e criaturas oceânicas.

Hoje, os ativistas ainda protestam contra a Whole Foods — bebendo de um poço aparentemente sem fundo de paixão e indignação justas. E eles me interpelam regularmente, como fizeram em Stanford. Enquanto estava sentado no palco aquele dia, esperando a sala ser liberada para que eu pudesse me levantar e apresentar minhas observações, foi difícil vencer a ironia. Compartilho de muitos dos valores daqueles que estavam entoando sua indignação contra minha "traição" e contra as imperfeições percebidas na Whole Foods. Ainda me questiono e desafio a empresa que lidero a ser melhor. Mas também sei que a luta por integridade nem sempre é um caminho solitário, e a coragem moral nem sempre tem a ver com levantar um cartaz — e uma limitação rigorosa.

A integridade jamais deve ser usada como uma medalha de presunção. Vivemos em uma época de indignação, e simplesmente recusar-se a participar disso requer certa convicção e determinação de não ser puxado pelas correntes culturais para um estado de indignação justa. Sempre aja com integridade, mas faça isso com um coração leve e postura humilde. Como um de nossos filósofos favoritos, Robert Solomon, aconselha, não considere a si mesmo como "a rocha moral em torno da qual o resto da Terra gira".[7] Ter integridade significa ser honesto consigo mesmo, mas também significa estar aberto às opiniões dos outros e estar disposto a definir o plano de ação mais ético por meio de deliberações cuidadosas e ponderadas, geralmente em parceria com colegas ou amigos. A autonomia moral deve ser equilibrada pelo respeito aos valores acordados e fiel ao verdadeiro propósito maior da empresa. Muito frequentemente, tem a ver com encontrar um caminho adiante em comum — um ganha-ganha-ganha. A integridade, escreve Solomon, demanda "fidelidade a si mesmo em meio a outros e junto a eles".[8] É na tensão criativa entre esses dois polos que nós, como líderes conscientes, devemos encontrar a energia e a perspectiva para lutar por nossa própria integridade, e por fim fazer a coisa certa nas comunidades e organizações que nos sustentam.

KIT DE FERRAMENTAS DO LÍDER CONSCIENTE

Trabalho de Sombra

Para quem deseja liderar com integridade, uma habilidade importante implica trabalhar ativamente para integrar sua "sombra". O que é a sombra? O conceito vem principalmente da psicologia junguiana, que foi desenvolvida por muitos no campo da psicologia contemporânea e da espiritualidade. Pode ser definida, simplificadamente, como sendo aqueles aspectos do ego que não queremos ver. Eles estão ocultos para nós, fora de nossa experiência consciente. Costumam incluir coisas que não gostamos sobre nós mesmos, ou coisas que nos deixam desconfortáveis. Emoções como medo e raiva, traumas de infância, coisas que dão origem a vergonha e culpa — todos geralmente são parte da sombra. Temos medo de admitir sua presença a nós mesmos e ainda mais medo de revelá-los aos outros, então os empurramos para fora de nossa percepção consciente e seguimos a vida como se não existissem. Ainda que às vezes seja descrito como o "lado negro", é um erro pensar na sombra como intrinsecamente negativa. Às vezes, também achamos difícil reconhecer e tomar posse de nossos potenciais positivos, nossos desejos, nossas vulnerabilidades e até nossas qualidades.

O problema com a sombra é que, apesar de parecer que essas partes desconfortáveis de nós mesmos temporariamente desaparecem da percepção, elas não somem. E, como com tudo que reprimimos ou evitamos, cedo ou tarde nossos aspectos sombrios virão à tona, geralmente de formas que prejudicam nossas intenções conscientes e propósito maior. Se a sombra continua inconsciente, pode nos controlar de formas que não vemos. Pode surgir na forma de autossabotagem, ou comportamentos viciantes. Há também uma tendência a projetar nos outros essas coisas que tememos em nós mesmos. Por exemplo, se você teme sua própria tendência a evitar compromissos e quebrar promessas, pode acabar desconfiando dos outros e questionando sua lealdade. Se você se sente desconfortável com sua própria raiva, pode ter uma reação exagerada à raiva percebida de outros.

Na verdade, as coisas às quais você reage de forma exagerada costumam ser pistas de sua própria sombra. Por causa da própria essência da sombra em sua invisibilidade, descobri-la exige um trabalho de detetive. Preste atenção da próxima vez que sofrer um "gatilho" de forma que pareça desproporcional à situação. A fonte externa de seu desconforto o aponta a um aspecto interno de si mesmo que você rejeitou? Há alguma memória suprimida de trauma ou traço de personalidade vergonhoso que você escondeu em algum lugar do seu subconsciente? Sentimentos de vergonha ou culpa também podem servir como pistas.

Líderes conscientes trabalham para integrar suas sombras, o que significa trazer esses sentimentos, tendências e experiências rejeitadas para a luz da consciência e "tomar posse" deles. Como os autores de *A Prática de Vida Integral* escrevem, você tem a opção de "dominar sua sombra ao trabalhar para se conscientizar de suas motivações, sentimentos, necessidades e potenciais inconscientes reprimidos... ou *ser dominado por ela* ao permitir que suas motivações e sentimentos rejeitados moldem seus resultados de vida, totalmente à parte de suas escolhas conscientes".[9]

Isso pode envolver uma profunda autoinvestigação, terapia ou prática espiritual. Seja qual for o caminho escolhido, ele deve levá-lo a uma aceitação mais solidária de tudo o que você é. Estar em uma posição de liderança pode às vezes agravar o desejo de evitar nossas sombras — sentimos uma pressão maior em dar o exemplo, não revelar nossas fraquezas ou arriscar cometer erros. Mas esse tipo de abordagem, por melhor intencionada que for, é uma receita para o desastre. Cedo ou tarde, os líderes que se colocam como perfeitos tendem a cair em desgraça, e geralmente a sombra está em jogo. Eles também incentivam implicitamente os outros a suprimirem suas áreas de fraqueza ou insegurança. Não estamos dizendo que você não deve procurar passar o melhor exemplo que puder, mas parte desse exemplo é ter a humildade e a coragem de aceitar tudo o que você é, não apenas as partes de que você gosta. Trabalhar para integrar sua sombra significa ser mais capaz de tomar decisões conscientes sobre como agir e ser menos inclinado a ser enganado por seus próprios demônios.

PARTE II

MINDSET & ESTRATÉGIA

4

ENCONTRE SOLUÇÕES GANHA-GANHA-GANHA

> A ação certa se concentra em fazer o que é benéfico
> a todos, inclusive você mesmo.
> — ROGER WALSH

Era um dia de primavera excepcionalmente quente em 2017 quando cheguei a Nova York ansioso para lançar um novo livro. Nos dias seguintes, eu tinha compromissos para falar em diversos programas de TV nacionais sobre um tópico de que gosto muito: os maravilhosos benefícios de saúde de uma dieta baseada em plantas e alimentos integrais. Eu estava me sentindo entusiasmado e otimista acerca dessa nova oportunidade de buscar o propósito da minha vida — até que liguei meu telefone e foi como se metade da luz do sol e das boas possibilidades tivesse sido extraída do meu mundo. O que eu vinha temendo e lutando para evitar há anos estava acontecendo. A Whole Foods Market, empresa a cuja criação, construção e cuidado dediquei toda a minha vida adulta, estava enfrentando uma crise existencial diferente de tudo em nossa história como empresa pública.

Essa história começou em 1992. Havíamos aberto nossa primeira loja em Austin em 1978, mas foi em 1992 que começamos a vender ações ao público, e eu tive que aprender a equilibrar minha abordagem de longo prazo orientada por propósito e multi-stakeholder a um negócio com as demandas dos relatórios de lucros trimestrais que vinham com o foco em curto prazo e no investidor. Isso nem sempre foi fácil, mas a empresa estava indo bem, o que ajudava. Ao longo de nossa história de 24 anos, a Whole Foods tinha obtido um enorme crescimento. Em 2017, estávamos próximos de 500 lojas. Tínhamos crescido de US$300 mil em vendas anuais durante nosso primeiro ano para mais de US$16 bilhões em vendas em meados de 2017. Nossa média era de 8% em crescimento de vendas na mesma loja por mais de 30 anos, o que é um dos melhores registros na história do varejo alimentício dos EUA. Além disso, tínhamos a maior porcentagem de EBITDA (sigla em inglês para lucros antes de juros, impostos, depreciação e amortização) entre as varejistas alimentícias públicas, e as vendas por metro quadrado em nossas lojas, de US$1 mil por metro quadrado, eram o dobro da média do setor.

Mas, em 2017, esse surpreendente histórico de crescimento não foi suficiente para Wall Street, em parte porque nosso crescimento de vendas estava desacelerando. Nosso sucesso havia, naturalmente, levado a uma nova geração de concorrentes ansiosos em participar do boom dos alimentos naturais. Os supermercados convencionais estavam finalmente acordando para a enorme oportunidade criada no mercado por pessoas que queriam comer de forma mais saudável. Cada vez mais supermercados e varejistas começaram a imitar a Whole Foods e oferecer variedades maiores de produtos naturais e orgânicos. Eles copiaram boa parte de nossa estratégia de marketing; aumentaram o espaço dedicado a vegetais orgânicos; e até adotaram elementos de nossa estética de design do interior das lojas. Do ponto de vista de nosso propósito maior — alimentar as pessoas e o planeta — eu estava orgulhoso da influência que havíamos tido no mercado e dos benefícios às pessoas que talvez nunca entrassem em uma de nossas lojas. Mas, como líder de uma empresa pública, eu estava totalmente ciente de que nossos investidores talvez não pensassem da mesma forma, especialmente quando a concorrência começou a afetar nosso crescimento de vendas e o preço de nossas ações começou a cair. Como eu não tinha um grande percentual da empresa ou uma classe de ações especiais que me concedia poderes controladores, preocupei-me de estarmos vulneráveis a investidores ativistas.

Aqueles medos se mostraram um tanto proféticos naquele dia de primavera, em 29 de março de 2017, quando a JANA Partners, um fundo especulativo de Nova York, anunciou ter comprado 8,8% de nossas ações. Imediatamente, a JANA lançou uma campanha contra a Whole Foods. Apesar de nossos anos de sucesso consistente, eles haviam desenvolvido uma narrativa muito negativa sobre a empresa. Queriam que substituíssemos nosso conselho administrativo e colocássemos a empresa à venda pelo melhor lance. A JANA era motivada por apenas uma coisa — maximizar lucros de curto prazo — e estava determinada a fazer o que fosse necessário para executar seus planos. Percebemos rapidamente que a liderança da Whole Foods Market estava enfrentando o desafio mais significativo e arriscado na história da empresa. Para mim, pessoalmente, foi um enorme teste — como eu guiaria a empresa que liderava há tantos anos para as próximas fases de sua existência sem perder aquelas qualidades que a tornavam especial? Minha turnê do livro foi abandonada, minhas aparições na TV canceladas e dediquei cada minuto a encontrar uma saída para essa crise.

O que aconteceu ao longo das semanas e meses seguintes surpreendeu a todos, inclusive a mim. A Whole Foods acabou se fundindo à Amazon, formando um relacionamento que se mostrou muito benéfico a ambas as empresas. Para mim, foi um momento de dificuldade e exame de consciência. Tive alguns momentos sombrios quando temi verdadeiramente que tanto do que havíamos construído podia se perder. Mas, no fim das contas, foi um período que confirmou um dos princípios de liderança de que sempre dependi — a importância de encontrar soluções nas quais todos vencem. Antes de eu compartilhar o restante da surpreendente história da fusão, ou o que acabei chamando de "o casamento" entre a Amazon e a Whole Foods, quero dizer algumas coisas sobre o mindset essencial que está no centro do que significa ser um líder consciente.

UMA ESTRATÉGIA ALTERNATIVA

Todos conhecemos o arquétipo: o negociador, o tubarão, o suposto executivo experiente que parece sempre levar vantagem — 51 centavos ou mais por dólar quando o negócio é fechado. Sua meta é sempre "vencer" o negócio. Afinal, o mundo dos negócios é uma guerra — não é? Pense em Michael Douglas como Gordon Gekko em *Wall Street*, citando *A Arte da Guerra* de Sun Tzu. Ou o personagem de Alec Baldwin em *Sucesso a Qualquer Preço* exortando seus subordinados com palavrões e insultos a fazer tudo o que fosse possível para conseguir que as pessoas "assinem na linha pontilhada!"[1] Ou Kevin O'Leary, conhecido como Mr. Wonderful, no popular programa da CNBC, *Shark Tank*, esfregando as mãos e dizendo: "É assim que penso em meu dinheiro: como soldados. Eu os envio para a guerra todos os dias. Quero que façam prisioneiros e voltem para a casa para que haja mais deles."[2] Nesta abordagem à arte do negócio, a empresa é no máximo um jogo, mas geralmente é uma batalha. O principal objetivo é sobreviver e triunfar, e destruir a outra parte no processo. Existe um vencedor, e os outros são perdedores. É simplesmente a forma como funciona. *Aceite, idiota*.

Agora imagine que houvesse um jeito diferente. Se você leu o livro até aqui, sabe que preferimos não ver os negócios como um campo de guerra. E se houvesse uma estratégia ética alternativa que pudéssemos usar tanto na liderança quanto na vida que traria resultados positivos tanto para nós quanto para todos ao nosso redor? Essa não seria uma descoberta maravilhosa? Afinal, tentar agir de forma ética e fazer a coisa certa pode geralmente parecer confuso e difícil. A liderança hoje — e, para ser honesto, a vida em geral — envolve teias de relacionamentos e responsabilidades cada vez mais complexas, e às vezes parece impossível distinguir o melhor caminho adiante.

Em meio a essa complexidade, passamos a defender e depender de uma estratégia ética que é ao mesmo tempo simples de entender e altamente eficiente: encontrar soluções ganha-ganha-ganha. É uma abordagem estratégica abrangente à liderança para sucesso eficiente a longo prazo. Se aplicada de forma cuidadosa e atenciosa, trará resultados positivos para todos os envolvidos, inclusive a si mesmo.

Você provavelmente já ouviu o termo "ganha-ganha", mas deve perceber que incluímos um terceiro "ganha". Começamos com a ideia básica do ganha-ganha — gerar resultados positivos tanto para nós quanto para as pessoas do outro lado da mesa. Afirmaríamos que uma filosofia ganha-ganha está no centro ético da maioria dos negócios empresariais. Como Alexander McCobin, CEO da Conscious Capitalism, afirma: "Uma visão geral de soma positiva é uma premissa fundamental do capitalismo, no qual buscamos trocas mutuamente benéficas de modo a criar, para todo mundo, mais valor do que existia antes da troca."[3] Uma troca acontece, e ambos são beneficiados. Uma pessoa recebe um produto ou serviço necessário; a outra recebe um ganho em troca — ambas ganham! Acontece um "obrigado" duplo em que ambas as partes estão felizes. Na verdade, talvez o maior mal entendido dos negócios seja a incapacidade de enxergar que a grande maioria das trocas são ganha-ganha — ou então não teriam acontecido, já que são voluntárias.

Líderes conscientes, porém, levam esse mindset um enorme passo à frente e buscam simultaneamente resultados positivos para a grande comunidade — um terceiro ganho. Essa comunidade pode ser definida como quisermos. Em alguns contextos, o ganho adicional pode ser para nossas famílias, ou comunidades religiosas, nossa cidade, estado, nação, todos os humanos, todos os animais, ou até mesmo a saúde da biosfera. A ideia ética principal no pensamento ganha-ganha-ganha é que estamos procurando estratégias e soluções que beneficiem a nós, a parte com quem estamos interagindo diretamente e as comunidades maiores em que existimos. É uma vitória tripla — bom para mim, bom para você, bom para todos nós.

Nos negócios, este terceiro "ganha" costuma representar o grupo mais amplo de stakeholders para o qual a empresa cria valor — consumidores, colaboradores, fornecedores, investidores e comunidades locais e globais. (Veja mais sobre esse tópico em "Kit de Ferramentas do Líder Consciente: Integração de Stakeholders", na página 49.) A premissa é que todos os stakeholders são conectados e interdependentes. Ao gerenciar todo o sistema com um pensamento ganha-ganha-ganha, criamos sinergias positivas que beneficiam a todos. Isso ajuda a organização a obter mais sucesso e prosperar em níveis mais altos no longo prazo. E essa visão de longo prazo é essencial, porque alguns desses benefícios não são totalmente vistos e valorizados se nosso horizonte de tempo for muito limitado.

O pensamento ganha-ganha-ganha é uma estratégia ética que pode ajudar a nos guiar, como líderes conscientes, todos os dias conforme navegamos as muitas dimensões de exercer influência, demonstrar poder e negociar. Mais importante, essa abordagem pode ajudar em esforços muito maiores — transformar nosso mundo para melhor. Mas, para valorizar verdadeiramente essa filosofia e seu poder, temos que evoluir além de nosso mindset ganha-perde, um-ou-outro. Isso pode ser bem difícil, uma vez que é muito disseminado em nossa sociedade.

O pensamento ganha-ganha-ganha é uma abordagem profundamente gratificante a nossos relacionamentos empresariais em parte porque representa a essência da Regra de Ouro — "Faça aos outros o que gostaria que fizessem a você". De diversas formas, isso tem sido ensinado e praticado como princípio ético chave há milhares de anos. Na psicologia evolucionista, está intimamente relacionado ao "altruísmo recíproco" — ambas as partes criando valor voluntariamente para que a outra atinja um ganho mútuo. E sejamos muito claros: não precisa envolver um sacrifício pessoal de longo prazo. Não significa colocarmos de lado nossos interesses em prol da outra pessoa. Isso é o ganha-perde novamente, só que com papéis invertidos. Em uma abordagem ganha-ganha-

-ganha, estamos buscando criar resultados nos quais *todas* as partes sintam que o resultado é benéfico.

Infelizmente, muito de nossa cultura acredita no paradigma ganha-perde. É difícil convencer as pessoas de outra possibilidade. Na verdade, é assim que as empresas costumam ser retratadas no discurso contemporâneo: como gananciosas, egoístas e exploradoras — um processo de ganha-perde, tudo-ou-nada, no qual o "rico fica mais rico e o pobre mais pobre". Lamentavelmente, é por isso que existem uma porção de Gordon Gekkos na imaginação literária e cinematográfica.

Obviamente, existem diversos exemplos reais de comportamentos gananciosos e desonestos nas empresas, da mesma forma que há exemplos de maus comportamentos em todo lugar. Mas a ideia de que as empresas se resumam a exploração e que simplesmente redistribuam riqueza aos superiores na hierarquia social é um mito infeliz e impreciso. A porcentagem da população mundial vivendo em pobreza diminuiu dramaticamente nos últimos dois séculos, e as empresas têm sido as maiores contribuintes nessa tendência. Rendas globais aumentaram em uma taxa sem precedentes no mesmo período, mesmo enquanto as taxas de pobreza caíram — um processo que se acelerou nas últimas décadas.[4] Na mágica do comércio e das trocas voluntárias, o poder edificante dos resultados mutuamente benéficos tem sido uma das maiores fontes de valor para a civilização humana, melhorando a condição humana e aperfeiçoando nossas vidas no processo.

PRATICANDO O GANHA-GANHA-GANHA: Alguém Está Perdendo?

O hábito de um mindset ganha-perde é forte. É nosso modo-padrão, motivo pelo qual precisamos reeducar nossas mentes. Uma das práticas essenciais para desenvolver soluções ganha-ganha-ganha é perguntar: "Alguém está perdendo nesta proposta? Alguém se enxerga em desvantagem? Há algo que podemos fazer para consertar isso para esta pessoa?" Essas perguntas trazem rápida clareza a qualquer proposta, identificam lacunas e nos ajudam a criar alternativas cada vez melhores.

A DINÂMICA DA CONFIANÇA

O que acontece quando uma pessoa que pratica a filosofia ganha-ganha-ganha encontra alguém envolvido em uma estratégia ganha-perde? Não surpreende que isso ocorra regularmente. Se é com esse tipo de pessoa que estamos lidando, devemos ficar muito mais alertas e cientes do que está acontecendo. A outra pessoa não está jogando nas mesmas regras que nós! Não podemos confiar tanto; não devemos baixar nossa guarda. É imperativo proteger nossos próprios interesses. Mas isso não pode nos impedir de ao menos tentar buscar um negócio ganha-ganha-ganha. Se fracassarmos, porém, o limite fica claro. Lembre-se das palavras de Stephen Covey em seu maravilhoso livro *Os 7 Hábitos das Pessoas Altamente Eficazes*. Ele nos chama a abraçar a filosofia de "Ganha/Ganha ou Nada Feito".[5] Se não conseguirmos aquele ganha-ganha, Covey incentiva a simplesmente desistir do negócio.

A confiança é muito importante. Se ela não existir, queremos mesmo fazer um negócio? Warren Buffett gosta de dizer que ele sempre quer que seus negócios possam ser fechados com um aperto de mãos. Isso não significa que ele não tem advogados para verificar os detalhes. Significa simplesmente que há um nível de confiança e respeito mútuo. Se não sentirmos isso, devemos questionar a sensatez de seguir adiante. Precisamos, no mínimo, ser adequadamente cuidadosos. "Confie em Alá, mas amarre seu camelo", como diz o antigo ditado Sufi.

Uma pesquisa da teoria dos jogos deu mais um reforço à eficiência desse mindset. Ela evidenciou que a estratégia que demonstrou ser a mais efetiva no longo prazo foi a do "olho por olho". Nas estratégias olho por olho, a abordagem inicial é aberta e cooperativa. Isso significa que escolhemos cooperar com todos (buscar um resultado ganha-ganha) até que uma pessoa se mostre não confiável (buscando um resultado de perda para nós). Então nossa estratégia tem que mudar — não podemos mais cooperar com esse jogador. Corremos o risco de tirarem vantagem de nós. Essa abordagem é bastante resiliente tanto na teoria dos jogos quanto na vida. Desenvolvemos uma reputação de sermos honestos e confiáveis, mas não toleramos que tirem vantagem de nós. Nos protegemos, mas nossa postura básica é de confiança e cooperação. É uma atitude ganha-ganha com todos — se possível. Quando isso não funciona, sintonizamos nosso Stephen Covey interno e dizemos: "Nada Feito."

> **PRATICANDO O GANHA-GANHA-GANHA: A Chave é a Comunicação**
>
> Quando estamos buscando soluções ganha-ganha-ganha, especialmente quando trabalhamos com outras pessoas, a boa comunicação é essencial. É praticamente impossível encontrar um ganha-ganha-ganha sem que todos os lados sejam sinceros sobre suas necessidades e interesses. O que seria o ganho para eles? Não presuma que já sabe. A transparência ajuda a fortalecer abordagens ganha-ganha-ganha. Durante negociações, as pessoas costumam hesitar ao dizer o que realmente querem ou precisam, porque acreditam que isso as deixa vulneráveis e enfraquece sua vantagem. Nós incentivamos o oposto. Faça perguntas como: qual seria o resultado ideal para você? O que faria você sair totalmente satisfeito? Quais elementos desse negócio não são negociáveis para você? Uma vez que entendemos as necessidades e os desejos da outra parte e que essa informação está na mesa, ficamos em melhor posição para ajudar a satisfazê-la. O diálogo será mais construtivo, e a solução ganha-ganha-ganha mais acessível.

CRISE E OPORTUNIDADE

Às vezes, é preciso haver uma crise para nos ajudar a romper modos condicionados de pensar e agir ganha-perde. Para Cheryl Rosner, como para muitos norte-americanos, o 11 de setembro foi esse tipo de momento. Todo o país sentiu o devastador impacto econômico e social do 11 de setembro, mas um setor foi mais atingido: o de turismo. E Rosner, uma executiva da Expedia, estava bem no meio dele. No caos daquele dia trágico e na semana seguinte, sua equipe trabalhou dia e noite para garantir que seus hóspedes e consumidores, que em muitos casos estavam presos sem opções de viagem, tivessem onde ficar. Seus hotéis parceiros foram tão maravilhosamente flexíveis que, depois que a crise inicial passou, ela fez um pequeno tour para agradecer-lhes pessoalmente. O que ficou claro naquelas reuniões foi que as dificuldades econômicas estavam repercutindo. O setor de turismo tinha praticamente parado. "Eles estavam morrendo, especialmente as propriedades menores e independentes que de repente tinham pouquíssimo fluxo de dinheiro", lembra ela. Demissões e outros transtornos empresariais eram iminentes.

De volta ao escritório, Rosner reuniu-se com seu CFO e apresentou sua visão da situação. Ambos sentiram a urgência de tentar ajudar esses negócios — seus parceiros — que, sem culpa alguma, estavam enfrentando períodos desesperadores. E, para aumentar o risco da Expedia, isso estava acontecendo ao mesmo tempo em que ela se preparava para lançar um novo site, Hotels.com, e precisava de todo o apoio possível desses operadores de hotéis independentes. Será que havia uma solução ganha-ganha? Aquela noite, em meio a uma ou duas doses de bourbon, eles discutiram as possibilidades. Depois de passar por diversas ideias ruins, como Rosner se lembra, eles finalmente criaram um plano. Após muita deliberação, decidiram oferecer empréstimos descomplicados e sem juros a muitas dessas pequenas empresas para ajudá-las a sobreviver à queda temporária. Esses empréstimos tinham um período de pagamento fluido, e incluíam um benefício a Rosner e sua equipe: tarifas e preços preferenciais quando a marca Hotels.com fosse lançada e as viagens retomadas. Essas tarifas melhores não somente beneficiariam o Hotels.com quando entrasse no mercado, como ajudariam também a inspirar as pessoas a voltarem a viajar, levando negócios a esses parceiros em dificuldades, e trazendo benefícios para todo o setor.

Em 2002, o Hotels.com foi lançado e teve enorme sucesso, impulsionado em partes pelos termos e relacionamentos favoráveis que Rosner havia cultivado com esses parceiros. O setor de turismo se recuperou, e os empréstimos sem juros foram pagos antes do esperado. Foi um grande ganho para todos: para a empresa, para seus parceiros que conseguiram manter as portas abertas, para as pessoas que mantiveram seus empregos, para o setor de turismo, e até para a própria economia. Foi necessária apenas a disposição de encontrar uma solução que pudesse ajudar todos a atravessar a crise. Foi uma solução simples, mas foi preciso pensar fora da caixa para chegar a ela, e para Rosner o impacto foi especialmente profundo. Mudou sua noção de negócios, do quão conectados e interdependentes nós somos — economicamente, mas também de outras formas. E fez com que ela quisesse encontrar meios de levar aquele espírito de benefício mútuo adiante quando entrou em iniciativas empreendedoras futuras. Pode ter sido necessário o choque do 11 de setembro para dar-lhe um novo ponto de vista, mas ela aprendeu a lição e seguiu adiante. Todo líder consciente pode aprender com experiências assim, mesmo sem o pano de fundo de uma tragédia.

DOMINANDO O MINDSET DO BENEFÍCIO MÚTUO

As soluções ganha-ganha-ganha são realmente possíveis? Podemos adotar essa abordagem ousada consistentemente? Essa estratégia ética é muito idealista para o "mundo real"? Nós achamos que não. É claro que a vida é complicada, e existem ocasiões em que soluções ganha-ganha-ganha são inatingíveis. Na Whole Foods Market, algumas vezes tivemos que fechar lojas com desempenho ruim porque, apesar de muitas tentativas, simplesmente não conseguimos encontrar soluções que as tornassem bem-sucedidas. Porém, não acredito que isso signifique que não exista uma solução; mas sim que em algum momento ficamos sem tempo ou imaginação para encontrá-la!

Líderes conscientes devem dedicar-se a se tornar especialistas em transitar por cenários complexos e encontrar soluções ganha-ganha-ganha para todos os grupos de stakeholders, e para isso precisamos de uma compreensão sofisticada de como os sistemas funcionam (veja o "Kit de Ferramentas do Líder Consciente: Pensamento Sistemático", página 94). Precisamos ver a situação geral e entender como diferentes componentes do sistema se interconectam e se comportam com o tempo, equilibrando necessidades imediatas e de longo prazo para criar valor para a maior quantidade possível de stakeholders.

Se dominarmos a habilidade de encontrar soluções ganha-ganha-ganha sempre que o momento e as circunstâncias permitirem, teremos muito mais sucesso, não somente em negócios e liderança, mas na vida. As pessoas costumam saber quem é confiável, quem tem as melhores intenções; e conquistar essa reputação é muito significativo. Possivelmente seremos muito mais felizes e realizados. Teremos menos conflitos, porque nossa postura incentivará um maior nível de confiança e cooperação.

O que realmente torna o ganha-ganha-ganha uma estratégia ética tão poderosa é que ela nos incentiva a libertar nossas mentes criativas e desenvolver soluções mais inovadoras. O modo de pensar ganha-perde, um-ou-outro, costuma vir à mente primeiro, porque é fácil e comum, e exige muito menos imaginação e criatividade. É o caminho de menor resistência. Quando praticamos estratégias ganha-perde, geralmente aceitamos muito rapidamente que negócios inconvenientes são inevitáveis e necessários. Se procurarmos tais negócios, certamente os encontraremos. Mas a ideia de que alguém precisa perder para que outra pessoa ganhe não é verdadeira. Na verdade, acreditamos que esse mindset de *soma zero*, como é chamado na teoria dos jogos, atrasa ao mesmo tempo nossa própria prosperidade e o bem coletivo da humanidade. Em vez disso, ao buscar soluções ganha-ganha-ganha (ou *não-soma-zero*) criativas, nossa atenção estará em encontrá-las, geralmente sem concessões onerosas. Nunca subestime o poder da criatividade humana uma vez liberta da camisa de força mental padrão do ganha-perde. Quando libertamos nossa imaginação para criar soluções criativas com as quais todos se beneficiam, é incrível o quanto de energia positiva e boa vontade são desbloqueadas.

> **PRATICANDO O GANHA-GANHA-GANHA: Libere Sua Imaginação**
>
> Conflitos e desentendimentos nos apresentam uma oportunidade para liberar nossas imaginações criativas para descobrir soluções ganha-ganha-ganha. Mas lembre-se, esse tipo de criatividade requer tempo e espaço, e precisa de ar para respirar. O inimigo da criatividade é o julgamento instantâneo. Ao discutir ideias de soluções, evite pegar atalhos no processo criativo ao perguntar imediatamente: "O que está errado?" Ou encontrar motivos pelos quais uma solução específica não funcionará. Há um momento para criticar e um momento para julgar, mas não durante uma sessão de discussão de ideias. As ideias precisam fluir livremente. Mais tarde, depois de desenvolver diversas soluções possíveis, podemos voltar e analisá-las de forma crítica. A análise crítica e a imaginação criativa habitam dimensões diferentes de nosso espaço mental – dê a ambas o que lhes é devido.

UM GANHA-GANHA-GANHA PARA LEMBRAR

O pensamento ganha-ganha-ganha não é aplicável apenas ao cenário dos negócios; ele é desesperadamente necessário em nossa sociedade agora. Se mais líderes em ambos os setores público e privado começassem a adotar a mentalidade do benefício mútuo, os efeitos reverberariam por nossa economia e sociedade, acelerando rapidamente a evolução e o progresso culturais.

Hoje, tal cenário parece quase impossível. Enquanto escrevemos este livro, os Estados Unidos estão mais polarizados politicamente do que em qualquer outro momento de nossas vidas. Nossa cultura está dividida entre tribos políticas irritadas e descontentes. Os diversos sistemas de valor que moldam nossa população (veja o apêndice, "Sobre Cultivar Inteligência Cultural", na página 215) estão competindo entre si por prevalência e controle. O pensamento ganha-perde domina o discurso público. As pessoas acreditam que seus próprios valores são corretos, enquanto aqueles valores que expressam uma perspectiva diferente são estúpidos, errados e maus, e devem ser combatidos. É uma batalha que parece ter pouca esperança de solução, e as repercussões estão poluindo muitos aspectos de nosso panorama cultural.

Mas não há nada de inevitável nesse estado polarizado. O pensamento tribal não precisa ser o modo-padrão de interagirmos. Mudar essa situação, porém, exigirá uma liderança corajosa. Mais de nossos líderes precisariam adotar uma abordagem ganha-ganha-ganha em nossos problemas nacionais, empregando toda a sua inteligência e criatividade para encontrar soluções inovadoras que transcendam conflitos ideológicos e gerem valor real para a sociedade. Como levamos a sociedade adiante, amenizamos a polarização, e fazemos tudo isso de modo que todos os grandes stakeholders — que são as diversas tribos e cosmovisões — "ganhem" de alguma forma? Como líderes conscientes, precisamos desenvolver um grau muito superior de inteligência cultural e uma mentalidade do benefício mútuo para atingir esses objetivos nobres.

Contudo, podemos nos inspirar no fato de que isso já foi feito antes. O pensamento ganha-ganha-ganha definiu com frequência esses momentos na história norte-americana que mudaram o país para melhor. Na verdade, uma das linhas comuns entre todos os grandes movimentos sociais que foram bem-sucedidos e sustentáveis no longo prazo foi terem um reforço de benefício mútuo. Há muitos exemplos disso, mas um que sempre achamos profundamente motivador e animador é o Movimento dos Direitos Civis das décadas de 1950 e 1960.

O Dr. Martin Luther King Jr. estava lutando pelos direitos de seu povo — mas também por mais do que isso. Ele viu claramente que o Movimento dos Direitos Civis precisava buscar não somente a autonomia dos norte-americanos negros e sua libertação de Jim Crow, como também a redenção ética dos EUA como um todo da vergonhosa praga do racismo. A visão extraordinária de King era de uma sociedade daltônica em relação aos direitos iguais e dignidade para todas as raças e etnias. Ele apresentou essa visão ao restante dos Estados Unidos — recorrendo à consciência nacional e à esperança coletiva de que podíamos criar uma solução para nossos problemas raciais que beneficiariam todos os setores da sociedade.

A postura apaixonada de não violência de King e seus colegas ativistas manteve a percepção pública do movimento situado em uma conjuntura ganha-ganha-ganha. Sua recusa em retaliar, mesmo perante a violência, apelou à consciência e boa vontade dos cidadãos de toda a nação e ajudou a evitar que o movimento entrasse em uma postura ganha-perde que teria dificultado aquela visão inclusiva. Continua sendo uma linda visão, uma ambição não somente para o país como para a humanidade como um todo. E foi preciso a liderança extraordinária de King, junto a outros líderes corajosos que ficaram a seu lado, para inseri-la tão profundamente na consciência nacional.

O sonho de King de igualdade, dignidade e harmonia racial desafiaram o cerne do status quo norte-americano. Mas também foi congruente com a promessa feita na Declaração de Independência de que somos todos criados iguais e com direitos iguais à vida, à liberdade e à busca pela felicidade. Assim, o Movimento dos Direitos Civis criou múltiplas camadas de resultados positivos. Ele ofereceu certo nível de justiça e oportunidade aos cidadãos que há muito vinham sendo impedidos de participar do Sonho Americano. E tem sido profundamente benéfico para toda a sociedade norte-americana— cultural, econômica e moralmente — conforme continuamos nossa jornada nacional. Essa jornada, é claro, está longe do fim, enquanto continuamos trabalhando para superar o racismo inerente enraizado em nosso país desde o início. Houve muitas lombadas e atrasos ao longo dessa estrada, mas, graças à visão ganha-ganha-ganha radical de King, demos passos significantes adiante.

UM CASAMENTO FELIZ

Com tantos ideais nobres e heróis culturais elevando nossos corações e mentes, voltemos ao mundo dos negócios — à crise existencial que a Whole Foods Market enfrentou em 2017. Pode não ter sido um momento de grande importância histórica ou significância nacional, mas os riscos eram altos para mim e os muitos stakeholders que haviam construído, cultivado, apoiado e amado nossa empresa e seu propósito maior. Quando me reuni com minha equipe executiva na primavera daquele ano, nos fizemos duas perguntas importantes: Qual a solução ganha-ganha-ganha aqui? O que seria o melhor para todos os stakeholders da Whole Foods Market?

Meu medo era de que a JANA Partners, motivada pela busca por lucros em curto prazo e uma estrutura ganha-perde, fosse capaz de tomar o controle da empresa e vendê-la ao melhor pagador. Esse maior pagador poderia não ser uma empresa que honraria nosso propósito maior — nossos valores centrais, missão, normas e aquilo que defendíamos. É quase certo que nossa cultura teria sido afetada, e nossas sedes poderiam ser extintas, tirando o emprego de milhares. Se nossos padrões de qualidade fossem negligenciados, seríamos forçados a vender produtos que não se encaixavam mais em nossa missão. De meu ponto de vista, corríamos perigo de perder tudo o que havíamos construído.

Consideramos muitas opções e estratégias. Deveríamos entrar em uma guerra na mídia contra a JANA? Devíamos incutir nossa visão de futuro contra a deles na mente do público? Devíamos nos comprometer a lutar com a JANA para manter o controle do conselho e evitar uma venda da empresa contra a nossa vontade? Se decidíssemos lutar, venceríamos ou era provável que perdêssemos?

Apesar de sabermos que talvez conseguiríamos ganhar essa luta, também reconhecemos que era possível que fosse uma batalha longa e cara, e uma enorme distração para a empresa. Em outras palavras, podíamos perder ainda que ganhássemos. Mas foi uma alternativa que levamos muito a sério, e preparamos uma estratégia completa a seguir caso optássemos por ir nessa direção.

Durante nossas discussões, a opção de vender a empresa também surgiu. Nos perguntamos: "Se estivéssemos à venda, há algum comprador que preferiríamos? Existe alguma empresa que seria uma boa opção?" O nome Berkshire Hathaway surgiu em nossas deliberações, e contatamos Warren Buffett para ver se ele teria algum interesse em talvez comprar a Whole Foods. Ele respondeu que não era uma boa opção para ele. Consideramos outros varejistas alimentícios — buscando novamente uma solução que criasse um ganha-ganha-ganha para todos os nossos stakeholders. Reuni-me com o CEO e presidente da Albertsons informalmente e concluí que a Albertsons provavelmente não teria sido uma boa parceira para nós.

Discutimos também a possibilidade de privatizar a empresa. Havia uma grande preocupação de que esta seria apenas uma solução temporária e que poderia nos fazer contrair uma dívida de bilhões de dólares para financiar uma transação de privatização. Receamos que um grande volume de dívidas poderia falir a empresa, e esse era um risco muito alto a correr. Quanto mais buscávamos uma solução ganha-ganha-ganha, mais frustrados ficávamos, porque não surgia nenhuma solução clara. Porém, tudo mudou com um único insight em uma manhã logo depois que acordei de outra noite de sono agitado: *que tal a Amazon? Haveria chance de se interessarem?*

Eu havia conhecido Jeff Bezos no ano anterior e gostei muito dele — me pareceu um homem autêntico e brilhante, e me identifiquei fortemente com seu espírito empreendedor evidente. Além disso, a Amazon era há muito tempo uma das empresas que eu mais admirava. Como uma das maiores empresas de tecnologia do mundo, também imaginei que ajudariam muito a melhorar a Whole Foods em uma área que nunca foi um de nossos pontos fortes. Enquanto pensávamos na possibilidade, fui ficando muito entusiasmado. Mais do que simplesmente enxergar uma saída para uma posição difícil, comecei a ver o potencial de longo prazo dessa fusão.

> **PRATICANDO O GANHA-GANHA-GANHA: O Poder da Intenção**
>
> Quando você está preso em uma situação difícil, uma das melhores coisas a fazer é afirmar repetidamente seu desejo por uma solução ganha-ganha-ganha para o desafio específico. Tenha essa intenção no coração e na mente, com grande convicção. Isso não significa agarrar uma solução imediatamente – é diferente. Em vez disso, concentre seu desejo de que uma solução ganha-ganha-ganha surja. Essa prática ativa sua mente criativa subconsciente para entrar em um "processo de busca" interno que pode render resultados inesperados. Quando seu foco é claro, seus algoritmos subconscientes

> mais profundos são destinados a trabalhar no problema, e mais cedo ou mais tarde surge uma solução. Eles geralmente farão isso de formas imprevisíveis — um insight repentino, um sonho carregado de sabedoria, uma revelação no chuveiro, uma intuição logo pela manhã, um lampejo criativo. Uma solução ganha-ganha-ganha se apresenta. Pode parecer mágica, mas não é — é o poder de nossa própria intenção.

Costumo descrever o relacionamento entre as equipes de liderança da Whole Foods e da Amazon como "amor à primeira vista". Não é um exagero, mas uma metáfora colorida para explicar o que aconteceu. Depois de contatarmos a Amazon para saber se tinham interesse, eu fui a Seattle com três de nossos maiores executivos para uma reunião com Jeff e parte de sua equipe. Essa discussão inicial aconteceu no estaleiro de Jeff. Conversamos por três horas sobre as coisas maravilhosas que poderíamos fazer juntos, e o tempo simplesmente voou. Quando a equipe da Whole Foods retirou-se em um restaurante para processar a conversa, nós estávamos sorridentes e felizes. Concordamos unanimemente que aquelas eram algumas das pessoas mais inteligentes que já havíamos conhecido, e que tínhamos feito uma conexão especial. Mas, mesmo tendo gostado deles, não tínhamos certeza se o sentimento era recíproco. Como alguém em um novo romance, estávamos um pouco nervosos a respeito enquanto esperávamos próximos ao telefone. Acontece que não precisávamos nos preocupar. Apenas quatro dias depois, a Amazon enviou uma equipe de executivos a Austin para discutir mais detalhadamente como seria uma fusão entre as duas empresas.

Aconteceu um "relacionamento furacão". Passamos do namoro para o noivado e depois para o casamento em apenas alguns meses. Nossa primeira reunião aconteceu em 30 de abril de 2017, entramos em um noivado formal (contrato de fusão) em 15 de junho, e o negócio foi fechado em 28 de agosto, depois que os anciões da tribo (o governo) decidiram aprovar o casamento. Refletindo sobre os anos que se passaram desde então, ainda acredito que a fusão representa uma solução ganha-ganha-ganha em que cada grande stakeholder se beneficiou. Deixe-me falar sobre eles um a um.

Nossos consumidores foram sempre os maiores possíveis ganhadores na fusão, especialmente pelo propósito explícito da Amazon de "ser a empresa mais centrada no consumidor do mundo". A Whole Foods Market tem, é claro, sempre se importado profundamente com seus consumidores, mas admito que a cultura obcecada pelo consumidor da Amazon está nos ajudando a melhorar nessa área, e a melhorar as formas como servimos aos consumidores criando uma experiência geral de compras que é mais rica e integrada. De todos os stakeholders, o consumidor foi o mais beneficiado pela fusão — principalmente pelos preços mais baixos. Todos amam economizar. Mas é mais do que preço; é adotar uma abordagem de longo prazo intrínseca à cultura da Amazon. Tem sido um grande alívio libertar-me das expectativas a curto prazo de Wall Street para podermos adotar novamente uma visão estratégica a longo prazo no sentido de criar valor para todos os nossos stakeholders.

A fusão também nos empurrou além de nossas raízes de alvenaria, e estamos desfrutando totalmente da experiência inigualável da Amazon no varejo. Com a ajuda dela, estamos trabalhando para avançar no mundo da tecnologia. Nos anos anteriores, éramos seguidores nas investidas tecnológicas, mas hoje estamos nos tornando líderes. A experiência em loja e o serviço personalizado e envolvente oferecido por nossos colaboradores ainda são grandes diferenciais da Whole Foods, mas não estamos mais limitados a visitas presenciais em nossas lojas. O Prime Now, com suas entregas diretas aos consumidores, está revolucionando nosso negócio! É claro que nenhuma dessas mudanças teria tanto valor se sacrificássemos nossa qualidade. Afinal, nosso propósito maior é "nutrir as pessoas e o planeta", e desenvolvemos normas de qualidade líderes no mercado ao longo dos anos. A lealdade de nossos consumidores baseia-se nessa confiança. Então tem sido reconfortante para mim ver que a Amazon respeita e até defende essas normas desde o início.

Nossos colaboradores costumam ser atraídos pela Whole Foods por sentirem uma conexão pessoal com nossos valores centrais e propósito maior. Temos uma cultura única na Whole Foods, e a Amazon tem mostrado muito respeito a ela. Obviamente, em qualquer casamento existem mudanças. Com o tempo eles influenciarão nossa cultura, sem dúvidas. E vice-versa. A fusão foi uma forma de proteger o enorme valor que havíamos criado com a empresa e nos levou adiante para o futuro — para não ficarmos exatamente iguais. Como em qualquer bom casamento, continuaremos a nos integrar conscientemente e evoluir juntos.

Nossos colaboradores também se beneficiaram da decisão da Amazon de elevar o salário-mínimo para US$15 por hora para trabalhadores integrais, de meio período, temporários e sazonais em todo o país. Investimentos como este podem aumentar nossos custos no curto prazo, mas no longo prazo aumentarão a felicidade dos colaboradores e facilitarão a contratação e retenção de talentos, melhorando assim nossa capacidade de servir aos consumidores.

Nossos fornecedores foram beneficiados de diversas formas. A introdução de nosso programa de fidelidade, Amazon Prime, criou oportunidades de crescimento e aumentou o potencial de venda dos fornecedores, o que é um ganho. Temos conseguido manter nosso compromisso de comprar de fornecedores pequenos e locais, o que provavelmente estaria em risco em uma aquisição diferente. Com a Amazon, temos conseguido manter os fornecedores locais e alavancar os sistemas de compras que desenvolvemos para assegurar nossa variedade única de produtos.

Nossos investidores também ficaram muito felizes. No dia em que a JANA anunciou publicamente que havia comprado nossas ações, foi um negócio de cerca de US$30 por ação. A Amazon nos comprou por US$42 por ação apenas alguns meses depois. Se não tivéssemos sido vendidos a um preço competitivo, o preço das ações da Whole Foods provavelmente teria caído e os investidores teriam uma grande perda. Nossos investidores receberam um preço 41% maior que nosso preço de fechamento em 31 de março, o que foi um grande ganho para eles. O sábio de Omaha, Warren Buffett, canalizando a sabedoria de seu parceiro de longa data Charlie Munger, é conhecido por dizer que é melhor comprar uma empresa maravilhosa por um preço justo do que uma empresa justa a um preço maravilhoso. Acredito que a Whole Foods seja uma empresa maravilhosa e a Amazon pagou um preço justo por ela. Resultou, basicamente, em mais US$4 bilhões em valor nos bolsos de nossos acionistas.

Não esqueçamos de *nossas comunidades*. A Whole Foods continua distribuindo 10% de seus lucros totais entre milhares de organizações sem fins lucrativos todos os anos. Apoiamos ativamente todas as nossas comunidades com filantropia local, Community Giving Days (conhecidos como 5% Days), doações de alimentos e patrocínios, como sempre fizemos. Nossas três fundações mundiais — Whole Planet, Whole Kids e Whole Cities — puderam continuar a realizar suas missões, e a Amazon tem sido muito favorável, fazendo inclusive doações adicionais, por exemplo, por meio de uma parceria com o Chase Bank que beneficiou significativamente nossa Whole Planet Foundation. Acreditamos que haverá mais esforços conjuntos que apoiarão nossas fundações no futuro.

Como você pode ver por essa história, acredito verdadeiramente que a fusão com a Amazon foi a melhor alternativa para a Whole Foods e a solução ganha-ganha-ganha ideal para os problemas que enfrentamos com acionistas ativistas e novos desafios da concorrência. Nenhuma fusão (ou casamento, aliás) é livre de desafios, mas acho que os últimos anos confirmaram os enormes benefícios do negócio. As alternativas realmente me tiraram o sono. Na época da aquisição, eu estava bem ciente dos perigos de ser vendido, desmantelado e ter a cultura da empresa provavelmente destruída. Agora, nos unimos a uma das corporações mais bem-sucedidas, inovadoras e dinâmicas de todo o mundo.

Acima de tudo, essa experiência reafirmou minha convicção de que, quando se trata de negociações de empresas e fazer negócios — e na verdade da vida em geral —, se nos esforçarmos, pensarmos de forma criativa e dermos nosso melhor, podemos quase sempre descobrir formas de fazer negócios que aumentam valor, geram boa vontade e beneficiam múltiplos stakeholders. Por meio de nossa própria liderança consciente podemos lutar para aumentar a circunferência da torta proverbial em vez de simplesmente servir os espólios a um novo vencedor.

KIT DE FERRAMENTAS DO LÍDER CONSCIENTE

Pensamento Sistemático

O pensamento sistemático, às vezes chamado também de inteligência sistemática ou consciência integral sistemática, é uma capacidade mental que qualquer líder consciente faria bem em cultivar, especialmente quando se trata de trabalhar pelo ganha-ganha-ganha. De fato, a própria essência de um ganha-ganha-ganha é ser uma solução que funciona para todo um sistema e para cada uma das partes dentro dele.

O pensamento sistemático deriva do reconhecimento de que nosso mundo é feito de ecossistemas sistêmicos, sistemas sociais, sistemas econômicos, sistemas políticos, e assim por diante, complexos — e que, dentro de cada sistema, todas as partes são inter-relacionadas. Estudar as partes de um sistema isoladamente não o ajudará a entender, influenciar ou gerenciar o todo, pois todo o sistema é maior do que a soma de suas partes. Em vez disso, é necessário compreender os relacionamentos dinâmicos entre todas as partes a fim de tomar decisões conscientes sobre como as ações em uma parte do sistema podem afetar outras partes do sistema. É uma abordagem holística, e não reducionista.

Ainda que a ideia tenha raízes em campos como ecologia, biologia, matemática, teoria dos jogos e até mesmo cibernética, o pensamento sistêmico abriu seu caminho nos negócios e na teoria gerencial ao longo das últimas décadas, como popularizado no livro clássico de Peter Senge, *A Quinta Disciplina*. Senge ilustra o conceito por meio da analogia de uma tempestade: "Uma nuvem se aglomera, o céu escurece, as folhas giram ao vento, e sabemos que vai chover. Sabemos também que, depois da tempestade, o escoamento alimentará águas subterrâneas quilômetros adiante, e o céu ficará limpo até o dia seguinte. Todos esses eventos são distantes em tempo e espaço, e ainda assim estão todos conectados dentro do mesmo padrão. Cada um tem influência nos demais, uma influência que costuma estar oculta. Você só pode entender o sistema de uma tempestade contemplando o todo, e não qualquer parte individual do padrão."[6]

Qualquer organização, grande ou pequena, pode ser vista como um sistema dentro e fora de si, e ela, em contrapartida, está embutida em sistemas maiores: stakeholders, setores, economias, e assim por diante. O pensamento sistêmico nos permite entender os muitos padrões, conexões, relacionamentos e interdependências que existem dentro e fora das organizações. Ao pensar sobre um desafio que esteja enfrentando, uma oportunidade que esteja buscando, um negócio que esteja tentando fechar, ou um problema que esteja tentando resolver, amplie sua mente para abranger todo o sistema dentro do qual você está trabalhando. Pense não somente sobre as partes individuais ou stakeholders, mas nos relacionamentos dinâmicos entre eles. Que impacto suas escolhas têm no sistema como um todo, e em cada uma das partes constituintes? Elas perturbarão o equilíbrio do sistema? Se sim, você pode encontrar uma saída que gere uma evolução positiva para o todo, em vez de causar fragmentação? Como você pode aumentar a saúde e a produtividade desse sistema geral de stakeholders? Um verdadeiro ganha-ganha-ganha move todo o sistema adiante, enquanto oferece um resultado positivo para cada parte.

5

INOVE E CRIE VALOR

> Se você observar a história, a inovação não vem de simplesmente
> dar incentivos às pessoas; ela vem de criar ambientes onde suas
> ideias podem se conectar.
> — STEVEN JOHNSON

"INOVAÇÃO" É UM TERMO que está na boca de muitos eruditos hoje em dia. Nós o ouvimos em todo lugar — na mídia nova e na antiga; em talk shows, podcasts e painéis de discussão; em conferências mundiais e simpósios acadêmicos; em notícias na TV e em mídias sociais. A inovação representa o poderoso motor de uma economia global dinâmica, de pessoas e culturas em ascensão, de transformações de ponta que melhorarão vidas e mudarão nosso mundo para melhor. Ela transmite positividade e otimismo, a promessa de um mundo que oferece esperança e possibilidades a bilhões em vez de milhões. Ouvimos a batida da "inovação" nos negócios, na ciência, na tecnologia, na economia — de executivos do Vale do Silício, empreendedores sociais e líderes de ONGs.

Tal onipresença seria realmente merecida? Bem, pense nisso. A economista da Universidade de Illinois, Deirdre McCloskey, credita esta única virtude humana como sendo altamente responsável pelo que ela chama de "o Grande Enriquecimento" — o aumento exponencial na riqueza social que ocorreu ao longo dos últimos 250 anos, paralelo à queda dramática nas taxas de pobreza.[1] (Em 1800, 85% da humanidade vivia com o equivalente a menos de US$2 por dia. Hoje é menos de 9%.[2]) Após dezenas de milhares de anos de pobreza implacável e opressora (com apenas algumas raras exceções), a humanidade passou por um enorme crescimento econômico e comércio global, com bilhões de pessoas elevadas à classe média, e algumas além dela. Muito se fala hoje em dia sobre desigualdade e distribuição de riqueza, e essas questões são importantes. Mas a questão maior aqui é: Como tanta riqueza foi criada? "Nossas riquezas não vieram de empilhar tijolos, ou graduações, ou extratos bancários, mas de empilhar ideias", alega McCloskey.[3] Ideias. Criatividade. Engenhosidade. Imaginação. Inovação. Esse é o verdadeiro segredo de nosso sucesso coletivo. Então como ideias inovadoras resultam em um aumento historicamente inédito da riqueza geral? Isso se resume a um acordo tácito que aspirantes a empreendedores fazem com a sociedade que permite que ideias revolucionárias criem raízes e prosperem.

Acontece mais ou menos assim: deixe-me empreender, deixe-me inovar, deixe-me criar valor, deixe-me fazer isso sem muita interferência do governo, deixe-me desestabilizar setores consolidados no processo, deixe-me ficar com os lucros disso, e, sim, eu posso (espera-se) ficar rico no curto prazo. Interesses arraigados podem sofrer temporariamente. Inicialmente, a riqueza virá para mim e para o capital investido em minha ideia. Mas, conforme o "negócio" se desdobra com o tempo, e outros correm para capitalizar nessa inovação, os benefícios começarão a se expandir rapidamente. A inovação se espalha cada vez mais longe enquanto se torna cada vez mais barata. Os benefícios fluem, impactando e melhorando vidas. Aos poucos, uma inovação após a outra, a vida melhora, a riqueza é criada e a sociedade segue adiante. No longo prazo, eu e milhões como eu o ajudarão a prosperar — o que significa que ajudaremos a tornar todos nós mais prósperos — e melhorar imensuravelmente todas as nossas vidas no processo.

Em alguns aspectos, "inovacionismo" seria de fato um nome melhor para "capitalismo". Em nossa opinião, o capitalismo está em sua melhor forma quando reconhecemos profundamente que tem mais a ver com a aplicação da criatividade humana do que com a alocação de capital financeiro. É por isso que o inovador, o empreendedor e até o executivo bem-sucedido precisa se concentrar em criar valor em vez de simplesmente gerar lucros. Por "valor" queremos dizer simplesmente a qualidade do produto ou serviço que incentiva outra pessoa a querer fazer negócios com você. Sim, o valor é testado no mercado, no ápice da troca em si. Mas lembre-se sempre de que os lucros derivam do valor criado, e não o contrário.

A capacidade de inovar e criar valor para os outros seres humanos (e às vezes para outros stakeholders secundários, como animais ou o meio ambiente) é um elemento fundamental da liderança consciente. A maioria das grandes empresas do mundo começaram com uma nova forma transformadora de criação de valor. Pode ser dramático e revolucionário — como o motor a vapor, a eletricidade ou a internet. Pode ser algo não difundido, mas transformador, como um encanamento melhor ou a máquina de lavar. Pode ser inesperado, mas oportuno, como Ray Kroc inventando uma nova forma de vender hambúrgueres e lojas franqueadas, ou a Whole Foods fornecendo alimentos naturais e orgânicos para uma nação que ainda não tinha percebido que havia uma enorme oportunidade de negócios na alimentação mais saudável. Adiante algumas décadas e essas inovações mudaram toda a indústria alimentícia.

A inovação pode ter inúmeras formas, mas seu cerne tem a ver com criar valores que melhoram a vida e compartilhá-los com os outros. Na mágica desta troca vive o DNA de nossa ascensão coletiva, e um motor de crescimento fundamental para nossa economia. *Inovar e criar valor.* Em um ambiente dinâmico e em evolução contínua, deve-se inovar ou ficar para trás. Ficar inerte é ser copiado, depois superado pela concorrência e por fim tornado irrelevante. *Inovar e criar valor.* É o ímpeto do empreendedor, o alvo do investidor de risco e o desafio contínuo de qualquer empresa consolidada, grande ou pequena. Na formulação de Joseph Campbell, é o estágio do "chamado para a aventura" da jornada do herói — uma virtude ativa, engajada e dinâmica que conecta diretamente o líder consciente ao centro gerador de riquezas e melhorador de vida do Capitalismo Consciente. *Inovar e criar valor.* Enxágue. Repita.

Caso você esteja se sentindo intimidado por pronunciamentos tão nobres, e se perguntando se tem o que é preciso para continuar esta orgulhosa tradição, deixe-nos ser claros: um líder consciente não precisa necessariamente ser um gênio produtor de novidades. Na verdade, poucos líderes algum dia terão a veia criativa de grandes inovadores como Thomas Edison, Steve Jobs, Bill Gates, Jeff Bezos ou Elon Musk. Podemos certamente aprender com os exemplos deles e desenvolver nossos próprios poderes criativos ao máximo, mas, para o líder consciente, é igualmente importante, se não mais, perguntar: o que posso fazer para ajudar a promover um espírito criativo de inovação nas pessoas a meu redor? Como posso criar e nutrir uma cultura de inovação? Posso reconhecer e apoiar a inovação quando ocorrer? E posso facilitar o processo de transformar uma ideia nova em valor genuíno que se provará no mercado? Líderes têm uma influência enorme, e líderes conscientes pensam cuidadosamente sobre como usar esta influência para inculcar inovação e criação de valor em indivíduos, nas equipes e na cultura organizacional que os conecta.

> **PRATICANDO INOVAÇÃO: Contemple o Progresso**
>
> Todo aspirante a líder consciente deve reservar um tempo para refletir sobre a tradição da inovação que permitiu que saltos criativos de imaginação fizessem a viagem crítica da mente para o mercado e, por fim, impactassem todas as nossas vidas para melhor. Comece simplesmente olhando para os objetos que estão ao seu redor e que usa no dia a dia. Quantos deles existiam há uma década? Duas décadas? Meio século? Pense na vida dos seus pais e dos seus avós. O que para você é comum, mas que eles jamais imaginaram? Você pode fazer essa viagem contemplativa o mais longe no tempo que quiser. Se sua imaginação vacilar, recorra aos especialistas em dados, como o finado Hans Rosling, autor de *Factfulness*. É uma forma poderosa e inspiradora de ter contato com o impacto da inovação na mudança do nosso mundo para melhor.

INOVAÇÃO AMA COMPANHIA

Costumamos imaginar que o caminho da inovação envolve um indivíduo heroico mergulhando profundamente em sua visão única e emergindo com uma novidade incrível — uma obra de arte, uma peça musical, um software revolucionário, ou uma solução genial para um problema complicado. Certamente, a criatividade individual é essencial para a inovação, mas a imagem emblemática do gênio criativo solitário pode estar ultrapassada. Em seu livro sobre os primórdios da revolução dos computadores pessoais, *From Counterculture to Cyberculture* [Da Contracultura à Cibercultura, em tradução livre], o professor de Stanford, Fred Turner, fez a astuta observação que "ideias vivem menos nas mentes dos indivíduos do que nas interações das comunidades".[4] Inovação, criatividade e ideias revolucionárias exigem mais do que redes de neurônios interligados em nossos cérebros. Elas dependem de redes interligadas de pessoas reais — envolvendo, refinando, inventando, imaginando, compartilhando e construindo o trabalho umas das outras.

De fato, quando você observa melhor muitos dos verdadeiros gênios ao longo da história, descobre que foram inspirados por, e fizeram parte de, uma cultura, grupo ou "cena" altamente criativa. O músico Brian Eno cunhou o maravilhoso termo "scenius" [scene (cena) + genius (gênio)] para descrever essa forma coletiva de genialidade. Pense nos pais Fundadores dos Estados Unidos, nos poetas do Romance Inglês do início do século XIX, em Paris na década de 1920. Pense no cenário rock-and-roll de Londres nas décadas de 1960 e 1970, ou no Vale do Silício da década de 1970 até hoje. Geralmente, um ou alguns indivíduos brilhantes inspiraram esses coletivos, mas havia algo mais no próprio cenário que assumiu vida própria, superalimentando a capacidade criativa dos indivíduos. Esses cenários tornam-se viveiros de inovação e têm papel importante na incubação de novas ideias — em arte, filosofia, ciências e também nos negócios. Na verdade, as empresas mais inovadoras conseguem fazer exatamente isto: elas constroem uma cena criativa que atrai e inspira pessoas talentosas e ideias originais. O próprio Edison, como muitos historiadores apontaram, contava com uma equipe de pessoas altamente talentosas — seus "muckers", como eram chamados — para serem o motor crítico de suas inovações. A inovação ama companhia, e a genialidade de Edison residia tanto em sua capacidade de inspirar e encorajar o comprometimento e a criatividade de outras pessoas quanto em seu brilhantismo solitário.

Então, como um líder consciente não somente encoraja a criatividade individual, mas constrói equipes que têm a inovação infundida em seu DNA? Como podemos influenciar a cultura organizacional a ser mais criativa e dinâmica? Considere as seguintes estratégias.

Crie os incentivos certos. Os humanos são criaturas sociais, procurando constantemente por feedback, afirmação e sinais de suas tribos sociais. Como um líder que está ajudando a dar o tom de uma tribo empresarial, esteja atento ao "campo de possibilidade" que você está incentivando e recompensando. Toda declaração (seja explícita ou implícita) sobre o que é desejável, o que é aceitável, quais ideias são interessantes, quais sugestões são recompensadas, quais propostas são afirmadas, quais projetos são financiados e quais atividades são compensadas entra na construção do DNA das culturas. Essa cultura é de total otimismo, pensamento livre e exploração? Ela é notável por seu rigor, ética de trabalho e disciplina? Ela encoraja a experimentação e a criatividade ou incentiva a consistência e a conformidade? Em geral, as culturas não são intrinsecamente boas ou ruins, mas são distintas, e servem a determinados propósitos. Um líder consciente pensa cuidadosamente sobre os acordos escritos e não escritos que moldam a "personalidade" de sua organização.

Em seu clássico "Brownsville Girl", Bob Dylan canta: "People don't do what they believe in, they just do what's most convenient, then they repent."[5] [As pessoas não fazem aquilo em que acreditam, fazem o que é mais conveniente, e então se arrependem, em tradução livre.] Esperamos que as coisas não sejam tão ruins assim nas corporações dos Estados Unidos, mas é importante para um líder lembrar-se de que, quando o assunto é criar cultura, não se trata daquilo que você diz que acredita; mas do que realmente faz — o que você demonstra como líder e, mais importante, o que você incentiva na cultura todos os dias. Não há nada que comprometa mais sua cultura do que dizer uma coisa e recompensar outra. Os humanos desenvolveram uma sensibilidade altamente apurada à hipocrisia em seus ambientes sociais.

Incentivos podem ser monetários, mas podem ser também muito mais do que isso. Às vezes, o simples reconhecimento da pessoa certa no momento certo pode ter um impacto maior do que cobri-la de bônus. Não podemos jamais subestimar o poder do reconhecimento autêntico. Se você recompensar genuinamente a criatividade, o pensamento novo e as ideias inovadoras, obterá mais do mesmo com o tempo. Se quiser uma cultura inovadora e criativa, certifique-se de construir esse DNA em seu sistema de incentivos frequentemente.

Incentive a competição saudável. Na Whole Foods, um dos motivos de nossas lojas sempre elevarem os padrões em termos de experiência do consumidor é que damos muita liberdade de inovação em nível regional e de loja. Cada equipe regional e de loja traz novas ideias à mesa, construindo e melhorando o que veio antes. Uma dinâmica competitiva saudável nasce, com cada equipe tentando superar as outras e trazer mais ideias inovadoras. As melhores são replicadas por toda a empresa, e aquelas que não funcionam somem. Darei apenas um de muitos exemplos: o bar de mochi — aquela colorida coleção de pequenas bolas de sorvete envoltas em mochi (massa de arroz doce japonês) — que costuma existir em nossas lojas tem sido um grande sucesso. Isso começou com a inspiração de colaboradores em uma localização específica. Começou naquela loja, e seu design foi replicado por toda a empresa.

Esta autonomia difundida inspira o espírito criativo de nossas equipes de modo que jamais teria acontecido se nossa sede corporativa ditasse o design exato de cada nova loja. Essa prática teve um papel importante no que diz respeito a tornar nossas lojas líderes do setor em termos de design. Entre na maioria das novas lojas convencionais hoje e verá influência da Whole Foods — sendo a imitação "a mais sincera forma de elogio".

A competição, como visto nesse exemplo, não é antiética à colaboração. Ela às vezes tem má reputação hoje em dia, com eruditos denunciando a cultura do salve-se quem puder, que o especialista em ética empresarial, Ed Freeman, chama de "Capitalismo Caubói". Mas a competição não precisa ser feroz. Há formas muitos produtivas e positivas de competição. Ao longo dos anos, a Whole Foods teve muitos concorrentes. Uma de nossas maiores rivalidades foi com a cadeia nacional Trader Joe's. Por muitos anos, Doug Rauch foi seu presidente, e nós dois acabamos conhecendo um ao outro muito bem. O Trader Joe's sempre adotou algumas de nossas inovações muito rapidamente, e tinha muito dele que nós copiávamos. Mas Doug era, acima de tudo, um líder honrado, e seu impulso competitivo não somente melhorou a Whole Foods, como acredito que os consumidores por todo o país se beneficiaram da rivalidade. Ambas as empresas se beneficiaram também. Doug se aposentou em 2008, e, ao longo da última década, nossa competição se tornou cooperação, pois Doug serviu por muitos anos como CEO da organização Conscious Capitalism. Quando líderes honrados competem, não são só as empresas que ganham.

A competição pode ser um estímulo saudável para a inovação, interna e externamente. Veja o que Peter Diamandis está fazendo com sua X Prize Foundation. Ele está usando a competição, com prêmios financeiros significativos para o ganhador, para incentivar a inovação em áreas que oferecerão grande benefício à sociedade. Desde os primeiros US$10 milhões que a X Prize anunciou, em 1996 (para a primeira organização não governamental a lançar um foguete reutilizável no espaço dentro de duas semanas — foi ganho em 2004), a X Prize Foundation continuou oferecendo competições em áreas como saúde, tecnologia, educação, exploração, clima e mais.

Comece uma conspiração. John Street, um empreendedor em tecnologia de Colorado que construiu diversas empresas bem-sucedidas ao prever tendências de TI, tem uma visão interessante do casamento entre criatividade e colaboração. Ele sugere que organizações verdadeiramente inovadoras têm um certo "elemento conspiratório" em sua cultura. Há uma ideia de que todos os colaboradores têm um segredo, uma oportunidade que o resto do mundo ainda não reconhece ou vê. A equipe ou a empresa sente o senso de criatividade e autonomia que vem da quebra das regras estabelecidas, mas o compartilhamento daquela "conspiração" também cria um laço importante. Ele apela ao lado positivo de nossa natureza tribal, à necessidade de comunidade, conexão e colaboração. E isso se soma ao senso de empolgação e à sensação de que todos têm participação no sucesso da missão compartilhada.

Como Street consegue isso em suas empresas? Comunicação é a chave, explica: os colaboradores de hoje querem contexto. Não se pode começar uma conspiração se as pessoas não se sentem inseridas. Elas precisam entender mais do que *como*; precisam saber *por quê*. Precisam entender os objetivos globais da empresa e como elas se encaixam. Elas trabalham de forma mais eficaz se tiverem participação na iniciativa e, ainda que parte disso seja financeira, é também social.

No livro *Play Bigger* [Seja Maior, em tradução livre], os autores reiteram esse ponto quando apontam que as empresas mais bem-sucedidas tendem a ser "reis da categoria".[6] Eles definem uma nova categoria de mercado e têm um "ponto de vista" forte sobre como exatamente estão alterando o espaço do mercado para melhor. A Whole Foods tem um ponto de vista sobre alimentação saudável; está embutido em todas as lojas que abrimos. A Salesforce tem um ponto de vista forte sobre softwares. O Airbnb tem um ponto de vista forte sobre viagens e hospitalidade. Em outras palavras, conspirações têm uma história que cria uma visão de mundo compartilhada, um conjunto interno de pontos de toque que unem um grupo e inspiram seu trabalho. Ele define até uma membrana cultural que identifica a tribo daqueles que estão dentro (e fora) desse projeto excitante. É por isso que negócios bem-sucedidos com culturas internas fortes costumam ser descritos como "quase seitas". É claro que isso pode ir longe demais, motivo pelo qual esse conselho deve ser equilibrado com o tipo de autonomia e liberdade criativa que descrevemos anteriormente. Mas, quando a "conspiração" de uma empresa se consolida, quando o "ponto de vista" é forte e claro, e quando o líder foi capaz de trazer sua equipe para dentro da penumbra emocional daquela experiência, ela inspira um tipo de inovação direcionada que pode ser muito criativa e poderosa.

Abrace o diferente. Se você está buscando inovação, provavelmente não a encontrará no núcleo do estabelecimento. A evolução genuína e a criação de novidades costumam acontecer nas margens, nas fronteiras, nas zonas intermediárias. Ela floresce nesses lugares onde diferentes padrões culturais se misturam, onde regras consolidadas e convenções têm menos peso, e onde a experimentação e a invenção podem acontecer livres de supervisão restritiva. Isso ocorre na evolução da vida, cultura e negócios. Há um motivo pelo qual uma das maiores formas de arte norte-americana, o jazz, foi desenvolvido em Nova Orleans, uma cidade de múltiplas culturas e estilos musicais misturados. Ambientes urbanos sempre foram palco para algumas das inovações mais notáveis na história enquanto culturas, pessoas e ideias se cruzam e sobrepõem em um caldeirão criativo e dinâmico de engajamento.

Como fãs de esportes, um de nossos exemplos favoritos sobre "aceitar o diferente" é a mudança profunda no basquete da NBA ao longo das últimas décadas para um estilo de jogo rápido, dinâmico e ousado. Essa inovação não surgiu totalmente formada no coração da ortodoxia do basquete, no vestiário dos L.A. Lakers, ou nas quadras de treino do Boston Celtics. Foi primeiro criada, cultivada e desenvolvida na liga italiana, na qual o treinador Mike D'Antoni experimentou estilos rápidos, longe do centro do universo do basquete. Ela acabou cruzando o Atlântico com D'Antoni para os "sete segundos ou menos" do Phoenix Suns, e finalmente encontrou sua maturidade no sucesso de times como Houston Rockets e Golden State Warriors. Hoje, tornou-se o estilo definidor da liga.

O mesmo princípio explica por que a península ao sul de São Francisco tornou-se tal centro de inovação, começando no final da década de 1960 e início da de 1970. Ela estava afastada o suficiente das instituições empresariais mais sérias da costa leste, menos presa às tradições, costumes e hierarquias sociais existentes no sistema corporativo norte-americano, mas ainda assim bem posicionada para beneficiar-se dos investimentos e do capital intelectual de Stanford e Berkeley. No canto sudoeste ensolarado da Baía, havia espaço para pensar mais livremente, experimentar mais abertamente, adotar novas atitudes organizacionais e reimaginar os negócios em um contexto de tecnologia. Garagens, porões e dormitórios tornaram-se locais de nascimento de HP, Intel, Google, Apple e tantas outras. Quase cinco décadas depois, após trilhões de dólares terem fluído de algumas startups iniciais, o Vale do Silício tornou-se o maior motor de riqueza econômica da história. Os forasteiros tornaram-se a autoridade, os bárbaros romperam os portões e montaram lojas dentro do castelo.

Hoje, dinheiro, poder e status fluem pela Bay Area como um gêiser de dinheiro infinito. Millennials felizes das maiores universidades caminham por campus futurísticos, esbarram em felizes acasos, desfrutam de praças de alimentação abundantes e jogam pingue-pongue depois do horário enquanto colegas engenheiros esboçam ideias inspiradas em quadros brancos do tamanho de paredes. As culturas resultantes são mais inovadoras? Talvez. Mas procurar inovação onde mais a esperamos encontrar costuma ser um disparate. "A história da inovação não mudou", alega o ex-CEO do Google, Eric Schmidt. "Sempre foi um pequeno grupo de pessoas que tem uma nova ideia geralmente não compreendida pelas pessoas a seu redor e seus executivos."[7] Pode-se imaginar onde o próximo grande ecossistema inovador de negócios encontrará suas próprias garagens, porões e dormitórios apócrifos nos quais incubará o futuro. No centro de instituições — em C-suites, escritórios de executivos ou reuniões do conselho — o conservadorismo reina mais naturalmente. Isso não é necessariamente algo ruim. Há momentos em que a institucionalização é essencial, períodos em que a centralização deve ser o principal objetivo para qualquer negócio ou organização. Só não espere que a inovação prospere nessas circunstâncias.

A inovação começa de fora e segue para dentro. A institucionalização começa no centro e se move para fora. Ambas são importantes, mas os líderes devem entender a diferença. Não é suficiente para líderes conscientes desejar, esperar e rezar pela visita regular de musas da novidade; eles devem prestar atenção às bordas e fronteiras de seus próprios ecossistemas empresariais, em que as ideias, processos e tecnologias disruptivas estão incubando a próxima revolução.

Muitas vezes, as empresas fazem mais do que simplesmente prestar atenção a suas disruptoras. Elas trabalham para literalmente criar aquela margem disruptiva entre si, montando equipes de skunkworks que podem operar fora dos padrões normais da instituição para desenvolver novos produtos e ideias. Um exemplo desta abordagem vem da bolsa de valores Nasdaq, sob comando do ex-CEO Bob Greifeld. Em seu livro *Market Mover* [Movimentador de Mercados, em tradução livre], Greifeld descreve como reconheceu a necessidade de um espaço protegido para projetos e iniciativas inovadores que não estivesse sujeito aos mesmos rigores econômicos que ele estava aplicando à organização como um todo. Em geral, ele recompensava conscientemente a disciplina fiscal, o corte de custos e a eficiência brutal. Mas esses incentivos, ainda que críticos para as reviravoltas organizacionais que ele estava realizando, iam de encontro ao espírito de inovação de mais longo prazo. Então ele montou o que chamou de "Conselho de Dádivas", que funcionava como um comitê de investimentos em uma empresa de capital de risco. Os colaboradores da Nasdaq apresentavam ideias de projetos inovadores, e aqueles considerados promissores recebiam investimentos e eram considerados independentes dos orçamentos operacionais dos propositores. Em outras palavras, seu sucesso ou fracasso não impactaria os resultados do departamento específico. "Isso pode parecer simples", reflete Greifeld, "mas, para uma grande empresa ligada à disciplina fiscal, era como tentar usar outro lado do cérebro. As métricas dos projetos do Conselho de Dádivas tinham que ser totalmente diferentes das métricas de nossas operações normais; ou então, a disciplina fiscal de nossa cultura devoraria esses novos projetos antes que pudessem mostrar seu verdadeiro potencial."[8] Nem todos os projetos foram bem-sucedidos, mas os que foram se tornaram os grandes condutores do crescimento futuro do negócio da Nasdaq. Esse é um lembrete para os líderes conscientes de sempre ter em mente a grande diferença entre criar novas coisas, novos produtos, novas empresas e novas categorias e a atividade de gerenciar essas coisas, produtos, empresas e categorias de modo produtivo e eficiente.

Reconheça a inovação enquanto ela acontece. "Patine para onde o disco estará, não onde esteve" — frase da estrela do hóquei Wayne Gretzky — tornou-se quase uma banalidade na indústria da inovação hoje em dia. Em outras palavras, uma pessoa deve antecipar o futuro, entender onde as tendências culturais e tecnológicas estão convergindo e criar produtos e serviços que se encaixem neste panorama emergente. (Para saber mais sobre a arte de prever em um mundo de mudanças exponenciais, veja o Capítulo 6.) A economista da Universidade College London Carlota Perez nos adverte a reconhecer que muitas soluções inovadoras "não advêm da simples imaginação, mas de identificar as tendências existentes na direção certa e acelerá-las".[9]

Uma empresa que realmente olha para o futuro está prestando atenção não apenas em seus concorrentes ou no mercado existente, mas na próxima transição de mercado ou mudança disruptiva. John Chambers, o aclamado CEO da Cisco Systems, que supervisionou a ascensão dessa gigante de soluções para redes a uma das grandes empresas de tecnologia de nossa era, reforça este ponto: "Quando acontece uma transição, você se concentra na transição, não em seu concorrente. Se você foca seus concorrentes, está olhando para trás."[10] Ao concentrar-se na direção que o mercado estava indo — que era um sinal de para onde a inovação estava indo — Chambers foi capaz de manter a Cisco à frente da curva por muitos anos, evitando erros e a rastejante obsolescência que vem de ficar na mesmice por muito tempo.

Um dos talentos de Chambers foi reconhecer quando a empresa havia cometido erros ou ficado para trás em uma transição de mercado. Ele não somente preferia restringir a concorrência da Cisco a setores onde era o primeiro ou segundo no ranking (seguindo o famoso conselho de Jack Welch), como estava disposto a reconhecer um fracasso e mudar rapidamente a direção quando os sinais de mercado indicassem uma mudança rápida. Um ótimo exemplo disso foi quando a Cisco comprou a câmera Flip, a famosa filmadora que dominou o mercado em 2008. Depois que a Cisco pagou mais de US$500 milhões pela empresa, veio o iPhone, com sua própria câmera de vídeo pronta e embutida. As câmeras Flip logo se tornaram obsoletas. Em 2011, apenas alguns anos depois de comprar a empresa, a Cisco a fechou completamente, reconhecendo seu erro. Eles não investiram quantidades crescentes de dinheiro nessa iniciativa nem perderam mais tempo esperando recuperar seus consideráveis custos irrecuperáveis. Eles seguiram adiante. Para qualquer empresa inovadora, o risco é parte da equação. Isso significa que ocasionais fracassos são inevitáveis. Ser capaz de reconhecer o fracasso, mudar a estratégia, seguir adiante rapidamente e não se prender a iniciativas malsucedidas permite que mais energia seja colocada em iniciativas verdadeiramente inovadoras e bem-sucedidas.

Mesmo que todos queiramos ter bolas de cristal, não podemos ser sempre aqueles que preveem ou criam o futuro. Novamente, a liderança consciente não tem a ver simplesmente com sermos inovadores. Às vezes, reconhecer a inovação transformadora de paradigmas quando ela está acontecendo, reconhecê-la e levar este valor adiante para os outros é tão importante quanto inovar. O Google começou bem atrasado no negócio de motores de busca, mas tinha de longe o melhor produto. O Facebook não inventou as mídias sociais, mas reconheceu sua enorme promessa e criou a melhor plataforma. A Whole Foods não iniciou o movimento de alimentos orgânicos e naturais, mas viu o potencial para um mercado muito maior de forma que quase ninguém mais viu.

O lendário investidor de risco Arthur Rock tinha jeito nesse aspecto específico da liderança. Ele não fundou a Intel ou a Apple; não conduziu o notório sucesso dessas companhias; não inventou o microprocessador ou o circuito integrado. E ainda assim ele teve um papel indispensável em tudo isso. Sua genialidade particular estava na capacidade de reconhecer e valorizar as inovações disruptivas que estavam acontecendo ao sul de São Francisco nos anos de 1960 e facilitar seu nascimento. Ele levou capital e experiência empresarial à Costa Leste, que até então era o Velho Oeste do mundo empresarial, atuando como "expansor de fronteiras" — alguém capaz de atuar na fronteira entre dois mundos e geralmente criar algo maior na interação. Ele não era um inventor brilhante ou um visionário tecnológico, mas, à sua maneira, tinha um grande impacto nas empresas que foram fundamentais no nascimento do Vale do Silício. Ele estava rodeado por muitas grandes estrelas como Gordon Moore, pai da indústria de semicondutores; Robert Noyce, cofundador da Intel e um dos grandes empresários visionários; e Andy Grove, CEO linha dura de longa data da Intel. Mas Rock era o maestro nos bastidores, ajudando todas as peças a funcionarem juntas. Mais tarde, ele foi um contribuinte-chave na ascensão da Apple, fornecendo a dois jovens desconhecidos chamados Steve Jobs e Steve Wozniak seu primeiro grande investimento e ajudando a transformar as visões de Jobs e o talento de Wozniak em engenharia em uma empresa funcional e viável. Rock sabia reconhecer líderes criativos com propósito e visão; sabia que grandes empresas têm grandes propósitos e que a verdadeira inovação é muito mais importante para o sucesso do que o motivo de lucro sozinho. "Se estiver interessado na construção de um negócio para ganhar dinheiro, esqueça. Não vai ganhar", mencionou Rock uma vez acerca de seu estilo de investimento. "Se estiver interessado em construir uma empresa para contribuir com a sociedade, então vamos conversar."[11]

> **PRATICANDO INOVAÇÃO: Caça da Grande Ideia**
>
> A empresa de investimentos Motley Fool é conhecida por sua cultura inovadora e divertida. Uma das formas como ela mantém as ideias fluindo é uma prática que batizaram de a Caça da Grande Ideia. Eles se dividem em equipes, cada uma com um objetivo: visitar outra empresa ou organização (geralmente a algumas horas de distância da sede) e voltar com ao menos uma ideia ou prática nova. Então eles fazem um vídeo das descobertas de todos e transmitem para toda a empresa. Isso conecta as pessoas, as tira de seu ambiente familiar e insere em uma nova perspectiva. Além de ser uma maneira fantástica de extrair verdadeiras pepitas de sabedoria e descobrir soluções inovadoras que outras empresas podem estar implementando com sucesso. A Caça da Grande Ideia é ela mesma uma grande ideia.

REPENSANDO O DESIGN ORGANIZACIONAL

Quando pensamos em inovação, geralmente focamos produtos ou serviços. Mas a inovação também pode fazer maravilhas no design fundamental de uma empresa — transformando a estrutura e a cultura de tal forma a liberar suas capacidades criativas para servir seus stakeholders. Nas últimas décadas, vimos uma onda crescente de experimentação com design organizacional e um afastamento da estrutura tradicional em favor de abordagens mais fluidas.

Durante boa parte da história humana, designs padrão para grandes organizações têm sido altamente burocráticos, com o poder concentrado no topo. Elas se baseiam em hierarquias de "comando e controle" obtidas da cultura militar. O comando e controle é uma forma de responder às perguntas: como fazemos muitas pessoas remarem na mesma direção? Como estabelecemos comunicação e autoridade claras e hierárquicas dentro de uma organização grande e complexa? Essa estrutura ajuda a garantir controle, consistência e padronização, e, ainda que tenha seus defeitos, há muitas razões pelas quais esse era provavelmente o design organizacional mais eficiente em uma época em que o mundo mudava muito devagar e a inovação era rara. Mas, hoje, enquanto organizações governamentais ainda tendem a reter a hierarquia burocrática, as empresas estão evoluindo rapidamente e afastando-se desse design organizacional. Novas estruturas estão se mostrando necessárias para acompanhar o ritmo inédito de mudanças na tecnologia e em panoramas competitivos. A hierarquia burocrática é simplesmente muito lenta para ser bem-sucedida.

Então como desenvolvemos culturas auto-organizadoras, dinâmicas e de rápida iteração? Como distribuímos o tipo certo de autonomia inteligente e solucionadora de problemas pela organização, mesmo quando todos participamos de uma missão compartilhada e nos movemos em uma direção comum? Para responder a essas perguntas, precisamos fazer muito mais do que comandar e controlar. Precisamos *criar e colaborar.* Precisamos de uma organização que seja projetada para dar às pessoas a liberdade de inovar e prosperar criativamente enquanto também oferece uma estrutura dentro da qual elas possam colaborar efetivamente para institucionalizar e operacionalizar ideias.

Equilibrar esses dois imperativos não é tarefa fácil. Sempre que os humanos se organizam socialmente em grupos grandes ou pequenos, inevitavelmente formam fortes padrões culturais, e, conforme esses padrões começam a se perpetuar e replicar automaticamente, é fácil que certa inércia institucional se instale. A cultura, em outras palavras, reforça a si mesma. Toda organização tem o equivalente a um sistema imune que rejeita novas ideias que não se encaixam no paradigma organizacional dominante. Mas a verdadeira criatividade exige o oposto — questionar a "forma como as coisas são", sugerir novas direções e desafiar o status quo. O filósofo Arthur Koestler uma vez chamou a criatividade de "um ato de libertação — a derrota do hábito pela originalidade".[12] Criatividade e inovação geralmente movem-se em ângulos retos aos ventos predominantes. Então, se a criatividade vai prosperar na cultura da empresa, além da inspiração de algumas pessoas no topo, os líderes precisam repensar a forma como estruturam suas organizações para permitir autonomia e tolerância a experimentações.

Inspiradas por métodos como lean manufacturing e gerenciamento de projetos e desenvolvimento de softwares Agile, muitas empresas e pensadores empresariais hoje começaram a fazer exatamente isso. Rejeitando o controle hierárquico, eles estão reinventando as organizações para serem mais "autogerenciadas" ou "auto-organizadas". Ainda que variem enormemente, a maioria dessas abordagens envolve alguma forma de estrutura interligada construída sobre equipes autodirigidas.

Na Whole Foods Market, por exemplo, organizamos nossa empresa em torno de equipes interconectadas. Todos que trabalham na Whole Foods são membros de uma ou mais equipes. Cada uma de nossas lojas tem diversas equipes especializadas em diferentes áreas do atendimento ao cliente, como hortifrúti, carnes, frutos do mar, alimentos preparados, mercearia, especialidades, beleza e atendimento ao cliente/frente de loja. Embora cada equipe tenha papéis e responsabilidades de trabalho específicos, nós incentivamos todas elas a apoiar e ajudar umas às outras quando necessário. Acreditamos que a formação cruzada de habilidades de trabalho entre equipes também seja importante para melhorar o atendimento ao cliente e a satisfação com o trabalho.

A chave do sistema organizacional da Whole Foods é que cada equipe é capacitada e altamente autogerenciável, enquanto está proximamente conectada a todas as outras equipes de cada loja. Cada loja é membro de uma de nossas 12 equipes regionais, e todas as equipes regionais são membros de nossa equipe de liderança global. Equipes, equipes, equipes — em todo lugar! A Whole Foods tem hierarquia, mas até aqui conseguimos não ser extremamente burocratizados, apesar de hoje empregar mais de 100 mil colaboradores. Isso nos permitiu criar uma ótima cultura de cuidado com nossos colaboradores e consumidores, enquanto realizamos nosso propósito maior como empresa e somos financeiramente bem-sucedidos.

Há muitos outros exemplos fascinantes de novos designs organizacionais que estão funcionando bem e entregando ótimas culturas e inovação. As maiores e mais inovadoras empresas de tecnologia — Apple, Amazon, Google, Microsoft, Netflix, e outras —, cada uma à sua maneira, rejeitaram as hierarquias burocráticas típicas nas quais a maioria das empresas operavam há apenas 50 anos.

Uma de nossas empresas irmãs na Amazon, a Zappos, tem um dos designs empresariais mais interessantes e inovadores do mundo hoje. O CEO da Zappos, Tony Hsieh, inspirou-se na Holacracy, criada pelo ex-engenheiro de softwares Brian Robertson, que oferece às empresas um novo "sistema operacional" abrangente para substituir a hierarquia tradicional. A Zappos trabalhou lado a lado com a empresa de consultoria de Robertson, a HolacracyOne, para implementar o sistema, mas também desenvolveu as ideias da Holacracy para adequar-se melhor à cultura única e especial da Zappos. O resultado tem sido minimizar a hierarquia burocrática enquanto cria equipes auto-organizadas e autogerenciadas empoderadas. Isso aumentou suas habilidades de inovação enquanto também os ajudou a suplicar seu comprometimento com um excepcional atendimento ao cliente.

Há muito que um líder consciente pode aprender das diversas abordagens a um novo design organizacional, independentemente de escolher ou não adotar tal sistema totalmente. Qualquer organização que queria sobreviver e prosperar hoje e amanhã precisará encontrar novas formas de ser adaptável e inovadora em seus processos de tomada de decisão. E qualquer líder que adote um espírito de serviço deve se concentrar em capacitar suas equipes em vez de simplesmente exercer autoridade sobre elas. Uma abordagem descentralizada ao gerenciamento pode revelar e liberar a criatividade em todos os níveis de uma organização, incentivando as pessoas a tomarem decisões e iniciativas ao retirar os gargalos de burocracia e gerenciamento.

Ainda que criatividade, capacitação e autonomia sejam coisas boas, muito de uma coisa boa pode acabar sendo um problema. Existem momentos em qualquer empresa em que todos simplesmente têm que estar alinhados e seguir adiante em sincronia, quando a capacidade de colaborar lado a lado, seguir orientações e cumprir uma missão comum é essencial. Lembre-se de que a hierarquia não é inerentemente ruim; e nem a ausência de hierarquia inerentemente virtuosa. Todo líder consciente deve estar atento ao meio-termo dinâmico entre criatividade e consistência, autonomia e colaboração, hierarquia e capacitação, originalidade e institucionalização.

Como sempre, a luz guia do líder consciente deve ser o propósito: *como posso estruturar e liderar minha organização de modo que as melhores decisões sejam tomadas a serviço de nosso propósito?* Às vezes, uma hierarquia clara e um líder assertivo são o melhor ajuste. Outras vezes, uma abordagem altamente distribuída e baseada em equipes pode ser o ideal. Seja qual for o caso, podemos ter essas novas abordagens em mente e buscar por modos adequados de capacitar as pessoas, reduzir a burocracia, simplificar processos e aumentar a agilidade organizacional.

ADOTE A HUMILDADE COMO VANTAGEM COMPETITIVA

A parte maravilhosa da inovação é que ela pode vir de qualquer lugar — e provavelmente virá. Você nunca sabe de onde surgirá a próxima ideia revolucionária, a nova técnica fantástica ou o novo avanço organizacional. Se não for no seu escritório ou em outra sala do corredor, não ignore. Muitas das empresas mais bem-sucedidas não são apenas inovadoras; elas são rápidas seguidoras. Elas imitam e também inovam. (E, se não puderem fazer nenhum dos dois, costumam adquirir outras empresas que possam. Existe um motivo pelo qual algumas das empresas de tecnologia mais importantes do mundo são compradoras em série; elas não estão apegadas a inovações internas.) Líderes conscientes estão sempre de olho em busca das melhores ideias, onde quer que surjam.

Para fazer isso, precisamos superar nosso próprio ego pessoal e organizacional. Não importa o quão inteligentes sejamos — muito orgulho organizacional pode destruir o sucesso em um piscar de olhos ao interferir na avaliação clara de oportunidades e ameaças. Isso costuma ser chamado de síndrome do "não inventado aqui". Esta pode ser uma forma de cegueira sutil, mas perigosa, que infecta até organizações muito bem-sucedidas.

Na verdade, pode ser especialmente difícil vacinar-se contra esse mal em organizações altamente criativas que estejam acostumadas a ser a fonte de suas próprias inovações. Às vezes, as equipes (e líderes) mais inovadoras são as mais suscetíveis ao ego organizacional. Elas ficam apegadas a seus próprios processos e abordagens e se perdem em suas próprias visões. Perdem de vista novas direções, não conseguem conectar-se às necessidades de consumidores ou mercados, ou perdem importantes revoluções que estão acontecendo a seu redor. Um líder consciente preocupa-se mais com a inovação e criação de valor em si do que exatamente com *quem* as fez, *onde* as fizeram, ou *como* aconteceram. Seja ágil e flexível. Esteja pronto para pivotar. Espere surpresas. A humildade em um líder e em uma organização é uma vantagem competitiva poderosa.

O que é verdadeiro para uma organização é duplamente verdadeiro para um indivíduo. Nada interfere na inteligência criativa de uma equipe mais do que a arrogância indevida de um líder. Se quiser ter uma equipe criativa, a primeira regra é que você precisa ser capaz de interagir com um grupo ou equipe de forma relativamente livre de ego. Uma pessoa arrogante reage a críticas e discordância com uma resposta instintiva "eu estou certo e você está errado". Ela briga por sua posição com uma atitude reativa e defensiva. Uma pessoa humilde está disposta a ouvir e considerar um feedback legítimo. Como Ray Dalio, ex-CEO da Bridgewater Associates, o maior fundo especulativo do mundo, explica, eles deixam de dizer "Estou certo" para perguntar "Por que acho que estou certo?".[13] Uma pessoa humilde quer fazer o certo mais do que quer *estar* certa. Como líder, a pessoa tem que modelar isso, incentivar isso e até insistir nisso. A verdade e boas ideias surgem de diversas formas, algumas altas e fortes, outras mais quietas e modestas. Um líder consciente está sempre ouvindo as melhores abordagens, os argumentos mais sensíveis e as ideias criativas.

Humildade não significa não ter confiança ou evitar opiniões fortes. Mas é fácil para um líder organizacional sentir-se confortável em uma bolha e acostumar-se a um fluxo constante de afirmação. Você pode se acostumar a ouvir o som de suas próprias ideias refletidas com elogios, mas o velho ditado é real: "Se você é a pessoa mais inteligente do ambiente, está no ambiente errado." Quanto mais alto você chega na escada organizacional — na verdade, em qualquer escada ou estrutura de poder — mais deve assumir a responsabilidade de não viver em uma bolha de afirmação.

FOCO NA CRIAÇÃO DE VALOR

Se você conseguir implementar ao menos algumas das sugestões acima, pode ter certeza de que a nascente da inovação começará a fluir. Mas lembre-se, uma empresa não pode viver apenas de inovação. Se não conseguir fazer o trabalho extra para criar valor real para stakeholders e clientes, é improvável que prospere verdadeiramente. É por isso que dizemos "inovar *e* criar valor". Um exemplo clássico é a lição da Xerox PARC, o outrora famoso laboratório de pesquisa da poderosa Xerox Corporation que inventou algumas das tecnologias fundamentais dos últimos 50 anos, incluindo a impressora a laser e a interface de usuário gráfica. Mas eles foram incapazes de operacionalizar suas criações em negócios bem-sucedidos. Em vez disso, seus produtos tornaram-se alimento para uma grata geração de startups que tirou vantagem rapidamente e construiu empresas de nível mundial com base nessas ideias — empresas como Apple, Microsoft e 3Com.

Não se esqueça de criar valor. É muito comum que os inovadores não tirem total vantagem de sua própria genialidade. Mas como líder você pode fazer algo a respeito disso. Você pode reconhecer a genialidade, incentivá-la, alimentá-la, testá-la e, mais importante, operacionalizá-la. E pode lembrar-se de que a inovação em um contexto empresarial jamais existe em um vácuo de pesquisa. Novos produtos e serviços devem sempre criar valor real no mercado, resolver problemas de clientes, oferecer novos serviços, ou de alguma outra forma adicionar um valor tremendo ao contexto da troca voluntária. Essa é a alquimia essencial que molda o valor econômico e social a partir do material bruto da criatividade.

Em um contexto não empresarial — como uma organização não governamental ou sem fins lucrativos — pode-se concentrar mais em adicionar valor social em vez de valor econômico, mas o ponto essencial não é diferente. Bruce Friedrich já foi ativista do grupo dos direitos animais PETA, trabalhando incansavelmente para promover o bem-estar animal, tentando fazer as pessoas pararem de comer uma dieta baseada em carne. Como vegano, Friedrich acabou chegando à conclusão de que sua abordagem confrontativa era ineficiente. Ele ainda acreditava na ideia, mas não estava criando muito valor.

Então deu um tempo, refrescou as ideias, reconsiderou suas opções e teve um insight. Em vez de mudar a mente das pessoas, por que não mudar o alimento disponível? Isso exigiria mais do que ativismo; exigiria inovação. Hoje, o Good Food Institute de Friedrich é uma das organizações mais ativas no apoio ao crescente negócio das alternativas plant-based aos alimentos baseados em produtos animais, mudando práticas da indústria, conectando investidores à startup de tecnologia alimentícia, iniciando fundos de investimento, e em geral mudando a conversa sobre o que é possível quando se trata de mudar nosso relacionamento com a agricultura animal.

Quando falamos sobre criar valor, também é importante lembrar que nos referimos a valor para todos os stakeholders em um negócio, não somente os consumidores. A inovação nem sempre deve ser voltada somente para o consumidor. Na verdade, algumas das empresas mais bem-sucedidas e inovadoras, muitas no espaço tecnológico, descobriram isso da pior maneira. Depois de experimentar um crescimento extraordinário nos últimos anos, elas se depararam com uma enorme resistência de alguns de seus outros constituintes relevantes — comunidades locais, colaboradores, órgãos reguladores, fornecedores etc. — em parte porque não estavam dando a devida atenção a todos os stakeholders em seu ecossistema empresarial. Hoje, obviamente, as empresas disruptivas têm impacto social. Elas mudam o status quo, tiram outras do negócio. Elas podem até mudar a forma como vivemos. Jamais farão todos felizes; esta é a consequência inevitável da verdadeira inovação. Mas também é importante lembrar que encontrar meios de realmente criar valor para os muitos stakeholders do negócio, e fazer o possível para inovar em métodos para tal, não é apenas a coisa certa a se fazer como também pode trazer enormes dividendos com o tempo. Se seus fornecedores o valorizam, farão o possível para trabalhar com você em termos favoráveis. Se os colaboradores têm uma experiência amplamente positiva de sua vida profissional, se tornarão seus melhores embaixadores. Se sua comunidade tiver sentido os benefícios positivos de sua presença, estará mais inclinada a apoiá-lo, mesmo quando suas relações-públicas esbarrarem em dificuldades (e esbarrarão).

A INOVAÇÃO PODE ACONTECER EM QUALQUER LUGAR

Às vezes, precisamos de lembretes de que a inovação pode acontecer nas áreas menos esperadas da economia. A empreendedora Miki Agrawal encontrou inspiração olhando exatamente para as áreas da vida que ninguém quer tocar — menstruação e cocô. Como ela diz: "Se você vai mergulhar em algo e passar todo o seu tempo ali, pode muito bem mergulhar em um problema bem grande." O que chamou a atenção de Agrawal foi que a categoria de higiene feminina não tinha sofrido nenhuma inovação real em meio século, e toda categoria de produtos era composta por absorventes externos e internos e coletores menstruais. Além disso, pouco havia mudado na categoria de toalete por pelo menos um século. Então a empresa que ela fundou com sua irmã gêmea, Radha, chamada Thinx, se empenhou em desenhar roupas íntimas para o período menstrual que fossem fáceis de usar, mais confortáveis e feitas com conceitos modernos de sustentabilidade em mente. Seu outro empreendimento, Tushy, está tentando reinventar a categoria de toalete com um bidê barato e bom para o meio ambiente focado nos millennials que pode cair no gosto de um mercado norte-americano que jamais adotou a abordagem europeia.

Para não ser ultrapassada por sua irmã, Radha Agrawal decidiu que queria inovar na ideia de comunidade. Aos trinta e poucos anos, ela frequentava uma conhecida casa noturna de Nova York, mas, uma noite, enquanto jantava falafel às 4h da manhã, ela examinou longa e rigorosamente sua real experiência da cena — as drogas, a fuga, a falta de alegria e conexão. Ela certamente podia criar algo melhor. Para uma geração de millennials sedenta por mais conexão e comunidade, ela começou a imaginar "novos contêineres de pertencimento". A solução dela foi um movimento que mudou a ideia tradicional de vida noturna em sua cabeça. Em vez de tarde da noite, seria cedo pela manhã. Em vez de movida a droga, seria sóbria. Em vez de ser cansativa e terminar em sono, seria energizante e terminaria em trabalho. Ela batizou de Daybreaker. Saudando o dia com danças, ioga, poesia e outras formas de conexão interpessoal, o Daybreaker tem sido um sucesso ao redor do mundo, inspirando centenas de milhares de pessoas em mais de 30 cidades a saudarem o dia com uma experiência de comunidade. Ela chama a experiência de DOSE — que significa uma dose de dopamina, ocitocina, serotonina e endorfinas. Um belo coquetel para começar o dia.

Um popular aforismo empresarial contemporâneo diz: "Sua margem é minha oportunidade." É também verdade que, às vezes, "sua área negligenciada é minha oportunidade". Às vezes, essas áreas que não foram tocadas por anos, se é que já foram, estão prontas para a mudança. As gêmeas Agrawal são lembretes de que a inovação não vem necessariamente na forma de um novo dispositivo complicado. Sempre há espaço para modelos de negócios únicos e missões não convencionais que acabam se encaixando no ritmo do dia. Os campos de criação de valor se ampliam até onde nossa imaginação pode acompanhar.

KIT DE FERRAMENTAS DO LÍDER CONSCIENTE

O Possível Adjacente

Como podemos prever oportunidade, reagir a tendências, investir no futuro e fazer planos eficientes em um panorama econômico que muda com tal velocidade e poder disruptivo? É uma tarefa assustadora para qualquer líder, mas existe uma importante ferramenta mental contida no trabalho do teórico de complexidade Stuart Kauffman que ajuda. Chama-se o "possível adjacente". Kauffman desenvolveu o conceito com base em sua observação de agentes biológicos para definir um espaço de futuros possíveis que são "adjacentes" à realidade corrente. Quais potenciais autenticamente concebíveis de médio prazo cercam qualquer situação?

Para entender esse conceito, pode ser útil considerar aquilo que *não* está no possível adjacente. Se tentar progredir muito rapidamente para o futuro, pular muitos passos além de sua posição atual, excederá o possível adjacente. Por exemplo, levantar 200 quilos no supino está muito fora do possível adjacente de qualquer um dos autores! Mas talvez levantar 100 quilos, tornar-se um golfista veterano ou até mesmo atravessar a pé a Pacific Crest Trail poderia ser possível.

O escritor Steven Johnson descreve a ideia do possível adjacente de forma sucinta em *De Onde Vêm As boas Ideias*. "A frase capta tanto os limites quanto o potencial criativo da mudança e da inovação... O possível adjacente é um tipo de sombra de futuro, pairando nas margens do estado atual das coisas, um mapa de todas as formas em que o presente pode reinventar-se."[14]

Em um ambiente dinâmico, onde é difícil enxergar além de determinados horizontes de evento no panorama econômico, a ideia do possível adjacente pode ser poderosamente esclarecedora. Ela nos incentiva a espreitar o futuro *possível* e saber quais jogadas de xadrez estão imediatamente disponíveis e quais precisam esperar mais dois ou três passos adiante. Ela nos ajuda a distinguir um passo à frente pragmático e possível de um salto ilusório e imprudente. Na verdade, grandes líderes geralmente usam essa ideia instintivamente, mesmo que não tenham um nome para ela.

Qual é o possível adjacente de sua própria equipe, empresa, tecnologia ou organização? Uma parte significativa da liderança é ser capaz de ver o possível adjacente, reconhecer um futuro desejado e conquistável, e criar um caminho adiante para você e sua equipe chegarem lá. E lembre-se, a cada passo adiante, o possível adjacente também muda. Suas fronteiras se expandem mesmo quando você as busca. Novos potenciais, que antes estavam escondidos, tornam-se disponíveis. Nas palavras de Kauffman, cada incursão no possível adjacente "aumenta a diversidade do que pode acontecer a seguir".[15]

Em um mundo dinâmico e globalizado onde contemplar o futuro pode ser assustador, essa ferramenta poderosa, mas simples, pode reter nossa atenção no que é mais importante, ajudando líderes conscientes a fazerem a conexão essencial entre as realidades de hoje e as possibilidades de amanhã.

6

PENSE NO LONGO PRAZO

A característica típica de nosso tempo é o ritmo da mudança. Depois de 13,5 bilhões de anos de evolução, a mudança se tornou hiperfundamental em nossa existência. O mundo está mudando mais rápido do que as empresas conseguem se tornar resilientes.

— GARY HAMEL[1]

HALLA TÓMASDÓTTIR ESTAVA ficando insatisfeita. Não com seu emprego, exatamente — ele era ótimo. Ela trabalhava na PepsiCo, subindo a escada corporativa em uma das principais empresas do mundo. Antes da Pepsi, ela tinha trabalhado para a Mars, uma enorme empresa privada conhecida por sua forte cultura orientada por valores. Ambas influenciaram seu estilo de liderança, mas, conforme a virada do milênio se aproximava, nenhuma havia sido capaz de satisfazer um sentimento vago de que ela queria mais de suas opções de carreira.

Halla sempre fora independente. Isso é parte do que levou consigo para os Estados Unidos, ao deixar a Islândia para frequentar a Universidade de Auburn. Uma jovem trabalhadora, ela ajustou-se bem à vida nos EUA e à escola em Deep South. Naquela época, lembra, ela podia "superar os homens no trabalho de dia e na bebida à noite". Depois de receber seu MBA, Halla tinha ficado nos EUA pelas oportunidades, que não se comparavam a nada em seu país natal. A Pepsi, afinal, tinha mais colaboradores em seu quadro do que cidadãos na Islândia! Ela era grata pela experiência, mas, em algum momento, como muitos novos líderes conscientes, ela começou a sentir que havia algo mais significativo para ela que sua vida e carreira. E vender mais refrigerante ao redor do mundo não parecia o caminho para descobri-lo. Enquanto ela desenrolava esta linha de significado, seu compromisso com a corporação nos Estados Unidos começou a se desfazer. Era hora de ir para casa.

Na Islândia, Halla encontrou as primeiras pistas de um propósito maior — não no relativamente pequeno setor corporativo da Islândia, mas na academia. Ela liderou uma iniciativa revolucionária na Universidade de Reykjavik ensinando habilidades de capacitação e empreendedorismo a mulheres. Essa era uma chance de ter um impacto real, e ela a aproveitou. Isso também lhe deu voz no pequeno país. Logo a câmara de comércio da Islândia a convidou a se tornar sua CEO, um emprego altamente lucrativo que a colocou no centro da comunidade empresarial nacional, que na época estava passando por uma enorme transformação.

Durante boa parte de sua história moderna, a Islândia foi conhecida por sua indústria pesqueira e pela fundição de alumínio — uma indústria de alto consumo de energia que tirou vantagem do baixo custo da energia geotérmica no país. Mas, nos anos anteriores à crise financeira, a Islândia passou pelo maior crescimento e queda per capital de toda a história econômica do mundo, motivada pela enorme bolha do setor financeiro. Quando Halla assumiu a liderança da câmara de comércio em 2006, os ativos do setor financeiro somavam mais de 4 vezes o tamanho do PIB da Islândia. Quando o estouro chegou em 2008, tinha inflado para mais de 10 vezes. (Em comparação, a Suíça — um país alicerçado em bancos — tinha um setor financeiro apenas duas vezes maior que seu PIB.) "Era uma cultura viciada em pechinchas", lembra Halla. "Todas as empresas estavam crescendo simplesmente por pegar emprestado dinheiro barato e comprar outras empresas." Esse tipo de aumento de curto prazo do setor financeiro da economia tornou-se insustentável. Havia muitas dívidas, muito risco e muito ego. Todo o pequeno país parecia um pouco bêbado de dinheiro. Era difícil ignorar os sinais de uma bolha. Celebridades internacionais estavam recebendo quantias exorbitantes para falar em eventos. Pequenas empresas islandesas estavam comprando empresas europeias maiores. A pequena comunidade empresarial da Islândia — composta principalmente por homens — parecia ter perdido seu fundamento. Parecia que ninguém estava focado em construir valor econômico sustentável de longo prazo. Em sua posição, Halla tinha uma plataforma e uma voz, então se pronunciou.

As pessoas falam em dizer a verdade no poder, mas para Halla era mais como falar a verdade ao vento. Parecia que ninguém se importava ou ouvia. "Era como estar em uma festa incrível à meia-noite e tentar fazer todos pararem para não termos ressaca de manhã. Ninguém quer alguém assim na festa!"

Enquanto lutava para ser ouvida em meio ao frenesi de enriquecer rapidamente, ela descobriu um ouvido receptivo em uma colega, uma executiva do setor bancário que compartilhava de suas preocupações. Um desabafo noturno regado a vinho evoluiu para algo mais — um plano para uma abordagem alternativa. Se a Islândia estava experimentando um surto de curto-prazismo insustentável e obcecado por crescimento orientado por um mundo corporativo dominado principalmente por homens, elas decidiram criar um contraponto: uma empresa de investimentos para mulheres, orientada por valores, focada no longo prazo e repleta de propósito, guiada por lucro e princípios. Para Halla, parecia que tudo em sua vida — sua experiência corporativa, seu tempo ensinando jovens mulheres, seu conhecimento em negócios na Islândia e sua preocupação com o futuro do país — a tinham levado até ali. Ela foi capaz de destacar uma face diferente do capitalismo, uma que colocava o propósito em primeiro lugar e se concentrava na criação de valor no longo prazo.

Halla e sua colega não mudaram a trajetória de crescimento e queda da Islândia. Quando a queda veio, foi muito grande, e a ressaca foi desastrosa. Pessoas perderam tudo. O contrato social fora esticado até o ponto de ruptura. Em 2008, o primeiro-ministro foi à TV e pediu que Deus abençoasse o então país falido. Mas as clientes de Halla — muitas delas as mulheres ricas do país — já sentiam-se abençoadas. Sua empresa era um raro ponto luminoso em meio à carnificina. Seu fundo havia aconselhado as clientes a buscar águas mais calmas antes da recessão. Enquanto todos os outros estavam obcecados por lucrar hoje, elas estavam pensando em como construir para amanhã.

Agora, finalmente, as pessoas estavam prontas para ouvir Halla. Sua presciência e seus valores lhe deram nova influência na comunidade empresarial da Islândia, e além. Ela a usou para entregar a mensagem de negócios com propósito e criação de valor sustentável a longo prazo, chegando até a se candidatar a presidente da nação islandesa; ela não foi eleita, mas angariou mais de um terço dos votos. Seu caminho nem sempre fora reto ou bem demarcado, mas sua, antes fina, linha de propósito havia se desenvolvido em uma vida espessa de significado.

Nem todos os líderes têm a oportunidade de atuar em um conto moral tão rigoroso, mas, se vamos construir um negócio, uma economia, e até uma nação que gera prosperidade sustentável a longo prazo, então muitos dos mesmos princípios se aplicam. É imperativo vislumbrar um horizonte maior, entender a dinâmica da mudança e investir com um cronograma plurianual — chegando até a muitas décadas. Para fazer isso, devemos resistir à tentação sempre presente de maximizar os ganhos de curto prazo à custa de investimentos de prazo mais longo. É claro que o curto prazo é sempre uma parte importante do cenário — que jamais vai sumir. Mas, como na Islândia, quando começamos a ceifar o valor potencial de amanhã e gastá-lo hoje — na forma de dívidas significativas, insustentabilidade ambiental, ou truque financeiro — estamos restringindo e diminuindo as perspectivas de futuro. Como líderes conscientes, nosso objetivo deve sempre ser o oposto: aumentar e expandir o conjunto de oportunidades do amanhã tanto em termos econômicos quanto sociais. Podemos conseguir isso apenas ficando de olho no longo prazo. E, se não quisermos ser surpreendidos por eventos inesperados que estão aparentemente fora de nosso controle, seria bom também entender algo a respeito das dinâmicas de mudança na economia de hoje e, mais especificamente, nas forças tecnológicas que estão acelerando essas dinâmicas.

DESPERTANDO UMA VISÃO DE LONGO PRAZO

Uma das desvantagens do mundo dinâmico e de rápidas mudanças é que ele convida ao curto-prazismo, que pode ser ao mesmo tempo pernicioso e difícil de escapar. A necessidade de gratificação imediata nos negócios, mercados e finanças pode ser forte, motivada por um ciclo de notícias empresariais ininterrupto. Investidores querem resultados para ontem, e esperam períodos cada vez mais curtos entre visão e implementação. Em tal ambiente, é fácil perder de vista o que é mais importante. O líder consciente deve encontrar meios de mover-se em ângulos retos a tais interferências — para escapar do encanto das questões momentâneas e elevar sua visão para considerar um prazo mais longo, profundo e amplo. Ele tem que se livrar do feitiço da crise urgente ou da oportunidade imperdível desta semana e considerar intervalos de muitos anos, até mesmo décadas. Ele deve se libertar da tirania da demonstração trimestral de lucros e perdas e abraçar métricas mais expansivas para o sucesso. Ele tem que criar tempo e espaço em sua própria mente e nas mentes de suas equipes para outra forma de pensar, que seja mais adequada à criação de valor ao longo de anos, décadas e além. E, esteja avisado: pensar no longo prazo pode parecer solene e filosófico, mas, no contexto empresarial de hoje, em que os mercados financeiros orientam tantas das decisões de liderança, pode ser uma escolha perigosa, até subversiva. Isso poderia ameaçar seu emprego, sua empresa e mais. Mas esse é um risco que todos os líderes conscientes devem assumir se estiverem realmente dedicados a construir um capitalismo mais consciente.

Na Whole Foods, irritei-me com o foco de curto prazo de tantos nos mercados públicos que estavam concentrados primordialmente em uma subida rápida no preço das ações, e não na valorização das ações no longo prazo. Em particular, ressenti-me com a praga dos investidores ativistas — grupos de investimento que compram uma participação significativa em uma empresa e então a utilizam para pressionar o conselho a aumentar a lucratividade e o preço das ações no curto prazo. Como recordei no Capítulo 4, foram as ações de uma ativista assim, a JANA Partners, que levaram à nossa fusão com a Amazon — uma solução que encontrei para servir e proteger os interesses de longo prazo de nossa empresa e stakeholders da busca por lucros de curto prazo da JANA.

Outro líder que lutou repetidas vezes com acionistas ativistas foi Ron Shaich, fundador da fenomenalmente bem-sucedida cadeia de restaurantes Panera e um verdadeiro exemplar do capitalismo consciente. Poucos foram tão articulados acerca da importância do pensamento de longo prazo quanto Ron. Quando ele renunciou a sua posição como CEO em 2009, não foi porque não amava o trabalho. Mas sim pelas demandas da posição, que envolviam uma grande carga de atividades cerimoniais e relações públicas diárias. Como ele coloca: "Eu estava cansado de passar 20% do meu tempo dizendo às pessoas o que acabei de fazer, e 20% dizendo a elas o que estava prestes a fazer." Toda aquela energia estava desvalorizando o que ele achava mais importante: concentrar-se no desenvolvimento de longo prazo da empresa. Na verdade, a vantagem competitiva do pensamento de longo prazo foi uma das lições mais importantes que Shaich havia aprendido em seus muitos anos dirigindo o Panera, e o Au Bon Pain antes dele. Quando ele saiu da liderança do dia a dia para o papel de diretor executivo, finalmente teve tempo para considerar mais cuidadosamente horizontes de tempo mais longos.

O Panera era, há muito tempo, o exemplo da revolução dos restaurantes "fast casual", conquistando um crescimento notável que lhe permitiu ter um desempenho tão bom ou melhor que seus primos próximos Chipotle e Starbucks. Mas Shaich sabia que o segredo para aquele histórico tinha sido sua disposição de abraçar mudanças e investimentos transformadores que talvez tenham exigido alguns desafios no curto prazo, mas mantiveram a empresa criando valor no longo prazo. Novamente, ele achava que o Panera precisava daquele foco.

Quando as demandas de curto prazo do papel de CEO sumiram, ele foi capaz de concentrar-se nas maiores tendências do setor de restaurantes, inclusive o impacto cada vez maior da tecnologia. Às vezes, precisamos de tempo e espaço adequados para que tais preocupações venham à frente de nossa mente. O pensamento de longo prazo não é simplesmente uma torneira que pode ser aberta e fechada. É preciso dar-lhe espaço. É como acionar uma parte diferente do cérebro estratégico. Os pensamentos de Shaich germinaram, aos poucos, até que, finalmente, depois de uma viagem, ele entregou um memorando de 20 páginas sobre o que precisava acontecer para que o Panera fosse competitivo ao longo da próxima década: abraçar a tecnologia, um maior foco em saúde, um programa de fidelidade transformado, comida limpa e entrega. Ele o enviou e, depois de receber o apoio da equipe executiva, trabalhou para desenvolver um protótipo dessa nova visão.

Logo, Shaich estava de volta como CEO (o então CEO teve que renunciar por questões pessoais) com foco em implementação. Mas transformações demoram, e a postura "O que você tem feito por mim ultimamente?" de Wall Street nasceu de novo em sua mente. O preço das ações estagnou temporariamente, e investidores ativistas o cercaram, chegando a pedir que ele fosse removido como CEO. Por fim, os investimentos do Panera se pagaram, a empresa revigorada encontrou sua base e, sim, o preço das ações acabou refletindo aquele sucesso. Mas Shaich estava farto. Ele e o conselho concordaram em vender o Panera para uma empresa privada, na qual podia continuar a incubar um foco no longo prazo.

O ativismo de acionistas é uma das maiores ameaças ao florescente movimento do Capitalismo Consciente. É como um parasita que cavou seu caminho na própria estrutura do capitalismo financeiro, e, se não o erradicarmos, pode muito bem matar seu hospedeiro. Ao reconhecer isso, muitas pessoas propuseram mudanças legais e estruturais no mercado desenhado para desincentivar tal pensamento — de mudanças na estrutura tributária a reconsiderar o calendário trimestral de relatórios, e repensar os mercados público e privado totalmente. Algumas empresas adotaram o relativamente novo, mas muito bem-sucedido, padrão de certificação Benefit Corporation (B Corp [ou, Empresa B, no Brasil]), uma forma organizacional corporativa alternativa, hoje legal em 35 estados dos EUA e diversos outros países. As B Corps exigem legalmente que seus conselhos diretivos levem em consideração os interesses de múltiplos stakeholders, incluindo o impacto social e ambiental, e, ao fazer isso, elas incentivam o foco no longo prazo. Como Jay Coen Gilbert, fundador do B Lab, a organização sem fins lucrativos por trás do B Corps, coloca, estas novas organizações têm o potencial de criar mais "prosperidade durável" para mais pessoas, porque são "vacinadas contra o vírus do curto-prazismo".[2] Acreditamos que as B Corps sejam um excelente ponto de partida, mas serão necessárias muitas mais dessas inovações se quisermos realmente remodelar o capitalismo financeiro. Outro agente novo e interessante é a Long-Term Stock Exchange, fundada por Eric Ries, que está criando meios para as empresas acessarem mercados públicos sem as pressões e incentivos de curto prazo que geralmente acompanham tal movimento. Mas sejam quais forem os novos incentivos e estruturas evoluídas que criemos, elas não diminuirão a necessidade de líderes e equipes adotarem o pensamento de longo prazo como fundamento de sua própria abordagem aos negócios. Às vezes, isso vem facilmente, outras vezes, é extraordinariamente difícil, mas nosso sucesso em realizá-lo depende muito de como vemos a comunidade empresarial e nosso próprio papel como membro dela.

PRATICANDO O PENSAMENTO DE LONGO PRAZO:
Realize um "Pré-Mortem"

Nos negócios, geralmente falamos sobre "post-mortems", um apelido um tanto mórbido para a análise retrospectiva que os líderes usam para analisar o sucesso ou fracasso de um projeto. Mas e os pré-mortems? O fundador e CEO do Panera, Ron Shaich, diz confiar nisso para ajudá-lo a abordar mais estrategicamente o futuro de longo prazo ao trazer clareza ao que realmente importa em vez do que parece importante temporariamente. Um pré-mortem, explica ele, é a prática de olhar seu eu atual da perspectiva do fim de sua vida. Imagine-se

> em seu leito de morte, olhando para si mesmo hoje. Pergunte-se: *O que realmente importa? Com o que realmente me importo? Quais riscos vale a pena assumir? Quais medos não têm tanta importância? O que precisa ser criado?* É um exercício incrivelmente esclarecedor. Realize o pré-mortem regularmente em sua trajetória de vida. Se o fizer honestamente, sugere Shaich, a qualidade da sua liderança — e da sua humanidade — refletirão essa perspectiva de vida positiva de longo prazo.

CULTIVANDO PARA O INFINITO

Em nosso ambiente empresarial atual, é fácil perder de vista o que é necessário para construir uma empesa resiliente que seja focada no sucesso de longo prazo — que não esteja apenas reagindo às demandas do mercado competitivo, mas construindo uma cultura inovadora e adaptativa que possa prosperar no longo prazo. Essa distinção entre "ganhar" no curto prazo e construir para o longo prazo é a diferença entre o que alguns chamaram de "jogos finitos" e "jogos infinitos". Esses termos foram cunhados pelo acadêmico religioso James Carse, autor de *Jogos Finitos e Infinitos*. Para Carse, um jogo infinito é um jogo ilimitado cujo propósito não é simplesmente "ganhar", mas continuar o jogo. É uma iniciativa de longo prazo que continua mudando e se desenvolvendo conforme segue adiante. Um jogo finito, por outro lado, tem mais a ver com o cenário ganha-perde que discutimos no Capítulo 4, com limites definidos, regras específicas, uma linha de chegada e ganhador e perdedor evidentes.

Baseando-se nessa distinção, o livro de Simon Sinek *O Jogo Infinito* aponta que os negócios são um ótimo exemplo de jogo infinito. É ilimitado, nem sempre há vencedores e perdedores claros, e o próprio jogo está sendo reinventado infinitamente no longo prazo. Mas aqui está o ponto-chave: os líderes têm que decidir como vão jogar. Muitos líderes empresariais jogam jogos finitos — eles ficam bons em sair por cima em competições ganha-perde de curto prazo. Os melhores líderes e organizações, porém, jogam jogos infinitos, inventando e criando incansavelmente novas arenas de cooperação e competição. Como diz Sinek: "Jogos infinitos têm termos infinitos. Para ter sucesso no jogo infinito dos negócios, temos que parar de pensar em quem ganha ou quem é o melhor, e começar a pensar em como construir organizações que sejam suficientemente fortes e saudáveis para ficar no jogo por muitas gerações. Os benefícios disso, ironicamente, também tornam as empresas mais fortes no curto prazo."[3] A inovação no longo prazo é uma característica de uma mentalidade "infinita", como as culturas resilientes e bem-sucedidas. É possível ser bem-sucedido em jogos finitos e ainda assim fracassar nos infinitos, como mostrado pela Islândia antes da crise financeira.

Líderes conscientes precisam despertar para o jogo infinito que já estão jogando. De fato, boa parte das críticas sobre negócios e capitalismo hoje se concentram na forma como alguns buscam explorar o sistema e extrair riqueza dele para seus próprios interesses de curto prazo, geralmente à custa de outros stakeholders. No entanto, a resposta para o capitalismo ganha-perde, extrativo, de curto prazo, orientado ao finito, não é livrar-se das empresas ou do capitalismo como instituição. Mas fazer com que toda a instituição evolua por meio de nosso reconhecimento mais profundo de que esta é por natureza uma empreitada de longo prazo, até mesmo infinita. E, para isso, precisamos de líderes conscientes que estejam dispostos a se tornar mestres do pensamento de longo prazo.

Obviamente, também é importante reconhecer que o pensamento de curto prazo não pode ser totalmente descartado. Todos devemos fazê-lo. Ninguém escapa dessa realidade. As empresas devem prosperar no aqui e agora, mesmo enquanto criam valor ao longo de décadas. Devemos colher algumas safras para viver hoje, mesmo enquanto plantamos para o futuro. O truque está em encontrar o equilíbrio certo. Se simplesmente colhermos a energia, a inovação e os investimentos nos negócios que já foram criados, os dias da empresa estarão contados, independentemente do quão bem-sucedida seja no curto prazo.

Também existe um componente humano nesse desafio, motivo pelo qual o planejamento sucessório é parte essencial do trabalho de um líder consciente. Um momento de transição de liderança costuma ser arriscado mesmo nas melhores empresas, porque exige reconhecer que as habilidades necessárias para cultivar e guardar uma empresa para o longo prazo são diferentes daquelas necessárias para gerenciar a colheita abundante. Geralmente, um novo CEO chega depois que um fundador e inovador cria uma empresa extraordinária. Ele aborda muitas questões importantes: cortar custos, aumentar a eficiência e "fazer as coisas acontecerem". A empresa pode ter um desempenho melhor no curto prazo. Na verdade, se a empresa tiver uma trajetória suficientemente longa, essa abordagem pode gerar frutos por algum tempo. Mas, no fim das contas, a menos que esses líderes também sejam capazes de pensar no longo prazo — ou capacitar outros que sejam — e plantar sementes de investimento para o futuro, eles jamais serão administradores adequados para o negócio em um prazo mais longo.

Estamos convidando líderes conscientes a abraçar uma forma de pensar sobre tempo, mudanças e possibilidades que afetará múltiplas áreas da vida e do trabalho — de inovação a tecnologia, de desenvolvimento de pessoas a operações. Pensar no longo prazo se trata de entender a trajetória do sucesso. Quando vemos conquistas dramáticas, nos esquecemos facilmente dos antecedentes essenciais, do trabalho duro e da luta, dos investimentos constantes e das pequenas melhorias que entraram nos primeiros estágios deste sucesso aparentemente repentino. Queremos a recompensa agora; queremos chegar à parte boa imediatamente. Queremos ver o gráfico extrapolar o eixo no topo sem a longa jornada de subir a leve inclinação. Queremos começar a colher sem plantar ou cuidar do jardim. Mas o sucesso no longo prazo, hoje mais do que nunca, significa entender o relacionamento entre investimentos imediatos e recompensas tardias. E, em nossa era, como em nenhuma outra, pensar no longo prazo exige que façamos isso em meio a tremendas incertezas, imprevisibilidades e mudanças aceleradas.

PENSANDO EXPONENCIALMENTE

Era uma vez um grande rei que amava jogar xadrez. A fim de atrair futuros jogadores da era para jogarem, ele ofereceu a qualquer pessoa que pudesse superá-lo em seu jogo favorito a chance de "indicar seu próprio prêmio". Um dia, um sábio viajante aceitou sua oferta e conseguiu vencê-lo. Como prêmio, ele pediu o que parecia uma compensação modesta: que grãos de arroz fossem colocados no tabuleiro, começando no primeiro quadrado e dobrando a cada quadrado subsequente. Seu prêmio seria os grãos acumulados no último quadrado. O rei, pensando que estava se safando facilmente, concordou com entusiasmo e instruiu seu criado a trazer-lhe um saco de arroz. Ele colocou um grão no primeiro quadrado, dois no segundo, quatro no terceiro, oito no quarto e assim por diante. A princípio, os números eram pequenos, mas logo eles aumentaram quase além da contagem. Veja, o que o rei não percebeu — e o mesmo se aplica a muitos líderes atualmente — foi que as pequenas somas iniciais mascararam um fato muito mais importante: *a taxa de crescimento*. É esse número que importa. Como qualquer matemático pode lhe dizer, quando você chega à segunda metade do tabuleiro de xadrez, não há arroz suficiente no mundo todo que faça frente aos números alcançados. Essa é a natureza inesperada do crescimento exponencial. Hoje, as taxas de crescimento exponencial estão impactando toda a economia e cultura.

Muitas das virtudes centrais que defendemos neste livro são milenares. Amor, integridade e propósito, por exemplo, são "perenes", e sua relevância não é exclusiva de nossa era — apesar de continuarmos a nos desenvolver em nosso entendimento de como são expressos nas configurações organizacionais contemporâneas. Entretanto, os líderes conscientes não podem apostar tudo em valores atemporais; eles devem abraçar também novas verdades. Algumas das mentalidades de liderança mais importantes são específicas de nosso tempo, e nenhuma mais do que a capacidade de "pensar exponencialmente". É essencial criar subgrupos para o pensamento de longo prazo. Sim, houve historicamente algum entendimento de taxas de crescimento compostas (como sugere a história). Einstein supostamente declarou que os juros compostos são a oitava maravilha do mundo e, quer ele tenha dito isso ou não, certamente é uma sabedoria digna dele. Ainda assim, a importância de pensar exponencialmente é mais profunda que as finanças — como vimos recentemente com o crescimento "exponencial" da pandemia da COVID-19. De fato, a realidade matemática por trás desse termo obscuro foi demonstrada rapidamente pela rápida disseminação do vírus. Mas isso também é importante para os líderes que desejam ser mais conscientes enquanto lideram suas organizações e pessoas para o futuro. Não estamos apenas sugerindo que você melhore sua matemática, ou até suas habilidades de projeção (apesar de serem importantes). Mas, para prever melhor esses possíveis impactos, seria melhor ampliar nossas mentes para acomodar essa forma desconhecida de pensar e examinar algumas das formas como elas ainda moldam o mundo ao nosso redor.

Foi apenas nas últimas décadas que começamos de fato a entender como a ascensão da tecnologia da informação mudou o jogo dos negócios — e da vida — fundamentalmente. Em 1965, Gordon Moore, então CEO da Intel, publicou um artigo observando que o número de componentes de um circuito integrado estava duplicando a cada ano, uma observação conhecida como lei de Moore. Com o tempo, ele revisou sua observação em uma previsão de que essa duplicação continuaria a cada dois anos. E aconteceu quase exatamente isso, até os dias de hoje. Projeções e plantas de fábricas basearam-se nisso por décadas.

Como o arroz no tabuleiro de xadrez, essa duplicação resulta em números realmente notáveis com o tempo. No início da década de 1970, talvez houvessem milhares de transistores em um microprocessador. Hoje, estamos chegando aos muitos bilhões — tudo em menos tempo que uma existência humana. Isso significa que o celular relativamente barato em sua mão é significativamente mais poderoso do que toda a configuração computacional que nos levou à Lua em 1968. Passamos de um mainframe que ocupa um andar inteiro para um computador pessoal que ocupa o tampo de uma mesa, depois a um dispositivo móvel que cabe no bolso, e assim por diante. Isso é a mudança exponencial em ação.

A tecnologia não mudou o jogo apenas para aqueles no Vale do Silício — ela o mudou para todos nós, independentemente de nosso setor. Nas décadas vindouras, nenhuma empresa ou indivíduo continuarão intocados pelas marés do crescimento exponencial, e os líderes sábios serão aqueles que lutam para entender essas forças e ajudar seu pessoal e suas organizações a navegá-las com mais habilidade.

Nós evoluímos para pensar de forma "linear e local", explica o pioneiro da tecnologia Peter Diamandis, mas hoje devemos pensar de forma "global e exponencial".[4] Nossas mentes se adaptaram para se preocupar muito com eventos locais, e é difícil transcender esse condicionamento específico e sustentar um interesse e consciência sobre tendências maiores e preocupações globais. Infelizmente, nossa perspectiva localizada é inadequada para compreender o mundo globalizado cada vez mais conectado e dinâmico em que estamos operando todos os dias. E nossa intuição linear chegará a conclusões que interpretam mal a natureza da mudança.

> **PRATICANDO O PENSAMENTO EXPONENCIAL: Faça as Contas**
>
> "Se eu der 30 passos... chego a 30 metros", diz Salim Ismail, autor de *Transformações Exponenciais* [Alta Books, 2019]. "Se eu der 30 passos duplicados... chego a 1 bilhão de metros."[5] Não, não é um erro de digitação. Mas, se você duvidou, mesmo por um segundo, da verdade dessa declaração, você não está sozinho. A maioria de nós acha que a matemática do crescimento exponencial não é crível, especialmente à primeira vista. Que tal esta: Se você dobrar um pedaço de papel ao meio, sua espessura dobra. Quantas vezes seria preciso dobrá-lo para torná-lo espesso o suficiente para chegar à lua? A resposta é 42. Não acredita? Faça as contas! Você pode testar sua própria compreensão do pensamento exponencial com um exercício simples. Escolha um quadrado na segunda metade do tabuleiro de xadrez — qualquer um entre 32 e 64 — e tente adivinhar rapidamente (sem recorrer a uma calculadora) quantos grãos de arroz estariam naquele quadrado na parábola que contamos antes. Anote sua estimativa, então pegue uma calculadora e descubra. Você estava certo? Passou perto? Se sim, isto mostra que você tem uma compreensão intuitiva do crescimento exponencial que lhe servirá bem na liderança hoje e amanhã. Mas, se você passou longe, como muitos de nós, deixe que isso o torne mais humilde e o inspire a abrir sua mente para possibilidades maiores.

Em 1990, o Projeto Genoma Humano foi inaugurado, um esforço científico internacional para sequenciar totalmente o genoma humano. Ele foi lançado com altas expectativas e planos de conclusão dentro de apenas 15 anos, o que atraiu críticas imediatas. Era muito ambicioso, alegaram alguns, sugerindo que demoraria décadas, se não gerações. Essas dúvidas pareceram se confirmar quando apenas 1% do genoma havia sido terminado na metade do prazo. Mas, para os pensadores exponenciais como o teórico Ray Kurzweil, eles estavam dentro do cronograma. Afinal, o verdadeiro poder do crescimento exponencial está na segunda metade do tabuleiro de xadrez, quando os números começam a subir dramaticamente. Quando se dobra números pequenos, inicialmente não parece muito, até que de repente o surto de crescimento é enorme. Nesse caso, 1% era na verdade mais do que a metade do caminho. O projeto terminou antes do prazo.

É bom lembrar que a ideia de algo progredindo ou se desenvolvendo ao longo do tempo, em um processo evolucionário, ainda é um conceito historicamente novo. Houve um momento na história, há pouco tempo, quando mal tínhamos consciência de que o mundo estava se desenvolvendo ou evoluindo! É claro que hoje podemos olhar para trás e ver a evolução em ação, mas a velocidade de mudança era tão menor que era difícil de visualizar no curso de uma vida. Uma perspectiva cíclica dominava a experiência da maioria das pessoas. De geração a geração, havia poucas mudanças em *como* viver. Podem ter havido mudanças menores, e ocasionalmente maiores, nos poderes vigentes, climas, visões religiosas, geopolíticas ou na saúde. Essas coisas estavam sempre em fluxo, mas elementos fundamentais da vida e do trabalho não estavam mudando de forma significativa. A velocidade cada vez maior do progresso tecnológico revirou aquele mundo — abrindo um universo até então desconhecido de mudanças, progresso, melhoras, novidades e até abundância. Como o ex-editor da revista *Wired*, Kevin Kelly diz: "A novidade é uma parte tão elementar de nossas vidas hoje que nos esquecemos o quão rara ela era antigamente. A ideia de que o futuro trouxe melhoras nunca foi muito popular até recentemente."[6]

Hoje, a realidade de processos evolucionários de mudança rápida baseados em tempo intercedem em nossa compreensão de maneiras dramáticas. Mas ainda somos cognitivamente — e às vezes culturalmente — ligados a um mundo mais antigo. "O fator de que a verdade-é-mais-estranha-que-a--ficção fica se prendendo a nós com bastante regularidade, talvez até exponencialmente", diz o escritor de ficção científica William Gibson. "Acredito que seja algo próprio de nosso tempo. Não acho que nossos avós tinham que conviver com isso."[7] Em outras palavras, hoje todos vivemos na segunda metade do tabuleiro de xadrez.

Pensar no longo prazo exige não somente estender nossas mentes mais longe no futuro, mas também aprender a pensar "evolucionariamente". Isso significa aprender a reconhecer a mudança em um arco de tempo. Nós simplesmente não vemos produtos e serviços discretos continuando iguais conforme o tempo avança, mas vemos um *processo* — de uma versão 2.0 para uma 3.0 e para uma 5.0. O que os executivos do setor de transportes pensaram em 2009 enquanto olhavam a foto dos fundadores do Google com o engraçado carro experimental autônomo Toyota Prius e seu enorme e caro sensor Lidar no teto? Eles o ignoraram como uma tecnologia inviável? Naquele momento específico era apenas isso. Mas não seria somente um quadrado inicial em um novo tabuleiro de xadrez? Para onde estava indo? Por quais processos estava passando? Qual foi seu caminho evolutivo? Quantos deles tiveram o presságio evolucionariamente informado para ver que apenas uma década depois a tecnologia estaria onde está hoje? Pensar exponencialmente e evolucionariamente nos incentiva a explorar a trajetória de determinada tecnologia ao longo de uma ou duas décadas, e a perspectiva que adotamos é muito diferente. Já livres do feitiço do local e linear, compreendemos o *processo no tempo*, não simplesmente o *objeto no espaço*. Podemos rastrear antecedentes daquele produto ou serviço (o qual, no caso de carros autônomos, retrocede décadas) e preveem melhor seu caminho para o futuro. Vemos as versões que vieram antes e aquelas que podem vir depois, entendemos o que está conduzindo as mudanças, e consideramos a velocidade e a trajetória.

Para os líderes empresariais de hoje, existem insights importantes — sobre produtos e serviços, sobre tendências de mudança, e até sobre indústrias inteiras — que se revelam apenas quando começamos a ver processos no tempo em vez de objetos no espaço. A propósito, o custo da tecnologia de carros autônomos caiu vertiginosamente ao longo da última década e ainda está caindo rapidamente hoje, mesmo que a tecnologia tenha melhorado dramaticamente — outra característica comum das curvas de crescimento exponencial.

PRÁTICA: "10X" Sua Mentalidade

Pensar exponencialmente e pensar no longo prazo podem parecer ótimos na teoria, mas como entramos nesse modo de pensar? Como geramos internamente essa mentalidade estratégica e criativa? Dev Patnaik, CEO da empresa do Vale do Silício Jump Associates, tem uma estratégia simples que ele recomenda para alguém iniciar estrategicamente sua rotina diária. Ao acordar de manhã, antes de começar as atividades rituais do dia, reserve alguns minutos e pense: *como posso multiplicar meu pensamento 10X agora? Como seria pensar muito mais amplamente sobre nosso trabalho, nossa organização, sobre tudo o que fazemos? Como posso elevar meu jogo de liderança a outro nível? Qual o impacto mais distante de nossas ações?* Nesta consciência renovada, criativa e de mente aberta que existe logo após acordar, e antes das

> demandas do seu cronograma diário atropelarem sua consciência, você é capaz de trazer um nível de consciência elevado à sua abordagem de liderança? Você é capaz de dar um salto mental criativo? Pense em começar seu dia multiplicando sua mente 10X.

EM QUE NEGÓCIO VOCÊ ESTÁ?

Em um mundo de mudanças cada vez mais rápidas, os pensadores de longo prazo devem estar resolutamente sintonizados com a questão de *Em que negócio estou?* Isso é verdade pelo simples motivo de que as categorias de negócio estão mudando mais rapidamente do que nas décadas anteriores. Defina a resposta à pergunta de forma muito estreita e perderá oportunidades ou não enxergará desenvolvimentos disruptivos importantes. Há uma década, se você tivesse feito essa pergunta à Netflix, talvez esperasse a resposta "Estamos no ramo de aluguel de DVDs por correio". Afinal eles praticamente inventaram esse setor. Felizmente para a Netflix, porém, o fundador Reed Hastings tinha uma resposta diferente. Ele sabia que a Netflix estava no ramo de entretenimento. Por isso ele foi capaz de direcionar sua empresa para o streaming online e, por fim, para a criação de valor conforme a tecnologia tornou seu modelo de negócios anterior obsoleto. O futuro da empresa dependia daquela compreensão ampla e flexível da missão da empresa.

O panorama de negócios dinâmico para empresas como a Netflix foi potencializado por uma tendência específica na evolução tecnológica chamada *convergência*. Ocasionalmente, um grupo de novas tecnologias convergirá junto para criar uma *plataforma* robusta — pense no PC, no iPhone, na internet, ou até no motor de combustão interna. Uma plataforma, nesse sentido, é um "habitat" virtual ou físico para um hospedeiro onde outras tecnologias se desenvolverão. Ela superalimenta a inovação e a disrupção, tornando rapidamente as outras plataformas obsoletas. Dentro da indústria do entretenimento, a plataforma de entrega para conteúdos de vídeo passou por diversas mudanças massivas nas últimas décadas — de cinemas para VHS, para DVD, para streaming baseado em internet. Apenas uma empresa com a visão para dissociar sua atividade criadora de valor dos métodos variáveis de entrega poderia continuar prosperando durante tais mudanças.

Em muitos aspectos, essa mudança das plataformas não é apenas uma tendência da evolução tecnológica, mas da evolução em si. "Tudo o que ascende deve convergir", escreveu o filósofo Jesuíta místico e evolucionário Pierre Teilhard de Chardin[8] no início do século XX. Ele costuma ser considerado como um dos primeiros teóricos cujos escritos previram a internet. Ele não estava falando sobre tecnologia, mas de biologia, porém, em alguns aspectos, a evolução biológica e a evolução tecnológica demonstram características semelhantes. A divisão celular, por exemplo, mostra crescimento exponencial. A evolução biológica também tende a produzir novas "plataformas" sobre as quais a evolução pode continuar operando e acelerando. O DNA já foi uma nova plataforma para a aceleração da diversidade biológica, sendo a explosão Cambriana o registro fossilizado dessa aceleração histórica. A mente humana também poderia ser considerada uma evolução extraordinária, tendo promovido o surgimento e a evolução acelerada da cultura.

Voltando à tecnologia, vamos considerar a própria internet, um exemplo de convergência magnífico (bem como uma aceleradora da evolução cultural humana em todos os aspectos) e uma plataforma para milhares de novos negócios. Alguns prosperaram, como a Amazon, e outros fracassaram (como nossa empresa abortada WholePeople.com, descrita na introdução). Na verdade, os primeiros dias de uma plataforma emergente costumam oferecer oportunidades únicas de "corrida do ouro". A Microsoft construiu sua empresa sobre os recursos de processamento de texto e criação de planilhas que estavam implícitos na recém-criada plataforma de computação pessoal (o sistema operacional do qual ela também era proprietária). Conjuntos inteiros de novos negócios costumam estar implícitos em plataformas emergentes. Por exemplo, pense em uma plataforma mais recente, o sistema operacional de smartphones, em que iOS e Android são os agentes mais importantes. Aplicativos de compartilhamento de caronas como Uber e Lyft estão entre os muitos negócios implícitos do smartphone — um dispositivo que rastreia exatamente onde você está, com mecanismos para lidar com mapeamento e transações. Assim como milhares de outras aplicações, algumas a serem ainda concretizadas. Como acontece na evolução biológica, a plataforma acelera e torna possíveis todos os tipos de inovações revolucionárias e disruptivas emergentes.

Hoje, os líderes, em todos os setores, devem estar atentos à convergência, ao poder das plataformas e seus potenciais evolucionários e, por conseguinte, aos potenciais de negócio que estão implícitos nelas. Neste mundo, é necessário ser ágil, mover-se com destreza, jogar o jogo longo (ou jogo infinito), e ter cuidado ao pensar de forma muito estreita em seu setor. Se estiver no ramo de venda de carros, o futuro é altamente incerto. Se estiver no ramo de transportes, tem grandes oportunidades pela frente.

É natural ter algumas preocupações, até medo, acerca do possível impacto da disrupção tecnológica em seu negócio. Mas, no fim das constas, uma resposta mais saudável é inspirar-se pelo futuro que a mudança tecnológica está possibilitando. Líderes conscientes não simplesmente temem o futuro; eles estão muito interessados em fazer parte dele, construí-lo e moldá-lo. Eles estão mais concentrados em criar esse futuro do que defender estrategicamente seus próprios negócios contra a mudança. O futuro faz parte desse jogo infinito, e os líderes conscientes e pensadores de longo prazo expressam uma "esperança no futuro" natural ao plantar as sementes que trarão frutos neste período estendido.

PREVENDO O QUE FAZER E O QUE NÃO FAZER

"É difícil fazer previsões, especialmente sobre o futuro", diz um antigo ditado dinamarquês. Isso é ainda mais real em um mundo cada vez mais rápido. Em 1980, a AT&T pediu à empresa de consultoria líder, McKinsey and Co., que os aconselhasse sobre o futuro do setor de telefonia móvel. Quantos celulares haveriam até o ano 2000? Depois de um estudo cuidadoso da questão, a McKinsey concluiu que não haveria mais do que 300 mil — uma oportunidade de mercado que não valia a pena para a grande empresa de telefonia. Mas, quando o ano 2000 chegou, as empresas estavam vendendo 300 mil celulares *a cada 3 dias.*

Mas não culpe a McKinsey. Naquele momento, todos estavam apenas começando a lidar com a natureza dessas curvas de crescimento exponencial que viabilizam e criam categorias totalmente novas de possibilidades econômicas. Em 1980, poucos perceberam que a tecnologia da comunicação estava passando por uma taxa de crescimento exponencial incrível de preço/desempenho movida pela tecnologia da informação. Mas os líderes de hoje têm menos desculpas.

Dito isso, o objetivo deste capítulo não é transformar líderes em previsores infalíveis — se é que isso seria possível. A mudança exponencial e as inovações inesperadas sempre nos pegarão de surpresa, ao menos em algum nível. A disrupção nos mercados é um fenômeno com o qual nunca é fácil lidar, e é dez vezes mais difícil se for conduzida pela tecnologia em aceleração. Podemos sempre ser pegos de surpresa por inovações que mudam nossas vidas, e curvas de crescimento com propriedades tipo taco de hóquei. Mas, se você quiser ser a Netflix em vez da Blockbuster, Apple em vez da Nokia, ou Uber em vez dos táxis locais, é essencial saber olhar para o tabuleiro de xadrez, ver alguns punhados de arroz no meio, e estimar a montanha que está vindo, mesmo que não consiga vê-la claramente.

Porém, tornar-se um prognosticador melhor informado, ainda que importante, tem pouca utilidade. Mesmo as empresas mais inovadoras e tecnologicamente sofisticadas cometem muitos erros quando se trata de prever o futuro da tecnologia. Talvez seja um lugar-comum hoje que "nenhum plano sobrevive ao primeiro contato com o inimigo", ou, para dizê-lo no estilo mais bruto de Mike Tyson, "todos têm um plano até levar um soco na cara". Isso é sempre real quando um mercado passa por transição, especialmente aqueles sob a influência das mudanças exponenciais. Portanto, a capacidade de girar rapidamente, mudar a direção e mudar as conclusões de alguém é uma das qualidades mais importantes, porém mais difíceis, tanto para organizações quanto para indivíduos. O benefício mais importante de aprender a pensar exponencialmente é que isso pode ajudá-lo a não apostar tudo em uma má decisão, e reconhecer sua própria falibilidade. Como acredita-se que Mark Twain tenha dito: "O que nos coloca em apuros não é o que não sabemos. É o que temos certeza de que não nos colocará."[9] Pode-se dizer o mesmo sobre a previsão.

Pensar no longo prazo é uma forma de não cometer erros óbvios, de aprender com o que passamos a entender coletivamente tanto sobre o avançar da tecnologia quanto da cognição humana e seus vieses. Isso lhe dá a *oportunidade* de obter sucesso — ou ao menos cometer erros novos. Falamos muito sobre humildade neste livro, e aqui vale a menção novamente. Lembre-se de que a humildade não tem necessariamente nada a ver com a ausência de confiança ou convicção. Uma pessoa pode ter uma tremenda autoconfiança e ainda ser humilde. Um dos maiores especialistas em previsão do mundo, Philip Tetlock, explicou em seu livro recente, *Superprevisões,* que, quando se trata de espreitar o futuro, é necessário ter um tipo específico de autorreflexão para um bom julgamento:

> A humildade necessária para o bom julgamento é não duvidar de si mesmo — a ideia de que você não tem talentos, inteligência ou valor. É a humildade *intelectual*. O reconhecimento de que a realidade

é profundamente complexa, de que ver as coisas com clareza é uma luta constante, quando é possível fazê-lo, e de que o julgamento humano deve, portanto, ser repleto de erros. Isso é fato para tolos e gênios igualmente. Então é bem possível levar-se em grande consideração e ser intelectualmente humilde. Na verdade, essa combinação pode ser maravilhosamente proveitosa. A humildade intelectual força a reflexão cuidadosa necessária para o bom julgamento; a confiança nas próprias capacidades inspira determinada ação.[10]

UM OTIMISMO SAUDÁVEL

"Um líder é um negociador de esperanças", diz-se que Napoleão Bonaparte tenha declarado.[11] Não estamos sugerindo que você deva emular a ambição de domínio do mundo do general francês do século XIX, mas nesse aspecto ele tinha razão. Um elemento significativo na prática do pensamento de longo prazo é o exercício da esperança. Para planejar e construir para o longo prazo, temos que acreditar nele. Isso também significa acreditar que o futuro pode ser impactado, mudado e melhorado por meio de nossas atividades criativas. Em um mundo cujo humor se inclina tanto ao pessimismo, um líder consciente deve ser capaz de transmitir aos outros uma combinação única de fé e previsão. E isso não significa ser ingênuo, arrogante ou orgulhoso. Significa simplesmente acreditar que a trajetória do futuro pode, de alguma pequena forma, curvar-se em torno do compromisso, trabalho e intenção de alguém. Independentemente de quão forte seja nossa visão, sonhos de futuro sempre são arriscados: eles costumam não ser compartilhados por outros, e a realidade jamais dá garantias. A economista Deirdre McCloskey descreveu uma vez os empreendedores como aqueles que possuem "a virtude da coragem combinada à prudência e uma pitada de esperança".[12] A esperança não é suficiente para saltos criativos adiante, mas é imprescindível.

Talvez a lição de liderança mais importante a ser obtida de um mergulho profundo na natureza exponencial das tendências de crescimento tecnológico seja algo simples: um otimismo saudável. Não nos referimos a uma positividade tecnológica estilo poliana, ou uma pseudo fé de que a evolução tecnológica é a resposta simples para toda questão complexa. Não, nós estamos falando de um otimismo altamente racional, um realismo infundido de idealismo, não baseado em fé, mas nas tendências da história. É difícil olhar para algumas dessas linhas de tendência e não se inspirar pelas possibilidades do futuro. Haverá disrupção, sim, e muitas consequências acidentais, sem dúvidas. Haverá recuos mesmo em meio a grandes saltos adiante. Haverá propagandas e desilusões mais do que suficientes para contornar. Tudo isso é a natureza do progresso e desenvolvimento em praticamente qualquer forma. Mas, apesar disso tudo, estamos vivendo agora na época mais saudável, próspera e pacífica da história.[13] Mesmo com todos os nossos desafios, a ascensão da tecnologia melhorou enormemente a condição humana. Sejam quais forem nossas reclamações acerca das realidades atuais, poucos gostariam de voltar ao mundo de algumas centenas de anos atrás, muito menos de milhares. E, mais importante, o futuro exponencial oferecerá avanços e oportunidades que mal conseguimos imaginar hoje — para empresas, para organizações, para empreendedores, para líderes de todos os tipos. A tecnologia oferecerá oportunidades de melhorar a condição humana que farão nossas ferramentas atuais parecerem pequenas. Genética, robótica, carros autônomos, computação quântica, AR, VR, impressão 3D, uma abundância de energia barata, biotecnologia, nanotecnologia e muitas outras ainda não reconhecidas como avanços. Algumas já estão aguardando na primeira metade do tabuleiro de xadrez. Não se engane: logo elas podem mudar tudo. Ou, mais especificamente, podem inspirar as empresas, produtos, serviços e processos que oferecerão a *oportunidade* de mudar tudo. Elas não farão isso sozinhas. No fim das contas, essas ferramentas precisarão de orientação humana de líderes conscientes com perspectivas de longo prazo para atingir seu verdadeiro potencial. Isso exigirá mais do que tecnologia; será preciso sabedoria e insights. Alguns do passado, mas muitos do presente e também do futuro.

KIT DE FERRAMENTAS DO LÍDER CONSCIENTE

A Esperança e o Alarde

Você já percebeu que muitas previsões de catástrofes sociais ou planetárias parecem estar a cerca de dez anos de distância? É próximo o suficiente para chamar a atenção, mas longe o suficiente para parecer que talvez possa ser possível (e que as pessoas se esquecerão caso não se materialize). O escritor Gregg Easterbrook até criou um termo para essa tendência em seu livro *A Moment on Earth* [Um Momento na Terra, em tradução livre]: "a Lei da Condenação". Quando se trata de prever o futuro, há muitas armadilhas cognitivas em que a maioria cai. Outra comum é o pensamento de que uma tecnologia nova e excitante está às portas. Por exemplo, a propaganda em torno dos carros autônomos tem destruído bolas de cristal durante a última década. Todos sabem que essa tecnologia disruptiva chegará logo, mas prever sua data de chegada tem sido uma dança difícil, com especialistas revisando constantemente o cronograma. Finalmente, J.D. Power realizou uma pesquisa com consumidores, perguntando quando esperavam que essa nova tecnologia estreasse. A resposta deles: dez anos.[14]

"Temos a tendência de superestimar o efeito de uma tecnologia no curto prazo e subestimar o efeito no longo prazo" é uma frase que se tornou conhecida como lei de Amara, atribuída a Roy Amara, um futurista norte-americano. De fato, só porque algo é exageradamente alardeado não significa que seja desinteressante.

Quando uma nova tecnologia radical chega ao radar cultural, as pessoas tendem naturalmente a enlouquecer um pouco especulando acerca de todos os usos e possibilidades incríveis prestes a chegar em nossas casas. Mas sua rápida adoção costuma ser superestimada — a princípio. No prazo mais longo, quando a curva exponencial dispara, as mudanças podem ser mais dramáticas do que jamais esperamos. Esses altos e baixos de alarde acerca de novas tecnologias levou a empresa de pesquisas Gartner a criar algo chamado Hype Cycle de Gartner [Ciclo de Alarde da Gartner]. Ele acompanha as tecnologias desde o gatilho inicial que as traz à nossa atenção coletiva até a sua adoção generalizada.

O Ciclo de Alarde

1. **Gatilho de Inovação:** uma nova tecnologia chega ao conhecimento público por meio de resultados de pesquisa ou interesse da mídia.
2. **Pico de Expectativas Infladas:** as expectativas de uma nova tecnologia estão grandes e exageradas.
3. **Sarjeta de Desilusão:** uma nova tecnologia não consegue transformar nossas vidas imediatamente e luta para satisfazer altas expectativas.
4. **Declive de Esclarecimento:** a tecnologia começa a melhorar e ganhar espaço em nossas vidas.
5. **Platô de Produtividade:** conforme a tecnologia se torna o principal assunto, ela escalona e se espalha.

Como uma estrela do esporte, nenhuma tecnologia deve apegar-se a ler seus próprios recortes de jornal — e nenhum líder deveria, também. Entender o caminho de adoção de novas tecnologias nos permite reconhecer seu impacto sem ficar enfeitiçados pelo alarde inicial, ou ser enganados pelo período de desilusão da mídia. Manter um olhar límpido e uma perspectiva equilibrada em meio às transformações tecnológicas de hoje é essencial para tomar boas decisões. Entender a lei de Amara e o Hype Cycle de Gartner pode firmar nossas mãos.

PARTE III

PESSOAS & CULTURA

7

DESENVOLVA A EQUIPE CONSTANTEMENTE

> Nenhum de nós, inclusive eu, nunca faz coisas grandiosas. Mas todos podemos fazer coisas pequenas, com grande amor, e juntos podemos fazer algo maravilhoso.
>
> — MADRE TERESA

EXISTE UM MITO DISSEMINADO sobre liderança — uma mentira geralmente alimentada pela mídia, que retrata empreendedores e CEOs como gênios exuberantes que criam tecnologias revolucionárias e grandes empresas que mudam o mundo. Somos levados a acreditar que todas estas grandes realizações empresariais são atingidas por indivíduos quase sobre-humanos, como Steve Jobs, Jeff Bezos, Elon Musk, Bill Gates, Mark Zuckerberg, Sara Blakely, Larry Page e Sergey Brin, Reed Hastings, Meg Whitman, Michael Dell, Anne Wojcicki e Jack Ma. Ainda que cada um desses líderes seja um empreendedor inquestionavelmente brilhante e excepcionalmente talentoso, sejamos claros — eles não sobreviveriam a um teste para fazer parte dos Vingadores ou da Liga da Justiça. Então, como eles fazem tantas coisas? Ao menos parte da resposta envolve um segredo importante e subestimado para transcender nosso nível de talento individual: uma equipe fantástica. Ao lado de cada um desses indivíduos bem-sucedidos, existe um grupo incrível de pessoas talentosas que complementam os pontos fortes do líder e compensam seus pontos fracos.

No mundo real, tudo o que conquistamos é feito com e por meio de pessoas. Como líderes, somos tão bons quanto nossas equipes. O que pode ser clichê, mas não é menos verdade por causa disso. Apesar do líder da equipe geralmente receber muito crédito por sucessos e muita culpa por fracassos, são os resultados do conjunto que estão sendo julgados no fim das contas. Com base nisso, atrair, contratar, inspirar, desenvolver e reter a melhor equipe possível é essencial para o sucesso de uma organização e seus líderes. Para líderes conscientes, a necessidade de investir e desenvolver constantemente nossas equipes é uma prioridade que supera de longe a necessidade de brilhar individualmente. Uma organização em crescimento que cria ótimas oportunidades para que pessoas talentosas se destaquem tem potencial muito além da genialidade, real ou alardeada pela mídia, de qualquer pessoa sozinha. Seu conjunto de oportunidades é maior, sua trajetória mais longa, sua cultura mais saudável e seu futuro mais brilhante.

Para um líder consciente, a saúde da equipe a seu redor é um projeto infinito, um quebra-cabeça vivo, tridimensional e em constante evolução no qual sempre estão trabalhando para completar. Eles sabem que o desenvolvimento da equipe não é simplesmente algo que podem terceirizar para o departamento de RH. Sim, pode ser necessário pedir ajuda e apoio de outros, mas também exige cuidado e comprometimento. Quando dizemos que um líder consciente está constantemente desenvolvendo a equipe, queremos dizer que estão vivendo com este imperativo — trabalhar para garantir que crescimento, positividade, sinergia e expansão sejam as principais experiências das pessoas a seu redor, independentemente das circunstâncias externas. *Está saudável? Está prosperando? Do que precisa? Está produtivo? Como posso ajudar a se desenvolver?*

> **PRATICANDO A LIDERANÇA DE EQUIPE: Verificações de Química**
>
> Um líder deve sempre questionar sua equipe sobre a química interna para saber melhor se existem quaisquer desafios de relacionamento que ele precisa ajudar a resolver. Faça perguntas como: *de que forma as pessoas estão se relacionando? Como está a confiança entre as pessoas da equipe? Existe alguém na equipe que esteja perturbando o moral? O que posso e devo fazer a respeito desta perturbação?* Você é responsável. Você é o líder e o treinador. Assuma a responsabilidade e faça algo a respeito se a química da equipe estiver desequilibrada.

CONTRATAR, DEMITIR E OS ESPAÇOS ENTRE ELES

Parece um projeto simples: criar uma ótima equipe de indivíduos inteligentes e capazes e fornecer uma cultura na qual possam se desenvolver e prosperar. Ok, mas como? Este capítulo é todo sobre essa questão. E vamos começar com um esclarecimento: não é essencialmente sobre contratar e demitir. Se um líder acha que todas as respostas do desempenho da equipe serão encontradas no reino do recrutamento, as chances de desenvolvimento de uma cultura verdadeiramente consciente naquela organização são provavelmente mínimas. Entretanto, também é verdade que a jornada de uma grande equipe começa com boas decisões de contratação.

A importância crucial das boas decisões de contratação são bem compreendidas por Steve Hall, fundador da altamente bem-sucedida concessionária automotiva Driversselect. No processo de construir sua empresa, Hall aprendeu que a chave para criar uma cultura organizacional próspera é investir um tempo significativo no início do processo de contratação. Mesmo ao entrevistar para posições de níveis mais baixos, ele hoje busca contratar pessoas que possam eventualmente desempenhar trabalhos que estejam duas ou três posições acima no quadro organizacional. Por exemplo, ao contratar uma recepcionista, ele procura alguém que possa eventualmente se tornar uma gerente de escritório. Ao contratar um atendente de concessionária, ele procura alguém que possa um dia se tornar controlador assistente. Então, quando um novo contratado embarca, Hall investe em treinamento de liderança para desenvolver seu pessoal de nível básico. Apesar deste treinamento ser caro, suas taxas de rotatividade são um terço da média do setor, o que mais do que compensa as despesas extras em treinamento.

Quando se trata de contratar, os líderes têm duas opções: podem buscar novos talentos de fora da organização ou promover talentos existentes dentro dela. Ao ponderar essas opções, os líderes devem estar cientes de que empresas são muito parecidas com ecossistemas complexos. Elas têm muitas interdependências que coexistem para criar organizações dinâmicas e em evolução. Quando uma parte daquele sistema sofre interferência, isso pode causar uma reação em cadeia que impacta a capacidade de prosperar de todo o sistema. Contratar novos colaboradores de fora da organização é uma daquelas atividades com enorme potencial disruptivo — tanto positivo quanto negativo.

Criar a proporção certa de talentos internos e externos dentro de uma organização é um exercício delicado. Exagerar para qualquer lado pode ter consequências profundas para uma empresa e sua cultura. Precisamos atingir um equilíbrio fornecendo a nossos melhores colaboradores oportunidades de promoções enquanto recrutamos simultaneamente os melhores candidatos de fora da organização para elevar o potencial de toda a equipe. A continuidade e a estabilidade da equipe são essenciais, da mesma forma que trazer eventualmente uma perspectiva externa. Um líder deve sempre estar olhando muitos passos à frente e perguntando: *nossos talentos internos se alinham? Precisamos incluir papéis específicos?* Essas são decisões de avaliação delicada.

Inevitavelmente, haverá momentos em que um líder precisa buscar fora da organização para encontrar um talento. Apenas não torne isso um padrão. É fácil apaixonar-se pelo novo contratado que parece repleto de possíveis qualidades, e sem defeitos aparentes. Neste romance laboral, como em qualquer fascínio, podemos nos deixar levar por nossa fantasia de como um novo colaborador seria — o conjunto de habilidades ideal, as sinergias perfeitas, o impacto imaginado. Mas, como em um romance, a fantasia não é uma base saudável sobre a qual buscar um relacionamento de longo prazo. É muito melhor vivermos na realidade, e, nela, a melhor pessoa para um papel costuma já estar trabalhando na organização. Ela já provou ser boa líder, conquistou a confiança da equipe, se encaixa bem na cultura, desenvolveu a experiência profissional e o conjunto de habilidades necessárias para o novo papel, e está pronta para assumir mais responsabilidades. Desenvolver nossos talentos internos ao recompensar os de melhor desempenho cria mais oportunidades para a próxima geração de líderes alcançar novas posições. Pesquisas mostraram que contratações internas tendem a ser mais bem-sucedidas. E isso cria uma tremenda reputação interna. Mostra como a empresa reconhece e valoriza o trabalho duro, o comprometimento, a competência e o potencial.

Recompensar colaboradores produtivos com promoções e um caminho claro para crescer na organização não é apenas uma prática para os executivos. Por exemplo, uma das melhores coisas na Whole Foods é que graduação não é uma exigência para se tornar um líder na empresa. Mais de 90% de nossos líderes de equipe de loja foram promovidos a suas posições de dentro da empresa. Temos muitas pessoas que estão na empresa há 20 anos ou mais, começando suas carreiras em uma de nossas lojas e crescendo até tornar-se um presidente regional ou vice-presidente sênior. Todo setor tem dinâmicas e trajetórias de carreira diferentes, mas nunca subestime o poder de líderes internos inteligentes e eficientes que já conhecem sua empresa e estão comprometidos com seu sucesso.

A fim de colher melhor as recompensas de promover de dentro, uma empresa precisa estar disposta a investir em treinamento. Em 2019, a Amazon se comprometeu a oferecer treinamentos de habilidades a 100 mil colaboradores ao longo de 6 anos, por meio de um investimento de US$700 milhões. Algumas empresas economizam em treinamento, com medo de estarem simplesmente treinando seu pessoal para sair e conseguir um emprego melhor em outro lugar. A empresa de serviços de computadores Geek Squad virou esse medo de cabeça para baixo. Entendendo que a maioria de seus jovens técnicos viam seus empregos como trampolim para conquistas profissionais em outro lugar, eles criaram um serviço de recolocação para seus colaboradores seniores. A Geek Squad descobriu que a retribuição em confiança e lealdade valeu o investimento.

Então qual é a melhor proporção entre contratações internas e externas? Cada situação é diferente. Na Whole Foods, lutamos para preencher cerca de 75% de nossas posições de liderança com candidatos internos. Se ficarmos muito abaixo dessa proporção, nosso moral cai. Ao mesmo tempo, também precisamos ser cuidadosos ao fazer poucas contratações de lideranças externas, porque isso não somente limita nosso capital intelectual, como também inibe nosso potencial de revitalizar a cultura organizacional com novas perspectivas. Por muitos anos, nossa tendência era não contratar líderes de fora. Olhando para trás, acredito que aquele viés no sentido de promoções internas acabou significando que não estávamos sempre desenvolvendo nossa equipe com tanta eficiência quanto poderíamos. Demorou algumas décadas para realmente aprender que, às vezes, as melhores pessoas ainda não estavam trabalhando para a empresa. Hoje, nós trabalhamos conscientemente para evitar que o nível de contratações de lideranças externas caia abaixo de 20%.

QUESTÕES DE COMPENSAÇÃO

"Mostre-me o dinheiro!" grita Cuba Gooding Jr. para Tom Cruise na famosa cena do famoso filme de 1996, *Jerry Maguire*.[1] Essa frase acabou se tornando um meme cultural típico de negociações de todos os tipos. Tornou-se até o nome de um breve game show norte-americano. Mas, apesar da ascendência dessa frase no léxico cultural, o dinheiro costuma ser superestimado quando se trata de compensação. Obviamente, é importante pagar um preço de mercado competitivo para líderes talentosos; ninguém quer sentir como se estivesse sendo enganado ou que sua experiência está sendo subvalorizada. Mas as pessoas que enxergam a compensação financeira como principal motivador — em vez de fatores mais significativos como propósito e ajuste cultural — costumam não durar muito. Frequentemente, elas estarão procurando o próximo emprego com salário maior em vez de ficar em seu lugar para de fato fazer uma contribuição de longo prazo para a organização. Sempre haverá alguém disposto a pagar mais se uma pessoa tiver um bom currículo e histórico, então devemos observar cuidadosamente se uma pessoa está passando pela nossa organização apenas para atualizar seu currículo até que apareça uma oportunidade melhor no futuro.

Quando olhamos para esse tópico, é essencial que as compensações internas e externas sejam competitivas no mercado e vistas como justas. Se pagarmos aos contratados externos abaixo do mercado, provavelmente teremos problemas para recrutar as melhores pessoas, pois sua reação provavelmente será: "Eu gosto da empresa, mas não posso justificar este corte salarial." Ao mesmo tempo, se pagarmos às pessoas de fora da organização mais do que pagamos a nossos colaboradores, isso gera ressentimento. É por isso que igualdade salarial interna e externa é tão essencial.

Uma das formas pelas quais a Whole Foods tenta conquistar isso é por meio de transparência salarial. Esse tem sido um assunto polêmico há muitos anos, especialmente quando se trata dos índices salariais de executivos e das diferenças salariais entre gêneros, mas é algo que temos praticado há décadas. A compensação total de todos os colaboradores e toda a empresa, inclusive a equipe de liderança, está disponível para todos da empresa por meio de nosso relatório de divulgação de salários. Queremos que os colaboradores tenham uma visão clara da igualdade salarial. Isso também capacita as pessoas a consultarem a liderança caso se sintam injustiçadas. Em contrapartida, isso dá à empresa uma oportunidade de mudar possíveis inconsistências, gera um senso de solidariedade pela organização, e ajuda a diminuir ressentimentos e fofocas acerca de pagamentos.

NÃO CONTRATE POR HABILIDADE DE APRESENTAÇÃO

Você já ficou "maravilhado" com alguém em uma entrevista porque aquela pessoa tinha um carisma incrível e capacidade de cativar seu público? É um verdadeiro dom. Porém, a realidade é que a maioria dos candidatos talentosos não a têm. Isso não significa que eles não vão se tornar colaboradores fantásticos. Jamais escolha por habilidades de apresentação. Lembre-se, você não está contratando para a posição de "bom entrevistado". Vá além da sua intuição. Reserve o tempo necessário para conhecer alguém mais profundamente do que as impressões iniciais. Na verdade, esse é um dos muitos motivos pelos quais acreditamos tanto no poder das múltiplas entrevistas, especialmente uma série de entrevistas em grupo, ao contratar e promover. Encontrar o ajuste perfeito pode tomar tempo, demandar reflexão, conversas e ponderação cuidadosa. Pode ser fácil para um candidato encantar alguém com um toque de carisma durante o processo de contratação, mas isso fica muito mais difícil quando há um grupo envolvido. Todos temos vieses conscientes e inconscientes, mas a sabedoria coletiva e a perspectiva variada que vêm com um grupo de entrevista consciencioso dificulta muito para um candidato que não é boa opção de convencer muitas pessoas do contrário.

A pessoa responsável pelo desempenho geral da equipe deve ter a autoridade de tomar a decisão final acerca de quem será contratado, mas é um processo consultivo que considera o feedback coletivo de todo o grupo. As piores decisões que as pessoas tomaram ao contratar na Whole Foods aconteceram quando um líder tomou uma decisão unilateral ao evitar uma entrevista final em grupo ou desconsiderar as preocupações e o feedback levantados pelo grupo.

Há muitas coisas que buscamos ao considerar o melhor candidato. Obviamente, ser inteligente e ter um QI alto são importantes, especialmente se a posição envolver um trabalho intelectualmente exigente. Mas isso não é mais suficiente. Também precisamos avaliar cuidadosamente:

- *Inteligência emocional:* essa é uma característica cada vez mais importante, especialmente em ambientes organizacionais mais complexos que são organizados em equipes. Os colaboradores precisam ser capazes de se conectar com pessoas, ouvir bem e ter empatia com o que os outros estão sentindo. Comunicação, troca de ideias, colaboração e compartilhamento de ideias são necessidades diárias, então pessoas sem essa qualidade podem impedir que as equipes prosperem e prejudicar os ânimos.

- *Caráter:* esta pessoa tem uma boa postura ética? Ela vai agir principalmente com integridade? Se não, não importa o quão brilhante e capaz alguém seja. O sempre sábio Warren Buffett disse: "Buscamos três coisas ao contratar pessoas. Buscamos inteligência, buscamos iniciativa ou energia, e buscamos integridade. E, se não tiverem a última, as duas primeiras vão destruí-lo, porque, se você for contratar alguém sem integridade, vai querer que seja preguiçoso e burro."[2] Pode ser que ele estivesse brincando em partes, mas há muita verdade em suas palavras! A integridade nem sempre é fácil de determinar em poucas entrevistas, mas devemos sempre estar cientes de sua importância quando tomamos decisões sobre novas contratações.

- *Ajuste cultural:* toda organização tem uma cultura, e muitas equipes dentro de uma organização têm subculturas. Não subestime seu poder. Se contratarmos alguém que simplesmente não está alinhado e aberto à nossa cultura, esta pessoa acabará fracassando. Só porque alguém tem a experiência relevante e teve sucesso em outra empresa na mesma posição, não significa que estas habilidades se traduzirão através da divisão cultural. Uma equipe reage a um mal ajuste cultural da mesma forma que o sistema imunológico do corpo reage àquilo que percebe como uma bactéria ou vírus nocivo — ele cria uma resposta imune para repelir o corpo estranho. Dos 16 executivos seniores que a Whole Foods Market contratou de fora da empresa, apenas 50% obtiveram sucesso. Cada um, sem exceção, tinha QI alto, currículo excelente, boas referências e ótimas experiências profissionais. O motivo do fracasso, em todos os casos, foi o mal ajuste cultural.

DESENVOLVENDO UMA CULTURA CONSCIENTE

Depois de contratar as pessoas certas para a equipe, o próximo desafio é continuar desenvolvendo uma cultura na qual indivíduos e equipes possam crescer e prosperar. É difícil superestimar o poder da cultura no sucesso da organização. Um de nossos objetivos como líderes conscientes é criar a cultura mais absolutamente saudável que pudermos. "Culturas saudáveis em todos os lugares" deveria ser nosso lema, porque sabemos que criar uma cultura sadia ajudará a empresa a obter sucesso e os colaboradores a atingir seus potenciais mais altos. Teremos taxas de rotatividade menores, custos de treinamento menores e maior lealdade. Nossos consumidores desenvolverão verdadeira afeição pela empresa e se tornarão seus melhores divulgadores. Nossos stakeholders se beneficiarão de todas as formas. Quando nossa cultura está prosperando, o negócio entra em níveis mais altos de sinergia. Tudo funciona melhor.

Como, então, tornamos nossa cultura organizacional sadia? Parece óbvio, mas o primeiro e mais importante passo é tornar isso a maior prioridade. Geralmente, os líderes subestimam sua cultura organizacional e não concentram muito tempo ou atenção nela. Uma cultura organizacional se parece com um jardim — é preciso um cuidado atencioso para transformar um pedaço de terra em um ecossistema abundante, verdejante, florido e produtivo. E, se o negligenciarmos, todos os tipos de ervas daninhas começarão a crescer, o que acabará impedindo as frutas e vegetais saudáveis que queremos colher. Não se constrói uma cultura saudável da noite para o dia, mas, no longo prazo, as recompensas de cultivá-la são enormes. Precisamos ser vigilantes ao extirpar nossos aspectos nocivos, enquanto nos certificamos de implementar processos e estruturas que levam à satisfação, crescimento e felicidade dos colaboradores. Nosso objetivo deve ser construir uma cultura de contentamento, apreço e satisfação, mas também de trabalho duro e produtividade, em que os valores de desenvolvimento e crescimento se tornam amplamente compartilhados por toda a organização.

Obviamente, toda equipe experimenta altos e baixos. Um líder eficiente usa sua inteligência emocional e cultural para entender as decisões certas que precisa tomar. Em um momento, isso pode significar cutucões, empurrões e até grandes mudanças; em outros, pode significar simplesmente um solidário e agradecido "bom trabalho". A arte de liderar uma equipe, como muitas coisas na vida, envolve polaridades interdependentes. (Veja mais sobre este conceito em "Kit de Ferramentas do Líder Consciente: A Arte e a Ciência das Polaridades", página 21.) E uma das polaridades mais importantes para os líderes conscientes terem em mente é *desafio e apoio*. Como desafiar e apoiar são ambos modos importantes de liderança, se nos concentrarmos em apenas um lado dessa polaridade, criaremos um desequilíbrio problemático. Enquanto o lado *apoio* desta equação está ancorado na paciência e no cuidado atento aos colaboradores e suas necessidades, o lado do *desafio* costuma envolver empurrar e pressionar os colaboradores e até mesmo outros stakeholders a colocarem o esforço extra necessário para atingir o propósito maior da organização.

Líderes conscientes, em outras palavras, devem integrar preocupações tanto com pessoas *quanto* com propósito para que ambos os aspectos da organização possam atingir todo o seu potencial. Buscar implacavelmente o propósito a qualquer custo pode levar temporariamente ao progresso, mas à custa das necessidades das pessoas. Mimar colaboradores sem considerar resultados externos pode resultar em ganhos de curto prazo em cultura e satisfação, mas o propósito pode minguar. A liderança consciente requer a harmonização dessa polaridade. Uma cultura consciente caminha adiante nas duas pernas do desafio e do apoio. Devemos nos esforçar para agir tanto como servos acolhedores de nosso pessoal quanto como defensores de nosso propósito maior.

Veja algumas sugestões de práticas de liderança para desenvolver uma cultura verdadeiramente consciente.

Torne a felicidade dos colaboradores um valor central. Colaboradores não são um "recurso humano" para a organização explorar como bem entender. Em vez disso, eles são "fontes" de inovação, criatividade e produtividade que precisam ser respeitadas e apoiadas. Eles são participantes da missão compartilhada da empresa. Quando você faz essa mudança no pensamento, começa a reimaginar o tipo de ambiente que cria. Por exemplo, empresas conscientes como Southwest Airlines e The Motley Fool certificam-se de que suas culturas sejam divertidas e agradáveis todos os dias. Isso pode significar muitas coisas diferentes — não precisa ser os benefícios convencionais e mesas de pebolim dos campi tecnológicos dos millennials. O mais importante é vestir seu chapéu criativo e planejar conscientemente a felicidade, a diversão e a cortesia em sua cultura de trabalho. Culturas que são divertidas têm menores taxas de rotatividade e níveis maiores de produtividade. Todos se beneficiam.

Já dissemos isto antes, mas não custa repetir: colaboradores querem saber que são valorizados e reconhecidos e que alguém se preocupa com eles. Como líderes conscientes focados em criar a cultura mais saudável possível, é essencial demonstrarmos nosso cuidado e gratidão pelas pessoas com quem trabalhamos todos os dias.

> **PRATICANDO A LIDERANÇA DE EQUIPE:**
> **Esteja Atento Àqueles que Você Lidera**
>
> Tal como um pai pensa em seus filhos diariamente, um líder precisa pensar sobre sua equipe todos os dias de forma parecida. Você é o líder e treinador deles, e tem a responsabilidade de ajudá-los o melhor que puder. Pergunte-se: *como minha equipe pode prosperar? Quais oportunidades posso oferecer para que cada colaborador desenvolva seu maior potencial? Como garanto que tenham as ferramentas necessárias para serem bem-sucedidos? Quais são seus pontos fortes e fracos? Eles precisam de desenvolvimento de liderança externa? Eles estão travados? Talvez precisem de algum tipo de treinador externo?* Talvez você possa ter um diário ou arquivo que acompanhe seus desafios e progresso. Você está atento o suficiente à sua equipe para monitorá-los, acompanhá-los, e lhes dar sua melhor atenção?

Pratique o que você prega. Quando aceitamos e abraçamos nosso papel como líderes, uma das coisas mais importantes que podemos fazer é sempre liderar pelo exemplo. As pessoas prestam muito mais atenção ao que fazemos do que ao que falamos. Queiramos ou não, seremos um exemplo, e tudo o que fizermos será observado por nossa equipe. Nossas ações terão impacto e repercussão muito além de nós, primeiro na equipe e depois na organização. Um bom líder não recua frente a essa realidade. Seja respeitoso e cuidadoso com sua equipe todos os dias. Se você desprezar as pessoas, como pode pensar que manterá um clima positivo? Por fim, cada um tem a equipe que merece. A qualidade de nosso caráter, nossa integridade, nosso senso de propósito e nossa capacidade de liderar com amor moldará e impactará nossa equipe. Ela evoluirá e crescerá sob nossa liderança; ou a falta dessas qualidades impedirá seu desenvolvimento.

Ao mesmo tempo, não permita que a vontade de liderar pelo exemplo incentive qualquer tipo de pretensão de liderança. A autenticidade é especialmente importante quando se trata de liderança hoje. As pessoas farejam pretensão rapidamente.

Como líderes, é muito difícil desenvolver qualquer equipe além de nosso próprio nível de consciência. Nosso próprio nível de desenvolvimento pode oferecer um impulso àqueles ao nosso redor, mas pode agir também como um teto. Esse é mais um motivo pelo qual é importante praticarmos a virtude de aprender e crescer continuamente (veja o Capítulo 9).

Líder, conheça a ti mesmo. Não é segredo que a cultura de uma organização costuma ser criada, inconscientemente, pelos fundadores. Suas qualidades e defeitos tornam-se o caráter-padrão da cultura organizacional. Com o tempo, por meio de grande autoconsciência e por solicitar diretamente o feedback de nossa equipe, conseguimos entender melhor essas dinâmicas. Quanto mais estivermos cientes dessas coisas, mais efetivamente seremos capazes de construir uma equipe que compense essas fraquezas, e que possa fazer uma enorme diferença na produtividade geral.

Quando olho para a Whole Foods Market, vejo minhas qualidades como pessoa e líder bem representadas, mas a organização também reflete meus defeitos e as qualidades que não amo a respeito de mim mesmo. Por exemplo, tendo a ser uma pessoa muito criativa, boa na troca de ideias e na criação de soluções inovadores e novas ideias. O lado sombrio dessa qualidade é que não costumo prestar muita atenção aos detalhes. Uma das consequências é que a Whole Foods tem sido altamente inovadora, mas geralmente não presta atenção suficiente a todos os detalhes operacionais — especialmente em nossos primeiros 20 anos como empresa. Ao longo do tempo, tornei-me cada vez mais consciente tanto de minhas qualidades quanto de meus defeitos como líder e, de forma lenta, mas contínua, desenvolvi uma equipe capaz de compensar meus defeitos. Minha equipe executiva hoje é extremamente boa em pensar na estrutura e nos detalhes complexos enquanto mantém a cultura inovadora e empreendedora da Whole

Foods. Ao longo dos anos, essa equipe contou com muitas pessoas excepcionais como Glenda Flanagan, A. C. Gallo, Walter Robb, Jason Buechel, Sonya Gafsi Oblisk, Jim Sud e Keith Manbeck.

Crie um ambiente de segurança e confiança. "O Google não é uma empresa convencional. Não é nossa intenção nos tornarmos uma."[3] Essa frase apareceu na carta aos investidores original dos fundadores quando a gigante tecnológica se tornou pública em 2004. E o Google tem cumprido sua palavra. Uma das características desta independência é que, quando eles querem saber a resposta para um dilema, não dependem do trabalho ou das opiniões de outras pessoas. Em 2012, quando os executivos do Google decidiram que precisavam entender os atributos mais importantes que fazem uma equipe funcionar de verdade, eles não chamaram a McKinsey ou alguma outra empresa de consultoria para fazer estudos ou consultorias. Não, eles mesmos abordaram a questão. Batizada de Projeto Aristóteles — em reconhecimento à frase do grande filósofo "O todo é maior do que a soma das partes" — a pesquisa da empresa contou com um estudo exaustivo de 180 equipes internas, junto a todo material de pesquisa interna e dados de pesquisas relevantes que puderam encontrar. Eles sujeitaram esses dados a modelos estatísticos rigorosos para determinar os fatores mais críticos para a produção de resultados positivos — medidos quantitativa e qualitativamente.

Muitos dos resultados principais não foram surpreendentes. Por exemplo, não admira que eles tenham descoberto que as equipes devem ter estrutura clara e papéis, responsabilidades e objetivos transparentes. Ou que as equipes trabalham melhor quando existe uma noção de ser capaz de depender das contribuições dos colegas. Porém, muitos outros achados não estão exatamente escrachados nos livros de MBA. Por exemplo, a pesquisa descobriu que 2 das 5 primeiras qualidades que geram equipes bem-sucedidas eram a capacidade de fazer um trabalho que fosse significativo e a ciência de que o trabalho tem impacto. O significado importa. Obviamente, nem todo trabalho é significativo, e nem toda forma de trabalho significativo tem um caminho claro para impactar o mundo. Mas a mistura de ambos é um coquetel poderoso que inspira o real desempenho das equipes.

O principal achado do Projeto Aristóteles foi especialmente fascinante. O atributo mais importante do desempenho de equipe é a "segurança psicológica". Isso significa uma cultura de equipe em que as pessoas possam ser vulneráveis, assumir riscos, fazer perguntas, pedir ajuda, levantar problemas difíceis, até mesmo cometer erros, e normalmente confiar que os outros membros da equipe defenderão seus interesses. Esse ambiente de confiança verdadeira e cuidado mútuo é delicado, mas é fonte de ótimo desempenho. O trabalho de um líder é cultivar esse ambiente de confiança e modelá-lo ele mesmo — ao estar disposto a assumir riscos, fazer perguntas difíceis, reconhecer erros, e colocar o bem-estar da equipe acima do próprio.

Ofereça metas e avaliações claras. É essencial respeitar a ambição e o desejo de desenvolvimento das pessoas. O que elas precisam aprender? O que precisam fazer para serem promovidas? Se forem promovidas, qual seria a próxima posição? Que habilidades e atributos elas precisam melhorar para ter um desempenho melhor naquele próximo nível, enquanto o mercado muda e evolui? Oferecer planos de carreira claramente definidos dá às pessoas algo pelo que lutar e um destino para suas ambições e metas. Se não mostrarmos às nossas equipes que estamos investindo em seu desenvolvimento profissional, corremos o risco de perder nossas melhores pessoas porque se frustrarão e não verão futuro, deixando-nos, afinal, com um conjunto de pessoas menos talentosas.

Feedbacks em empregos são extremamente importantes, ainda assim organizações menores não os fazem. As pessoas precisam receber feedbacks sinceros e consistentes para saber onde estão, em que estão se destacando, e em quais áreas precisam se desenvolver para se tornarem mais bem-sucedidas. Se não tivermos um diálogo construtivo e direto com nossas equipes como parte dos feedbacks, então estamos fazendo um desserviço aos membros da equipe e à organização. Costuma haver uma desconexão entre como uma pessoa percebe seu trabalho, liderança e contribuição e como os colegas e outros líderes enxergam essas mesmas coisas — por isso o valor das avaliações 360° (que incluem o feedback de sua equipe, colegas e dos líderes da equipe). Graças ao ciclo de feedback holístico que elas criam, os líderes que realizam avaliações 360° estão menos sujeitos a ignorar problemas e desafios, pois assuntos e feedbacks consistentes ficarão aparentes.

Avaliações 360° também são valiosas para ajudar pessoas com baixo desempenho a verem que suas dificuldades não costumam ser com o líder, mas com a equipe como um todo. Em outras palavras, digamos que um líder de equipe esteja dando um feedback sincero e construtivo a um colaborador. Essa pessoa pode apenas racionalizar aquilo: "Estou indo bem. Ele só não gosta de mim, é pessoal." As pessoas começam a criar uma narrativa vitimista sobre como são incompreendidas e tratadas de forma injusta. A avaliação 360° pode ser uma forma muito poderosa de acordar aqueles com mal desempenho, porque o feedback vem de muitas direções. Não pode simplesmente ser racionalizado como preconceito de uma pessoa. Ao longo dos anos, vimos avaliações 360° acordarem muitas pessoas que até então estavam contentes dormindo.

Umas das melhores formas de criar objetivos claros e inspirar pessoas a cumpri-los é usar outras organizações bem-sucedidas como referência de excelência. Tom Gardner, CEO da Motley Fool, uma empresa de investimentos que se orgulha de ter uma cultura alegre, divertida e saudável, acredita piamente em "comparação cultural". A Motley Fool emprega um colaborador em período integral cujo trabalho é ir a outras empresas e lhes perguntar o que aprenderam que estariam dispostas a compartilhar. Acontece que líderes de outras organizações costumam estar dispostos a compartilhar seus insights e melhores práticas. E a Motley Fool não hesita em implementar as ideias que se encaixam.

PRATICANDO A LIDERANÇA DE EQUIPE:
Desenvolva Suas Habilidades de Feedback

Algumas pessoas têm um dom natural para oferecer feedback direto e honesto, mas a maioria de nós precisa trabalhar para desenvolver essa habilidade. Como em muitas habilidades, quanto mais praticamos, melhor nos tornamos naquilo. Um líder pode começar dizendo à sua equipe que quer melhorar no oferecimento de feedbacks sinceros, mas precisa de ajuda e incentivo para fazê-lo bem. Agora a equipe começa a se dedicar em ajudar o líder a desenvolver suas próprias habilidades de treinamento. Eles estão ajudando a treinar seu treinador! Isso ajuda a humanizar o líder ao torná-lo mais aberto e vulnerável. Também incita a paciência e a compreensão da equipe caso o líder não seja muito hábil a princípio.

Instigue uma cultura de treinamento. Contratar treinadores externos para os líderes de maior potencial em uma organização é uma tendência crescente, especialmente na indústria tecnológica. Pode ser um investimento caro, mas, em uma organização grande na qual a qualidade da liderança pode fazer uma enorme diferença financeira, pode ser um investimento válido. A Whole Foods só descobriu o valor dos programas de desenvolvimento de liderança externos nos últimos anos, e temos visto grande sucesso usando a Stagen Leadership Academy, fundada por Rand Stagen em Dallas. Para alguns dos nossos líderes que tiveram dificuldades em áreas específicas como autoconsciência, inteligência emocional e habilidades de comunicação, a melhora foi surpreendente.

Quem quiser saber relatos em primeira mão do poder desse tipo de treinamento, envolvendo alguns dos líderes e empresas mais respeitados de nosso tempo, deve pensar em ler *O Coach de Um Trilhão de Dólares: O Manual de Liderança do Vale do Silício*. Campbell, um treinador executivo lendário, aconselhou algumas das mentes mais brilhantes dos negócios, entre elas Larry Page, Sergey Brin, Eric Schmidt, Jonathan Rosenberg e Sundar Pichai no Google; Steve Jobs na Apple; Brad Smith na Intuit; John Donahoe no eBay; Marissa Mayer no Yahoo; Dick Costolo no Twitter; Sheryl Sandberg no Facebook; e outros famosos líderes em tecnologia. Mesmo no topo de suas carreiras, estas lendas foram mentoradas e guiadas por Campbell, que construiu relacionamentos de confiança, ajudou a inspirar coragem, e promoveu crescimento pessoal na melhor e mais desafiadora época.

Ainda que treinadores externos possam ser inestimáveis, o foco em treinamento não precisa se limitar a este formato. Na verdade, líderes conscientes reconhecem que faz parte de seu papel ser um treinador, e eles trabalham para incentivar esse reconhecimento em todo líder e colaborador dentro da organização. Como treinador executivo e fundador da Bluepoint Leadership Development, Gregg Thompson escreve em seu livro *The Master Coach*: "Treinar é assunto de todos. A beleza do treinamento é não ser um papel reservado àqueles com conhecimento especializado ou em posições de poder... qualquer pessoa na organização pode sentar-se com outra pessoa e desafiá-la a melhorar, incentivá-la a ver novas possibilidades, confrontá-la com seu próprio potencial, afirmar seus próprios talentos e lembrá-la do quão bom é fazer um trabalho extraordinário."[4] Thompson deixa claro que treinamento não se trata de resolver problemas de outras pessoas; mas de criar um contexto em que a pessoa possa resolver seus próprios problemas. Ele defende a criação de uma "cultura de treinamento" que extrapole sessões agendadas e se torne um recurso diário da vida organizacional.

Valorize a mentoria. Além da responsabilidade de qualquer líder de equipe ser um treinador, existe também tremendo valor em programas formais de mentoria. O programa Technical Advisor (TA) da Amazon é um ótimo exemplo. Basicamente, cada líder sênior da empresa escolhe um TA, que os acompanha em tudo o que fazem por um ano ou mais. Dada a quantidade inédita de exposição às responsabilidades diárias dos líderes executivos da Amazon, os TAs são Amazonians identificados como potenciais futuros líderes dentro da empresa. Após o fim de seu período como TA, eles costumam ser colocados em um importante papel de liderança em outro lugar da empresa.

Na Whole Foods, eu tive um mentor incrível dos 24 aos 40 anos: meu pai, Bill Mackey. Quando cofundei a empresa em 1978, quase não tinha experiência em negócios e não tive nenhuma aula de administração na faculdade. Felizmente, meu pai era ex-professor de contabilidade na Universidade Rice e tinha parado de lecionar para trabalhar em empresas. Ele acabou se tornando CEO de uma empresa de gerenciamento de hospitais públicos, a Lifemark, até ela ser vendida em 1984 para uma corporação maior. Eu não tenho dúvidas de que a Whole Foods teria fracassado em seus primórdios se não fosse a mentoria de meu pai. Por 16 anos, eu jamais tomei uma decisão empresarial importante sem consultá-lo primeiro. Porém, quando completei 40 anos, estava pronto para terminar a mentoria com ele e liderar a empresa sozinho. Foi uma separação difícil, e houve dor dos dois lados. Entretanto, acabou se mostrando uma solução ganha-ganha-ganha — boa para mim, boa para ele e boa para a Whole Foods. A mentoria de um líder mais velho e capacitado pode ser uma experiência inestimável, mas também chega ao ponto em que é hora de abandonar a mentoria e assumir totalmente o próprio poder como líder.

A ex-CEO da Campbell Soup Company, Denise Morrison, credita seu sucesso precoce a encontrar os mentores certos. Trabalhando na Nestlé na década de 1980, ela procurou o CEO da empresa, Alan MacDonald, para compartilhar os feedbacks de consumidores diretos que ouvia todos os dias. Enquanto ajudava MacDonald a conectar-se com os consumidores da Nestlé, ela também buscou seus conselhos sobre como se destacar. O cultivo desse relacionamento de mentoria fez MacDonald recomendar Morrison para a promoção que transformou sua carreira. Grata pelos mentores que a ajudaram em sua trajetória, quando se tornou CEO, Morrison "passou isso adiante" ao reunir-se regularmente com suas colegas mulheres para ajudá-las a gerenciar suas carreiras. Como ela explica: "Comecei o programa Camp Campbell para mentorar a próxima geração de líderes e empreendedoras mulheres para inspirar a liderança consciente e promover a colaboração criativa. Todos precisam de mentores e promotores para atingir seus objetivos e avançar em suas carreiras."[5]

Gerencie aqueles com baixo desempenho. Independentemente de como contratamos, de quão bem treinamos e do quanto investimos em desenvolvimento de liderança, toda equipe terá pessoas com baixo desempenho. A pergunta é: o que faremos a respeito?

Primeiro, é essencial que seja dado feedback claro e sincero, quando as pessoas vão bem e também quando são desafiadas. As pessoas se saem muito melhor com feedbacks positivos, elogios e reconhecimento, então essa deve ser a ênfase. Contudo, se não dermos também o feedback duro, mas construtivo, estaremos prestando um desserviço à nossa equipe e aos colaboradores. As pessoas precisam saber se estão deixando a desejar e receber a orientação de como melhorar. Rand Stagen diz bem: "Quando você retém um feedback, está sabotando a capacidade da outra pessoa obter sucesso."[6] Um dos erros que muitos líderes cometem é guardar esses feedbacks, evitando uma possível conversa desagradável enquanto fazem julgamentos silenciosos. Geralmente, esperam até que as queixas e insatisfações cheguem ao limite e eles percam a paciência.

Depois de dar feedbacks claros, a segunda coisa que precisamos é dar oportunidades para a pessoa se corrigir e ajudá-la a aprender e crescer. É necessário ter paciência nessas situações, porque precisamos dar à pessoa a chance de agir com base naquilo que conversamos. Porém, ainda que a paciência seja uma virtude, essas situações não podem ser uma desculpa para o líder simplesmente procrastinar uma decisão acerca do futuro de um colaborador. Definir um prazo pode ser útil. Ainda que nunca seja fácil, parte de desenvolver nossa equipe constantemente é remover pessoas de baixo desempenho e reter o time como um todo.

Remover alguém da equipe não significa necessariamente demitir essa pessoa da empresa. Pode haver outras alternativas, dependendo dos motivos do baixo desempenho. Um líder consciente se demora em entender o que deu errado. Frequentemente, uma pessoa tem baixo desempenho porque foi promovida a uma posição que está simplesmente além de suas capacidades. Ela tinha sucesso e bom desempenho em sua posição anterior, motivo pelo qual foi promovida. É um desperdício terrível demitir colaboradores dedicados e leais apenas porque sua promoção não foi bem-sucedida. É muito melhor reciclá-los de volta às suas posições anteriores ou a uma posição diferente que seja um movimento horizontal. Conceda uma nova oportunidade de recomeçar com um líder diferente e pode ser que prosperem. Uma história que ilustra isso se destaca em minha mente.

Em 1988, Mark Dixon era líder de equipe de loja quando abrimos nossa unidade em Richardson, Dallas — nossa sétima loja. Sabíamos que este novo mercado seria um desafio para a empresa. Richardson era um subúrbio abastado, mas com pouquíssima consciência acerca de alimentos naturais ou orgânicos. A loja começou com um volume de vendas incrivelmente baixo — o menor de qualquer loja que tínhamos aberto — e pareceu que seria um grande erro. Mark estava se esforçando. Demos a ele alguns anos para aumentar as vendas da loja, mas no fim das contas ele não teve sucesso como líder de equipe de loja, e o moral da equipe estava baixo. Depois de dois anos de frustração, tomamos a decisão de trazer um novo líder com ideias novas e muita energia. Porém, não demitimos Mark da empresa. Em vez disso, ele voltou ao mesmo papel que ocupava antes dessa promoção. E ele recebeu esse rebaixamento com a postura certa, que foi "Entendo que não estava pronto. O que preciso aprender para voltar àquele próximo nível?" Ele ouviu cuidadosamente ao feedback que lhe demos e aprendeu com seu fracasso.

A pessoa que substituiu Mark fez um ótimo trabalho, e as vendas na loja de Richardson cresceram mais de 25% por 10 anos consecutivos. Ela passou de ter as menores vendas da empresa a tornar-se uma de nossas lojas com melhor desempenho.

Mark, enquanto isso, deu todos os passos necessários para crescer como líder. Ele não somente se tornou líder de equipe de loja novamente, como se tornou um dos melhores que a empresa já teve, e acabou liderando com sucesso outras três lojas. Dentro de poucos anos ele foi promovido a vice-presidente regional e depois presidente de nossa Região Sudoeste. Mark atuou nessa posição por mais de 10 anos e foi um membro incrivelmente valoroso da equipe de liderança da Whole Foods Market antes de se aposentar em 2017. Ele foi inserido no Whole Foods Hall of Fame em 2020, uma honra muito rara e cobiçada dentro da empresa.

Obviamente, nem toda história tem um final feliz como este. Nem todos têm a força e a humildade de ser rebaixado, aprender com seus erros e prosseguir para um sucesso maior no futuro. Às vezes, precisamos remover pessoas não apenas de suas equipes, mas da empresa.

Decisões difíceis acerca de funcionários são uma parte da liderança que não pode ser evitada. Devemos evoluir constantemente nossa equipe por meio de como contratamos, como treinamos, como desenvolvemos nossa equipe e também por meio de como retiramos pessoas que não têm desempenho conforme nossos critérios. Se estamos dispostos a fazer isso, então provavelmente atingiremos nosso potencial como líderes.

Então, como demitimos as pessoas? Primeiro, jamais deve ser uma surpresa. Se alguém ficar surpreso com uma demissão, então o líder fez um péssimo trabalho de feedback. Segunda, jamais deve chegar repentinamente (a menos que haja algum tipo de quebra de integridade ou violação de ética).* Terceiro, deve ser feito com compaixão e encorajamento para o futuro. Em minha experiência pessoal, quase ninguém que venha falhando e recebendo feedback sincero fica surpreso. A pessoa estava esperando por aquilo. Ela fica grata pela oportunidade, e lhe desejamos boa sorte no próximo emprego, seja aonde for. Pode ser demais esperar manter a amizade, mas já demiti inúmeras pessoas ao longo dos anos com quem tenho conseguido manter boas relações. O fundador e CEO do Panera, Ron Shaich, diz ter recebido cartões de agradecimento ao longo dos anos de pessoas que demitiu. Pode ter sido difícil na época, mas em retrospecto elas aprenderam com as verdades duras e se tornaram melhores.

Construa uma comunidade. Os humanos prosperam em comunidade. Somos criaturas tribais, e não há nada que acalme mais nossas almas do que conexões saudáveis. No mundo de hoje, para o bem ou para o mal, as orga-

---

* O baixo desempenho deve ser documentado de forma transparente, e obviamente precisamos seguir todas as diretrizes legais e de RH de nossa empresa, independentemente do tamanho da organização. No mundo complexo de hoje, nos colocamos em risco se não seguimos as regras referentes a processos e rescisões consistentemente.

nizações em que trabalhamos são grande parte do que chamamos de comunidade. Então vamos torná-las a melhor possível! É claro que não podemos suprir todas as necessidades emocionais humanas em uma configuração corporativa ou sem fins lucrativos, mas podemos criar verdadeiras formas de comunidade. E, para ajudar a facilitar a criação de laços mais estreitos entre colegas, às vezes precisamos sair de nossas configurações de trabalho normais. Talvez em uma atividade externa, um retiro de liderança, uma reunião fora da empresa, dispor-se como equipe a fazer trabalho comunitário, ou até simplesmente passar tempo cozinhando e compartilhando uma refeição juntos. Existe algo em estar no mundo, fora do local de trabalho — por exemplo, dormindo no mesmo hotel, acordando, fazendo uma trilha e depois tomando café da manhã juntos — que ajuda a amarrar os laços comunitários.

Brett Hurt, fundador da empresa em rápido crescimento Data.world, uma Empresa B, incentiva seus colaboradores a formarem grupos de interesse dentro da empresa. Esses grupos, que os colaboradores da Data.world criam espontaneamente, sem permissão oficial, são chamados de "tribos". A "tribo de wakeboarding" da Data.world se reúne de manhã antes do trabalho, a "tribo de culinária" se reúne no almoço e a "tribo de ioga" se encontra depois do trabalho. Existe um motivo pelo qual a empresa foi classificada como um dos melhores lugares para se trabalhar na região: a experiência de comunidade.

O mais importante a se lembrar sobre construir uma comunidade é que não precisa exigir muito controle ou esforço intensivo. Os humanos fazem isso naturalmente há milhares de anos! Ofereça apenas os empurrões e oportunidades certos, e assista enquanto isso acontece por si só.

KIT DE FERRAMENTAS DO LÍDER CONSCIENTE

Tipos de Personalidade

Humanos adoram colocar coisas em categorias, inclusive a nós mesmos. Categorizamos o mundo detalhadamente — de cada espécie que descobrimos no planeta a cada estrela no céu — e fizemos inúmeras tentativas de categorizar também os aspectos menos tangíveis e mais misteriosos do mundo. Um foco perene desse esforço é mapear as diversas manifestações da personalidade humana. Afinal, as pessoas não são exatamente iguais. Sabemos disso intuitivamente, mas existe algum método na loucura? Nossas diferenças de personalidade entram em diferentes conjuntos de padrões, como nossos tipos sanguíneos ou nossa maquiagem étnica? Desde a Grécia antiga, algumas das mentes humanas mais brilhantes teorizaram que a personalidade humana pode ser dividida em tipos. Hipócrates propôs que quatro "humores" do corpo influenciassem na modelagem das personalidades, e tanto Aristóteles quanto Platão criaram seus próprios sistemas de categorização de personalidade.

Hoje, o fascínio pelos tipos de personalidade continua. Muitos líderes e consultores empresariais adotaram sistemas de tipos de personalidade modernos como parte de seu kit de ferramentas de desenvolvimento organizacional. Líderes sabem que a parte mais difícil de seu trabalho costuma ser o equilíbrio delicado de trabalhar com personalidades diferentes — descobrindo como motivar pessoas, como despertar sua criatividade, como ajudá-las a se relacionar bem, e como evitar ou gerenciar conflitos. Em todos esses esforços, pode ser útil ter um sistema para entender como e por que as pessoas reagem de maneira tão diferente.

Você é introvertido ou extrovertido? Motivado por pensamentos ou sentimentos? Orientado ao grupo ou autossuficiente? Sistemas de personalidade contemporâneos mapeiam coisas como a forma com que nos comunicamos, como interagimos com os outros e com grupos, como lideramos, como lidamos com conflitos e como resolvemos problemas. Esses não são julgamentos de valor bom/ruim ou avaliações de moral, mas simplesmente diferenças que podem exigir tipos diferentes de liderança para descobrir todo o potencial de um indivíduo. Se você tratar a todos como se fossem fundamentalmente iguais, vai roubar de sua organização a riqueza da diversidade humana.

Quando se trata de sistemas de tipo de personalidade específicos, eles podem ser ao mesmo tempo úteis e problemáticos. Críticos reclamam que eles não possuem evidências científicas e são pouco melhores do que a astrologia. É verdade que nenhum desses sistemas tem um embasamento claro e empírico, e alguns retiram suas distinções de fontes bastante esotéricas. Porém, defensores insistem que são altamente valiosos e descrevem precisamente ao menos algumas características do panorama da personalidade humana. Seja qual for o veredito final, muitas empresas adotaram seus insights e já os estão colocando em uso. Líderes conscientes devem estar cientes deles e reconhecer o que têm a oferecer sem apegos ideológicos.

Linda Berens, presidente da Association for Psychological Type International, diz que "os esquemas de tipologia nos dão uma linguagem para entender temas de comportamentos, motivações e impulsos profundos, talentos e mais".[7] Eles podem nos ajudar a nos libertar, explica ela, de nosso viés de "seja como eu": a tendência a presumir que os outros se relacionam — ou deveriam se relacionar — com o mundo como nós.

O Myers-Briggs Type Indicator é a tipologia de personalidade mais famosa. Outros sistemas populares incluem o Keirsey Temperament Sorter (KTS), o Eneagrama de personalidade, o Big Five personality traits e o Sixteen Personality Factors (16PF). Em vez de concentrar-se em um como sendo "o jeito que as coisas são", incentivamos você a reconhecer a verdade importante que esses sistemas estão transmitindo. A compreensão de que existem tipos diferentes de personalidades pode ajudar um líder a reconhecer, motivar e empregar diferentes talentos em qualquer equipe. No mínimo, os sistemas de tipos de personalidades permitem que os líderes respeitem e honrem as verdadeiras diferenças nas abordagens fundamentais das pessoas à vida. Mas devemos nos lembrar de sempre usá-los com parcimônia. Os tipos são, como Berens diz, "uma linguagem para entender diferenças, e não rótulos a serem tatuados na testa".[8]

8

REVITALIZE-SE REGULARMENTE

> Quase tudo volta a funcionar se desligar por alguns minutos, inclusive você.
> — ANNE LAMOTT

Na primeira onda do novo milênio, um dos melhores investidores do mundo, Stanley Druckenmiller, fez uma das maiores transações de sua vida. Ele previu precisamente que a direção dos títulos do Tesouro no fim de 2000 e início de 2001 seriam contrários ao senso comum. Ele foi capaz de ver a realidade da situação econômica, fazer grandes transações contra a tendência de mercado e colher os frutos. Esse insight lhe trouxe uma boa compensação, e ele reconhece que isso só foi possível por um motivo simples: ele tirou uma folga.

Antes de fazer essa enorme, e afinal bem-sucedida, transação, Druckenmiller havia ficado quatro meses longe de Wall Street. Ele tinha se afastado do barulho das notícias financeiras e descansado seu corpo e mente. Ele relaxou e recarregou. Quando finalmente retornou muitos meses depois, pode ver repentinamente o panorama com outros olhos. E o que viu mudou sua vida.

"Irei para meu túmulo acreditando que, se não tivesse tirado esse período sabático, jamais teria feito aquela aposta", refletiu Druckenmiller em uma entrevista anos depois. "Foi porque eu estava livre... minha mente estava clara e fresca."[1] Em um negócio em que tudo depende de clareza de pensamento e boas tomadas de decisão, um pouco de descanso e relaxamento fizeram toda a diferença.

Para líderes em qualquer setor ou área de especialização, o poder do descanso, repouso, relaxamento e rejuvenescimento jamais deve ser subestimado. Pode parecer contraintuitivo sugerir que atividades tão passivas e calmas possam ser fonte de dinamismo e criatividade, mas é exatamente essa a questão. De fato, pode haver algumas coisas que estimulam a produtividade mais do que esses comportamentos que nos permitem esvaziar a mente da prosaica confusão mental. Elas podem ser meditação, sono, uma longa corrida, ou apenas um passeio no campo. Nesses momentos de tranquilidade relativa, as preocupações superficiais que costumam tomar nossa mente deixam nossa atenção como água escoando de um vaso emborcado, e os algoritmos cognitivos mais profundos e as funções intuitivas mais altas de nosso aparato mental podem começar a fazer sua mágica nos problemas do momento. Geralmente, o resultado será a agradável surpresa do insight criativo, ou uma convicção recém-afirmada no sentido correto adiante.

"O problema nunca é como colocar pensamentos novos e inovadores em sua mente, mas como retirar os velhos", escreve o cofundador da Visa, Dee Hock. "Limpe um canto da sua mente e a criatividade o preencherá instantaneamente."[2]

Um estudo recente com trabalhadores norte-americanos sugeriu que mais de 60% estão esgotados ou altamente estressados.[3] A *Harvard Business Review* estima que o esgotamento laboral é responsável por US$125 a US$190 bilhões em gastos com saúde anualmente, e contribui com inúmeras outras doenças crônicas.[4] E, entre executivos, um estudo realizado pela Harvard Medical School descobriu que incríveis 96% dos líderes seniores relataram sentirem-se esgotados em algum nível, e um terço deles descreveu seu esgotamento como extremo.[5] Ainda que nossa tendência seja pôr a culpa de nosso estresse nas pressões do trabalho, na cultura do local de trabalho, nas expectativas dos stakeholders, no balanço, e assim por diante, a verdade é que todo ser humano tem um grau significativo de poder sobre seu próprio bem-estar. Podemos não conseguir retirar todas essas fontes de estresse, mas podemos fazer muito para melhorar nossa resiliência.

É muito comum que seja preciso uma crise para forçar os mais dedicados entre nós a tirar uma folga. Jay Coen Gilbert, um dos visionários por trás do movimento B Corp, conta como um diagnóstico de linfoma não Hodgkin, no fim de 2016, o forçou a mudar dramaticamente seu ritmo de vida. Ele se recuperou, mas está se esforçando para não esquecer o presente escondido nesse episódio difícil. "Quando tiro tempo para desacelerar, sempre sou recompensado com melhores tomadas de decisão, mais confiança e relacionamentos mais profundos — tanto pessoal quanto vocacionalmente"[6], diz ele.

O ideal seria que os líderes conscientes não esperassem por um problema de saúde ou outra crise para forçá-los a mudar seus hábitos. A capacidade de revitalizar-se é uma das frutas mais doces e acessíveis que qualquer um de nós pode colher na árvore da vida. Encontrar o equilíbrio entre comprometimento profundo e afastamento de qualidade, atividade e quietude, foco apaixonado e desapego reparador é uma das habilidades mais importantes para sustentar a liderança no longo prazo. Ainda que todos tenhamos diferentes pontos de ajuste, pontos críticos e pontos de quebra, ninguém escapa da necessidade de recarregar. Alguns minutos, algumas horas, alguns dias, algumas semanas ou até alguns meses — todos precisam de tempo e espaço adequados para se revitalizar e se revigorar. Aqueles que o fazem corretamente concedem a si mesmos uma grande vantagem física e mental — sem falar na maior qualidade de vida.

QUEM É SEU DIRETOR DE ENERGIA?

Em seu cerne, revitalização tem tudo a ver com energia — como a usamos, como podemos ter mais dela à disposição, como a entendemos e como a gerenciamos. Para líderes de alta performance em muitos setores, estas questões são essenciais. Como podem manter seus impulsos vivos e o nível alto de motivação necessário para cumprir as demandas rigorosas da liderança consciente? Essa foi a pergunta que Tony Schwartz buscou responder quando fundou a empresa de consultoria The Energy Project. Tony ajudou muitos dos líderes mais proeminentes do mundo a atingir um desempenho sustentável ao gerenciar com mais habilidade sua própria energia, bem como a de suas equipes. O caminho para uma energia maior e sustentável não é simplesmente um caminho pessoal. Como sabemos, a vitalidade autêntica pode ser contagiosa. Schwartz aconselha os líderes com quem trabalha a se enxergarem como "diretores de energia" de suas organizações.

O mergulho profundo de Schwartz na energia humana tem origem em seu amor por esportes, especificamente o tênis. Começou com o trabalho de um colega, o psicólogo esportivo Jim Loehr. Enquanto assistia a partidas profissionais de tênis, Loehr percebeu que os melhores jogadores estavam deliberadamente descansando — não somente entre as partidas ou jogos, mas até entre os pontos. Em vez de andar ou bater a bola, eles paravam um pouco para ficar imóveis ou para respirar profundamente. Quando Loehr estudou esses atletas campeões, descobriu um fato notável. Alguns estavam de fato conservando um pouco de energia extra entre os pontos e os jogos, e a vantagem que seu gerenciamento de energia superior lhes dava em partidas longas e intensas oferecia um aumento visível em seus resultados. Esses jogadores tinham aprendido um segredo que é relevante muito além das quadras de tênis: se energia é a capacidade de trabalhar, como os físicos nos dizem, então *descansar faz parte do trabalho*. Esse insight levou Schwartz e Loehr a perceberem que a energia pessoal pode não somente ser conservada, usando as técnicas certas, como pode também ser ativamente expandida e multiplicada. Foi com base nessa epifania que Schwartz construiu seu negócio.

Conforme a virada do milênio chegou e passou, Schwartz reconheceu como a influência cada vez maior da tecnologia estava gerando demandas cada vez maiores do tempo das pessoas, exigindo cada vez mais atenção e invadindo cada vez mais todas as áreas da vida. Em resposta a esse desafio, ele percebeu que, apesar do tempo ser um recurso finito, a energia pessoal pode ser expandida com eficiência. Mas fazer isso exigiria uma abordagem totalmente diferente em relação ao gerenciamento de energia. Pareceu a Schwartz que era muito comum que indivíduos e organizações se comportassem como se os humanos fossem máquinas, projetados para funcionar de forma constante e consistente sem parar. O trabalho de Schwartz defendia uma verdade totalmente diferente — de que os humanos são na verdade feitos para operar em ciclos naturais, e precisamos de períodos de tempo para regenerar e renovar nossos níveis de energia. Em outras palavras, humanos não são computadores. Nós temos picos e vales de energia naturais, e negar esse fato é uma forma concreta de acabar em um sério deficit de energia. Nós precisamos respeitar nossos ciclos durante um ano ou um mês, mas também precisamos reconhecê-los durante um dia.

Por exemplo, pense em um dia de trabalho comum, a pesquisa de Schwartz sugeriu que os humanos trabalham naturalmente em incrementos de 90 minutos. Afinal, precisamos de uma pausa mental — talvez seja necessário sair para caminhar ou correr, comer um lanche, ou ter outro período temporário de renovação antes de mergulhar em outro ciclo de trabalho. Novamente, é esse período breve, mas essencial, de descanso que mantém tanto os jogadores de tênis em seu melhor desempenho durante a partida quanto os executivos no máximo de sua liderança durante o dia. *Para verdadeiramente fazer mais, às vezes precisamos melhorar no fazer menos.* Em geral, percebeu Schwartz, podemos esperar operar em nosso pico por cerca de três ciclos de trabalho intensivo em um dia. Isso soma cerca de 4 horas e meia em que estamos funcionando em nosso maior nível de energia geral. Isso não significa que não devemos jamais trabalhar 8 horas por dia; significa simplesmente que, fora desses 3 períodos de 90 minutos de maior performance, devemos nos concentrar em tarefas menos mentalmente exigentes. Novamente, essa é apenas uma regra de ouro geral, mas lhe dá uma noção de como pensar em humanos que trabalham em ciclos — períodos de gasto de energia concentrado seguidos de interlúdios de renovação e revitalização — pode transformar a forma como gerenciamos nossas atividades diárias. Isso traz uma autoconsciência muito maior a nossos níveis de energia e nos mostra como podemos trabalhar com eles em vez de tentar superá-los ou desejar que sumam. Com esses insights em mãos, Schwartz começou a reconhecer que nossa "capacidade de trabalhar", individual e organizacionalmente, pode ser significativamente aumentada. Logo, a The Energy Project nasceu.

A empresa de Schwartz identificou e analisou cuidadosamente quatro tipos essenciais de energia pessoal: física, emocional, mental e espiritual. Ainda que essas formas de energia sejam intimamente relacionadas, elas também são diferentes no sentido de que trabalhar para aumentar cada tipo exige seu conjunto específico de práticas. O modelo de Schwartz oferece lentes holísticas poderosas para gerenciar e cultivar tanto a energia individual quanto a energia da equipe. Vejamos brevemente as principais diferenças que informam seu trabalho.

- *Energia física* — a energia do nosso corpo — precisa ser renovada continuamente e reposta por meio de sono adequado, nutrição saudável e exercícios regulares. Nós concordamos de todo coração com a ênfase de Schwartz nesses componentes fundamentais, mas muitas vezes negligenciados do bem-estar físico, e voltaremos a eles mais profundamente mais à frente no capítulo.
- *Energia emocional,* no modelo de Schwartz, se refere à qualidade de nossa energia. Aprender a assumir mais o controle de nossas emoções, explica ele, melhorará nossa capacidade de sermos positivos e resilientes em meio a

quaisquer desafios que enfrentarmos. A liderança pode às vezes ser frustrante, e é inevitável enfrentarmos momentos em que nossa energia emocional nos trai, seja pelo motivo que for. Aprender como liberar a negatividade inevitável que surge durante o dia é, portanto, outro aspecto importante de uma prática de energia pessoal.

- *Energia mental* é necessária para inúmeras habilidades de liderança, inclusive curiosidade, criatividade e memória detalhada. Mas, dentre todas as demandas da liderança, a capacidade de concentração e foco — a habilidade de sustentar a atenção por longos períodos — é a capacidade de liderança que consome a maior quantidade de energia mental. A capacidade de prestar atenção é como um músculo, logo, deve ser "exercitada" regularmente para continuar forte e flexível. Também é importante dar um tempo para se recuperar e renovar, usando a abordagem de ciclos de 90 minutos mencionada anteriormente.

- *Energia espiritual,* no modelo de Schwartz, é a energia de significado e propósito — a onda de inspiração e vitalidade que alguém tem quando as atividades do dia a dia são alinhadas a seus valores centrais e sabe que está fazendo uma diferença significativa nas vidas das pessoas. Não se pode negar o poder espiritualmente energizante de um propósito maior autêntico. Para acessar essa energia, Schwartz recomenda que as pessoas esclareçam suas prioridades e usem seu tempo de forma consciente para as coisas que realmente importam, seja no trabalho ou em outras áreas da vida.

PRATICANDO A REVITALIZAÇÃO EMOCIONAL:
Liberando a Negatividade

Verifique-se regularmente e observe como se sente. Se as emoções negativas forem dominantes, tente este método de quatro passos de Tony Schwartz. (1) Acalme sua fisiologia respirando fundo algumas vezes, sinta seus pés tocando o chão e concentre sua consciência em seu corpo. (2) Agora pense na circunstância de seu descontentamento. Faça uma distinção entre os fatos dessas circunstâncias e a história que você está anexando a esses fatos. (3) Se houver outra pessoa envolvida em sua frustração, separe um tempo para desconectar-se de sua história e imaginar a mesma situação sob a perspectiva dela. Qual é a aparência ou sensação das circunstâncias daquele ponto de vista? (4) Mude a história em sua mente. Pergunte-se se há uma história mais otimista que pode ser contada a respeito desses mesmos fatos. Ao trabalhar para desvendar os medos, pontos cegos e vieses de confirmação que conduzem emoções negativas, você pode dominar o "jogo interno" de ser positivo. A energia positiva é contagiosa, então lembre-se de sorrir e ser alegre (ou ao menos não ser bravo). E, em momentos inevitáveis, quando você de fato ficar nervoso ou desanimado, afirme seu papel como diretor de energia e tente guardar essas emoções negativas para si mesmo. Faça a distinção entre a experiência genuína da frustração e a negatividade, que pode estar fora de seu controle, e a escolha de sempre precisar afirmar um relacionamento positivo perante as diversas circunstâncias da vida.

SONO, REVISADO

Inspirar; expirar. Noite e dia. Atividade e passividade. Como humanos, somos criaturas rítmicas e cíclicas, e o ciclo mais fundamental de todos — ao menos deste lado da vida e da morte — é o ritmo circadiano de sono e despertar. É por isso que o fundamento de qualquer caminho de revitalização profunda começa com o sono. Sem dúvidas muitos de nós já ouviram ou leram que deveríamos dormir mais. Mas, geralmente, essas palavras têm pouco efeito. Elas simplesmente entram por um ouvido e saem pelo outro, em parte porque não experimentamos diretamente essa necessidade. É claro que talvez tenhamos dificuldade em nos arrastar para fora da cama de manhã, e nos pegamos quase cochilando depois do almoço, mas nossa carência noturna nem sempre parece ter um custo imediato. Dormir é universal, sim, e todos precisamos disso, mas para líderes no meio de uma rotina diária exigente, com decisões arriscadas chegando constantemente e uma lista de afazeres infinita, pode haver uma forte tendência a simplesmente dar o nosso melhor com o mínimo de sono possível e dizer a nós mesmos que vamos compensar depois.

Essa é uma péssima ideia. Não é assim que o sono funciona, como acabamos descobrindo. Nos últimos anos, pesquisas descobriram um tesouro de novos insights sobre como dormimos e como isso impacta em nosso cérebro e corpo. E, ainda que haja muito que ainda não sabemos, a mensagem básica é bem direta. Nós definitivamente precisamos ter um sono bom e consistente, e a ciência está apenas começando a medir como a não obtenção dele nos compromete. Na verdade, tentar ser um líder consciente sem ter um sono consistente e adequado é como tentar ganhar um jogo de futebol com uma linha de defesa machucada. Torna todo o resto muito mais difícil. Podemos até marcar alguns gols, mas quem apostaria na vitória?

Em seu livro recente *Por Que Nós Dormimos*, Matthew Walker, professor de neurociência na UC Berkeley, faz uma afirmação surpreendente: "Os prejuízos físicos e mentais causados por uma noite de sono ruim são muito maiores do que os causados por uma ausência equivalente de alimento ou exercício. É difícil imaginar qualquer outro estado — natural ou manipulado por médicos — que permita um reequilíbrio mais poderoso da saúde física e mental em todos os níveis de análise."[7] E, caso isso não tenha sido suficientemente conclusivo, ele continua: "O sono é a coisa mais eficiente que podemos fazer para restabelecer a saúde de nosso cérebro e corpo a cada dia."[8]

De 7 a 9 horas. Essa é a recomendação dos especialistas. Se você faz parte do coro "eu fico bem com 5 ou 6 horas", veja esta estatística interessante: em uma análise recente de 35 mil líderes, a *Harvard Business Review* descobriu que, quanto mais sênior uma pessoa era em determinada organização, mais horas de sono aquela pessoa conseguia obter todas as noites.[9] Bem, alguém pode interpretar isso como um indicativo de que, quando atingem uma posição superior na liderança, param de virar a noite e finalmente começam a dormir bem. Mas não foi essa a conclusão dos pesquisadores. Eles suspeitaram que esses executivos seniores podem ter atingido um desempenho superior em partes *porque* tinham os bons ventos de hábitos de sono saudáveis a seu favor. Seja qual for o caso, o poder benéfico do sono não deve ser subestimado. Pesquisas continuam a estabelecer seu impacto notório em todos os tipos de habilidades de liderança críticas, como a solução de problemas, a memória e a qualidade da atenção. E a falta de sono adequado e consistente levanta bandeiras vermelhas pelo tabuleiro. Ela já foi associada à supressão da função imune, aumento da pressão arterial, maior risco de doenças crônicas, como doenças cardíacas e derrames, e diversos tipos de doenças degenerativas cerebrais, como demência e Alzheimer.[10]

Em outras palavras, os dias de um CEO workaholic se gabando de quão pouco sono precisa enquanto engole um expresso triplo devem ser relegados à lixeira das más ideias. As formas mais altas de liderança têm sempre a ver com qualidade, e não quantidade, e por isso precisamos estar em nossa melhor forma: saudáveis, descansados, dedicados, atentos e revitalizados.

DESMISTIFICANDO A NUTRIÇÃO

Em francês, a palavra para comida é *nourriture*. Ela vem da mesma raiz da palavra em inglês *nourishment* [nutrição]. Porém, com que frequência esquecemos que a comida, em seu nível mais básico, deve ser realmente nutritiva? Infelizmente, quanto mais ocupados somos, e quanto mais caóticas forem nossas vidas, mais nos distanciamos dessa verdade básica. Optamos pelo rápido e fácil em vez do saudável e satisfatório. Temporariamente, pode ser que não percebamos o impacto. Mas uma liderança sustentável significa cuidar de nosso físico. E a comida — *nutrição* — é uma peça-chave nesse quebra-cabeça.

Na Whole Foods Market, sempre consideramos a alimentação saudável como a primeira linha de defesa contra doenças, esgotamento, fadiga e tantas outras dificuldades físicas que podem levar a colaboradores descontentes e fundamentar um desempenho ruim. É por isso que incentivamos comportamentos saudáveis — por exemplo, oferecemos um desconto em compras de alimentos na loja que aumenta conforme os colaboradores atingem certos marcadores de saúde e adotam boas práticas de saúde, como não fumar. E oferecemos "Imersões de Saúde Total" gratuitas que ajudam nossos colaboradores menos saudáveis a reiniciar sua saúde e aprender como desenvolver hábitos melhores. Esses programas são ganha-ganha-ganha porque beneficiam a empresa, ajudam nossos colaboradores e apoiam as comunidades em que atuamos. Em minhas décadas à frente da empresa, vi com grande orgulho e gratidão milhares de pessoas transformarem sua saúde por meio dos insights obtidos nesses programas. Há poucas coisas capazes de transformar nossa experiência do dia a dia, tanto de vida quanto de trabalho, como sair de uma doença crônica e deficit físico para a verdadeira nutrição e saúde.

Jamais se esqueça das escolhas simples que fazem profunda diferença. Isso pode ser mais difícil em um mundo onde o pessoal do biohacking e os technorati estão apaixonados pelas promessas de saúde da ciência e da tecnologia. As questões em suas mentes concentram-se amplamente em desempenho. *Como posso atingir desempenho máximo? Como posso aumentar meu nível de energia? Como posso manipular minha biologia para obter melhores resultados? Qual substância, suplemento, prática, comida, bebida, exercício ou tecnologia pode me atirar a estados mais elevados de fluidez e autodomínio?* Do Executivo à Prova de Balas de Dave Asprey às Ferramentas dos Titãs de Tim Ferriss, a busca é por uma vantagem de desempenho demonstrável na cultura de trabalho altamente tecnológica de hoje. Não há definitivamente nada de errado em usar os últimos e melhores aplicativos, suplementos ou dispositivos vestíveis de biofeedback para maximizar seu charme de liderança, contanto que você se lembre de ao menos dois pontos fundamentais quando se trata de saúde e bem-estar.

Primeiro, para todas as centenas de milhares de pessoas que se fiam da sabedoria do último podcast de performance máxima, existem dezenas de milhões que acordam todos os dias com diabetes, doenças cardíacas e outras doenças crônicas. Infelizmente, isso inclui muitos líderes em empresas ao redor do mundo que de outro modo poderiam fazer verdadeiras contribuições, mas cujo impacto está comprometido por essas condições debilitantes. Elas são pragas que se movem lentamente, e precisamos continuar reconhecendo o quanto mais precisa ser feito para empurrar a maioria dos EUA e de outros países no sentido de melhores escolhas básicas de saúde. Como líder, você pode se encontrar em uma posição de fazer a diferença. Se isso envolve explorar as fronteiras do desempenho máximo, bom para você. Mas pode envolver também ajudar a si mesmo e a outros a negociarem escolhas de saúde básicas, mas que salvam vidas. O que nos leva ao segundo ponto sobre saúde e bem-estar, e talvez o mais importante: às vezes, o melhor conselho não é o mais novo, mais moderno ou mais atraente.

O poeta e escritor Andrei Codrescu descreveu de forma perspicaz a cultura norte-americana como "uma antologia ininterrupta de modismos perseguindo uns aos outros cada vez mais rápido em intervalos cada vez mais curtos".[11] E talvez em nenhum lugar isso seja mais real do que na área das dietas. South Beach, low-carb, Atkins, Zone, gluten-free, tipo sanguíneo, glicêmica, vegan, paleo, low-glycemic, DASH, pegan e cetogênica são apenas algumas das dietas populares que dominaram a cultura nos últimos anos. Mas, em meio a todos os nossos esforços para melhorar radicalmente nossos hábitos alimentares, não devemos jamais nos esquecer de que o padrão dietético saudável básico não é um grande mistério que exige os esforços virtuosos de um escritor de autoajuda best-seller para ser desvendado. Especialistas não sabem tudo sobre dieta e saúde, mas também não estão tateando no escuro. Como o médico de Yale, David Katz, um dos principais especialistas em dieta no país, escreve: "Nós definitivamente NÃO somos ignorantes acerca dos cuidados e alimentação básicos do Homo sapiens... A fórmula fundamental de estilo de vida, incluindo dieta, favorável à adição de anos às nossas vidas, e vida aos nossos anos, está bem clara e é um produto da ciência, percepção e consenso global. Sério. Você pode ficar confuso a respeito disso se quiser ficar, mas não aconselho. Você estará procrastinando, e ficando excluído — porque as pessoas saudáveis se divertem mais."[12]

Que fórmula é essa? Michael Pollan coloca de forma simples em sua famosa e cuidadosamente pesquisada pepita de ouro de sabedoria dietética: "Coma comida. Principalmente plantas. Mas não muito."[13] Cada um dos autores deste livro concorda plenamente com esse conselho. E, ainda que este não seja um livro sobre dieta, e estaria além de seu escopo mergulhar fundo no assunto, podemos expandi-lo para dizer: coma comida de verdade. Coma alimentos integrais sempre que possível. Coma principalmente grãos integrais, leguminosas, vegetais, verduras folhosas, frutas, oleaginosas e sementes. Limite sua ingestão de produtos animais, açúcares adicionados, grãos refinados e alimentos processados. Se seguir essas orientações, independentemente dos detalhes, saúde e bem-estar serão suas companhias de longo prazo. Ainda em dúvida? Considere que esse padrão alimentar é encontrado em cada uma das "Blue Zones" — as áreas do planeta que abrigam as populações mais longevas — do mundo.[14]

Falando nas Blue Zones, outra coisa que suas populações fazem é *se movimentar*. O movimento é essencial não apenas para a saúde física e o bem-estar, mas também para a vitalidade emocional, mental e espiritual. Isso não significa que você tem que ficar puxando ferro na academia sete dias por semana ou treinar para uma ultramaratona, mas significa parar para descobrir: *o que realmente me torna fisicamente energizado?* É a dança, o ioga, uma caminhada, corrida ou passeio de bicicleta? Seria o prazer de entrar em contato com a natureza da trilha a pé ou de bicicleta? Seria a emoção da competição, talvez uma partida de tênis ou um jogo de basquete? É a intensidade do treinamento de força ou o suor da aula de spinning? Seria a satisfação de superar limites em esportes de resistência como corrida ou triatlo? É a beleza contemplativa do campo de golfe? Ou seria simplesmente um passeio mais longo pela vizinhança, conectando-se com amigos e a comunidade? O exercício físico pode aparecer de diversas formas, e talvez o elemento importante para torná-lo sustentável no longo prazo seja descobrir o que o inspira a levantar do sofá metafórico ou real e ganhar vida.

NÃO FAÇA APENAS QUALQUER COISA, SITUE-SE

E se eu lhe dissesse que existe um atalho subvalorizado para melhores habilidades de liderança — uma técnica poderosa que toma apenas alguns minutos por dia, pode ser feita por qualquer um, e já que é provado que ajuda na formação de líderes mais focados, criativos e capazes? Como bônus, essa atividade específica tem um efeito altamente benéfico nos resultados de saúde — ela melhora a insônia, ajuda em dores crônicas e diminui a pressão arterial. Por fim, e se mencionássemos que indivíduos como Bill Ford (presidente da Ford), Marc Benioff (CEO da Salesforce), Jack Dorsey (CEO do Twitter), Jeff Weiner (CEO do LinkedIn), Ray Dalio (fundador da Bridgewater), Russell Simmons (CEO da Rush Communications), e até o time de futebol americano vencedor do Super Bowl, Seattle Seahawks, adotam essa técnica?

Bem-vindo à antiga, porém muito moderna, prática da meditação. Por milênios, ela tem sido a musa de monges e místicos. Há 50 anos ela era refúgio, no oeste pelo menos, de hippies e aspirantes explorando as práticas do budismo, hinduísmo e outras tradições orientais. Em poucas décadas, ela viajou da contracultura para a cultura corporativa e, na verdade, praticamente todos os outros lugares. E por que não? Além do sono, há pouquíssimas atividades que oferecem o mesmo grau de relaxamento e renovação pelo tempo investido. Da mesma forma que o sono relaxa o corpo e esvazia a mente dos detritos da vida diária, nos permitindo acordar renovados e revigorados, a meditação elimina e descarta camadas de atividade mental habitual, permitindo que camadas mais profundas de atenção e intenção aflorem. Mas, enquanto o sono implica em estar inconsciente, a meditação implica em estar extraconsciente.

A meditação oferece uma experiência de renovação imprevisível e difícil de quantificar no nível de *ser* a si mesmo. Em meio a uma vida de *fazer* constante, ela oferece equilíbrio. Por um período de tempo, somos capazes de nos afastar do mundo mental ocupado e caótico para uma quietude e silêncio profundos. Em meio à intensidade da vida e do trabalho, colocamos de lado o "culto à vida ocupada" que tantos de nós seguem com grande devoção e lembramos que há mais na existência do que aquilo que passa em nosso para-brisas mental em um dia.

Deve-se observar que o termo *meditação* é amplo, e sob sua bandeira há uma grande variedade de práticas e técnicas. Todas as maiores tradições de sabedoria do mundo têm suas variações do tema, como a maioria das formas de espiritualidade contemporânea. Existem também muitos outros tipos de práticas espirituais, orações e rituais religiosos que oferecem benefícios semelhantes. Você pode já ter descoberto práticas de renovação e crescimento espiritual que falam com sua própria alma.

De modo geral, as práticas meditativas caem em duas categorias: aquelas que enfatizam a concentração e aquelas que enfatizam o abandono. Experimente e veja qual funciona para você. Ambas podem ser extremamente poderosas e renovadoras.

PRATICANDO A MEDITAÇÃO: Concentração

Práticas de concentração envolvem um objeto de foco — por exemplo, uma prática de mantra, na qual você treina sua atenção em determinado conjunto de palavras — nesse caso, palavras específicas do sânscrito — e se concentra profundamente naquela forma superior de pensamento, afastando-se de todas as outras atividades mentais por um período. Às vezes não é um mantra, mas uma afirmação — uma declaração positiva que repetimos para nós mesmos vez após outra, gravando essa ordem muito profundamente em nossa consciência. Talvez haja determinada oração, cuja repetição focada traga um senso mais profundo de renovação espiritual. Muitas vezes, como no vipassana, o foco não está nas palavras, mas simplesmente na respiração, seguindo cuidadosamente a inspiração e expiração de nossa própria respiração rítmica. Práticas de concentração podem ser muito poderosas para concentrar e liberar nossa energia espiritual, mas a forma exata que assumirão depende de nossas preferências espirituais.

PRATICANDO A MEDITAÇÃO: Libertação

As práticas que focam a libertação envolvem, bem, exatamente isso. É extremamente simples, mas notavelmente difícil. Você consegue se sentar em silêncio por 20 ou 30 minutos, ou até 1 hora, e afastar sua atenção das atividades agitadas de sua mente? Você consegue se libertar de toda uma camada de atividade mental e se permitir afundar em uma camada mais profunda do ser, enquanto continua alerta? A prática de meditação de libertação significa não se apegar a nenhum dos fluxos de pensamentos ou emoções que surgem em sua mente. Enquanto milhares de "bolhas de pensamento" vêm e vão em seu universo interno — enquanto formas infinitas, tanto comuns quanto belas, surgem e somem no espaço infinito de sua mente — você consegue se abster de tudo? Imagine que sua mente é uma tela de computador. Manchetes surgem, exigindo sua atenção. Janelas popup invadem sua visão repentinamente. Notificações aparecem e somem. Lembretes de calendário soam. Você é capaz de simplesmente ignorar, resistindo à tentação de clicar em qualquer coisa? E, se você acabar perdido no fluxo de pensamento, só precisa abandonar e retornar ao estado meditativo de desapego e presença.

Para todos os benefícios que foram atribuídos à meditação, há um problema. Nem sempre é possível traçar uma linha direta de causa e efeito entre a prática de um tipo de mindfulness ou meditação e um resultado específico. Não funciona assim. Seu caminho pode ser diferente. A meditação é uma daquelas práticas que devem ser feitas por si só, deixando de lado o desejo de quantificar os resultados — ainda que se saiba que provavelmente renderá frutos. Há certo grau de rendição de controle envolvido, um abandono da tendência de mensurar o ROI de toda atividade. Isso pode ser um desafio para muitos líderes, que devem certo grau de seu sucesso a essa mesma tendência. Na verdade, uma parte importante de muitas formas de meditação é a libertação da necessidade de algum resultado específico!

Não há de fato nada de errado em adotar a prática da meditação por seus muitos benefícios prosaicos e tangíveis. Mas também é aconselhável abordar a experiência meditativa com certa humildade e respeito por sua história e significância. A meditação pode colocá-lo em contato com camadas mais profundas do ser que raramente são acessadas durante uma experiência religiosa ou espiritual ou sob a influência de substâncias psicotrópicas. Como explicou o sábio indiano do século XX Nisargadatta Maharaj: "O principal propósito da meditação é tornar-se consciente de, e familiarizado com, nossa vida interior."[15] Entrar em contato com essas camadas mais profundas pode trazer maiores autoconsciência, confiança e inspiração, e isso é altamente positivo. Mas mergulhar nas profundezas da consciência nunca é um experimento totalmente controlado.

COLOQUE O PROPÓSITO DE LADO

A revitalização tem muitas formas. Às vezes, implica em férias longe de tudo — um lago, uma praia, uma montanha, uma vista bonita, um passeio no bosque ou uma cabana na floresta. Às vezes, envolve um retiro ou spa luxuoso onde você pode mimar seus sentidos. Todos temos nossas formas preferidas de mini folgas e férias mais longas que ajudam a rejuvenescer corpo e alma. Elas podem incluir descanso e relaxamento, viagens e novas experiências, esportes e desafios físicos, amigos e família — ou tudo isso. O que torna as férias tão renovadoras é que elas nos tiram da rotina agendada, proposital e orientada a tarefas de nossas vidas diárias. Mas também existem formas de recarregar que são um pouco mais próximas de casa. Para líderes conscientes que colocam o propósito em primeiro lugar, que são motivados a causar um impacto no mundo, é essencial reservar um tempo para colocar o propósito de lado e se envolver em atividades que amam só pelo prazer. Em um mundo onde muitas vezes parece que tudo tem que ter motivo e sentido, é muito fácil esquecer a felicidade leve de seguir nossos interesses e paixões naturais em direções inesperadas. Hobbies, curiosidades, brincadeiras, esportes, atividades de lazer, buscas estéticas, artes, artesanatos — essas direções podem não ter um propósito específico, além de serem imensamente agradáveis. Podem não levar a nada além de maravilhosas horas perdidas, mas essas horas podem ter efeito positivo em nossa psicologia e fisiologia. Na verdade, estudos sugerem que existe uma ligação entre resultados de saúde e o cultivo de hobbies. Todas essas horas gastas mexendo, explorando ou lendo trazem proteção ao cérebro, já que pesquisadores observaram que indivíduos que têm hobbies tendem a ter menos demência e mais funcionalidade no fim da vida. Outros encontraram benefícios mais imediatos; sugeriu-se, por exemplo, que cientistas que cultivam mais hobbies tendem a ter mais sucesso em suas carreiras.

Na verdade, uma ampla gama de interesses pode por si só ser sinal de uma mente ágil, criativa e perspicaz. Em seu livro *De Onde Vêm as Boas Ideias*, Steven Johnson escreve que "todos os inovadores famosos, como Franklin, Snow e Darwin, possuem qualidades intelectuais em comum — certa agilidade mental e curiosidade ilimitada —, mas eles também compartilham outro atributo que os define. Eles têm muitos hobbies".[16] Outro exemplo é um grande inovador de nosso tempo, Bill Gates, que ama ler sobre muitas áreas, e que todos os anos reserva uma semana longe de tudo e a designa como sua "Semana de Pensar". Nessas horas e dias de relativa reclusão, ele lê, passa tempo sozinho e busca seus interesses sem as demandas do dia a dia da vida normal. Insights criativos importantes, direções estratégicas e até ideias inovadoras para produtos da Microsoft surgiram dessas semanas de contemplação silenciosa, focada e livre.

Afinal, nós não precisamos de ciência social ou evidências anedóticas para nos convencer das coisas que podemos ver em nossa própria experiência. Nem todos podem ser igualmente adequados a férias de leitura, como Gates, ou a um jogo sério de gamão, como aparentemente era Charles Darwin. Você pode não se sentir inclinado a dominar os concertos de piano de Beethoven ou aprender a arte de tecer cestos. Mas, seja qual for sua paixão ou curiosidade, independentemente do quão aparentemente trivial ou sem propósito pareça, tenha a coragem de segui-la. E o faça pelo prazer. Resista à tentação de transformar todo hobby em um negócio paralelo. Pode não levar em linha reta a nenhum destino específico, mas, nessa jornada sinuosa, os líderes conscientes podem muito bem descobrir perspectivas inesperadas, insights espontâneos, e a alegria do refrigério mental.

> **PRATICANDO A REVITALIZAÇÃO: Encontre um Escape**
>
> Às vezes são as coisas simples que fazem toda a diferença — formas diárias de escape. Por exemplo, se seu trabalho for mentalmente exigente, uma atividade de escape pode ser trabalhar com as mãos — jardinagem, culinária, construir algo e até limpar. Walter Robb, ex--COCEO da Whole Foods, diz que, sempre que precisava de uma pausa mental para fugir da rotina, ele simplesmente descia até a loja e embalava compras por uma hora. Essas pausas podem reiniciar nosso cérebro e sistema nervoso, fazendo uma enorme diferença no fluxo de nosso dia. Para muitos, interagir com animais pode ter o mesmo efeito. Brinque com um gato, passeie com um cachorro — e veja seu sistema nervoso relaxar. Quando for preciso reiniciar e revitalizar, encontre meios de escapar.

RECARREGUE NA NATUREZA

Você já percebeu o quão diferente se sente depois de passar um tempo no mundo natural? Mergulhar na natureza — seja visitando um parque, fazendo jardinagem, entrando na água ou simplesmente observando o céu por longos períodos — é uma forma poderosa de recarregar e revigorar, física, mental, emocional e espiritualmente. Faça trilhas na mata, visite um litoral subdesenvolvido, suba a uma vista panorâmica, ou passeie em uma floresta e "a paz da natureza entrará em você",[17] como diz John Muir.

Ao interagir com a natureza, tente fazer mais do que simplesmente andar ou observar a vista. Use todos os seus sentidos. Certifique-se de tocar as coisas — passe a mão na casca de uma árvore, sinta a maciez de uma pedra antiga, e, quando parar para um descanso, tire os sapatos e deixe seus pés tocarem a terra. Sinta a brisa em seu rosto. Ouça os pássaros cantando. Incline-se para inalar a delicada fragrância de uma flor, o aroma da grama recém-cortada, ou os cheiros fortes do chão da floresta. Perceba a geometria extraordinária das plantas e a simetria de suas flores. Entre em sintonia com o som das águas e assista à dança de luz e sombra.

Sabemos instintivamente que é bom passar tempo ao ar livre. Mas acontece que interagir com a natureza é uma forma comprovada de melhorar sua saúde e aumentar seu senso de bem-estar. Como Florence Williams, autora de *A Natureza Cura*, escreve: "A ciência está provando o que sempre soubemos intuitivamente: a natureza faz bem ao cérebro humano — ela nos torna mais saudáveis, felizes e inteligentes."[18]

KIT DE FERRAMENTAS DO LÍDER CONSCIENTE

Jejum Digital

Em nossa era digital, desconectar-se pode ser mais importante do que nunca, especialmente porque estamos muito conectados. Com smartphones, mídias sociais e um aparente acesso universal à internet e a celulares, é difícil encontrar um momento ou um pedacinho da Terra onde *não* estejamos conectados a uma ofensiva de informações, comunicações e, junto a elas, distração. Qualquer líder hoje está perfeitamente ciente de que sua atenção é um de seus ativos mais valiosos, e por isso é imperativo que pensemos cuidadosamente sobre nosso relacionamento com nossos dispositivos e o universo digital ao qual eles nos conectam. Apesar da revolução digital ter nos trazido benefícios tremendos — pessoalmente e como sociedade — ela também deixou muitos viciados na necessidade insaciável de estar sempre online e conectado. Segundo diversos estudos da Nielsen, da Pew Research Center, e da Smart Insights, em 2018 as pessoas passaram em média quatro horas por dia em seus celulares!

Esse aumento no "tempo de tela" está impactando significativamente em tudo, desde nossa capacidade de comunicação a nossa capacidade cognitiva e saúde mental. Um estudo da Microsoft no Canadá, por exemplo, descobriu que o tempo médio de atenção humana diminuiu de 12 para 8 segundos desde 2000.[19] Mais importante, essa habilidade reduzida atrapalha nossa capacidade de nos concentrar e tomar decisões. Um estudo de 2017 do *Journal of Consumer Research* descobriu que, mesmo quando um smartphone está desligado, sua mera presença toma uma quantidade significativa de atenção e reduz nossa capacidade cognitiva.[20]

A tecnologia não vai embora tão cedo, então, como líderes, somos confrontados com uma pergunta importante: como podemos adotar um relacionamento mais consciente com esses dispositivos sempre presentes? Seja tendo consciência do seu tempo de telas diário ou semanal, ou separando tempo para desconectar-se temporariamente e entrar em um "jejum digital", existem muitas formas de reconsiderar a postura de disponibilidade infinita que é a regra não escrita da revolução da informação. Não há nada intrinsecamente errado em estar conectado, é claro, mas cada um de nós deve pensar como adotar melhor um relacionamento mais poderoso com nossos mundos digitais, de modo que não tenham, por padrão, poder indevido sobre nós. Alguns líderes, incluindo os autores, adotam o jejum digital ao passar longos períodos na natureza, onde o sinal do celular seja limitado. Fazer o Caminho dos Apalaches ou a Pacific Crest Trail nos trouxe um alívio muito necessário. Em meio a todas as pressões e decisões urgentes que vêm com papéis de liderança significativos, esse pode ser um passo essencial para sair do combate e se revigorar. Joyeeta Das, CEO da startup de big data Gyana, se certifica de fazer dois "detox digitais" estendidos ao ano — um sendo um retiro de silêncio e o outro uma missão de mergulho em águas profundas. Ela diz: "É ali que estou à mercê da água e da fé no universo, e isso me recarrega toda vez."[21]

Obviamente, o método de desintoxicação por "abstinência" não funciona para todos. E existe uma grande variedade de práticas que você pode usar para diminuir seu vício mesmo em meio a seus dias de trabalho normais. Tom Patterson, CEO da empresa de roupas Tommy John, verifica seu e-mail apenas antes e depois do dia de trabalho e se abstém nesse intervalo. Arianna Huffington coloca seu telefone para dormir à noite deixando-o fora do quarto e jamais o pega logo de manhã ao acordar.

A chave para uma estratégia de jejum digital eficiente não é fazer algo específico — é simplesmente fazer algo. Simplesmente estar disposto a confrontar o próprio vício digital — ter um relacionamento mais consciente e deliberado com a revolução da informação sempre conectada — é o primeiro passo no sentido de libertar sua preciosa atenção do domínio viciante da tecnologia.

9

APRENDA E CRESÇA CONTINUAMENTE

> Existir é mudar, mudar é amadurecer, amadurecer é continuar
> criando a si mesmo infinitamente.
> — HENRI BERGSON

No ano de 1716, na cidade de Boston, um garoto de 10 anos foi tirado da escola e lhe disseram que agora ele trabalharia integralmente no negócio da família. Ele estava frequentando a escola há apenas dois anos e se mostrou bastante promissor, mas não era surpresa nenhuma que seu pai, um fabricante de sabão e velas, não pudesse arcar com o luxo de uma educação para o 15º de seus 17 filhos. Dois anos depois, o garoto foi enviado para trabalhar como aprendiz na gráfica de seu irmão. Você pode pensar que esse foi o fim da educação desse jovem — que, como muitos de seus colegas, ele se tornou comerciante, sobrevivendo com noções básicas de leitura, escrita e aritmética. Mas não. Uma paixão incomum por aprender havia despertado em sua jovem mente, e ele gastou cada centavo que ganhou em livros, pulando refeições para comprar volumes novos. Ele aprendeu sozinho a compor artigos e ensaios por meio de estudos e práticas rigorosas. Esse jovem cresceria para se tornar um dos eruditos mais renomados da história norte-americana, apesar dos menos de dois anos de educação formal. Seu nome? Benjamin Franklin.

Franklin, um dos maiores líderes conscientes de todos os tempos, traz um exemplo excelente do que pode ser conquistado por meio de um comprometimento de vida com o aprendizado e autoaperfeiçoamento contínuos. A maioria dos leitores conhece as conquistas surpreendentes de Franklin: Pai Fundador dos Estados Unidos da América, cientista e inventor pioneiro, diplomata talentoso, empresário bem-sucedido, escritor motivacional e autêntico homem da Renascença. Franklin construiu essa notável lista de conquistas trabalhando conscientemente em sua vida para desenvolver seu conhecimento, suas habilidades de escrita, sua capacidade de liderança e seu caráter pessoal.

Em 1726, aos 20 anos, ele estabeleceu o fundamento de seu próprio autoaperfeiçoamento ao formular um sistema de 13 virtudes segundo as quais se comprometeu a viver. Ele então acompanhou metodicamente seu progresso pessoal nessas virtudes, trabalhando para fortalecer cada uma em sua lista antes de prosseguir para a seguinte. Franklin também compartilhou seu entusiasmo pelo autoaperfeiçoamento com sua comunidade local ao fundar entre seus colegas um clube de aperfeiçoamento mútuo que se encontrava semanalmente para compartilhar conhecimentos e discutir eventos atuais.

O trabalho pioneiro de Franklin no campo do autoaperfeiçoamento o ajudou a crescer continuamente em sua capacidade de liderança. Ele se libertava frequentemente de formas antigas, crescendo para versões maiores de si mesmo por toda sua vida — primeiro como empresário e escritor, depois como cientista e filósofo, finalmente como fundador revolucionário de uma grande nação.

Uma das lições mais significativas da vida de melhoramento pessoal de Franklin é a necessidade de ser autocrítico e concentrar-se em ganhos incrementais. Comentando sobre as dificuldades que encontrou, Franklin escreveu que "estava surpreso por se encontrar muito mais cheio de falhas do que havia imaginado".[1] Mas ele superou gradualmente suas falhas ao trabalhar para fazer pequenas melhorias marginais, que se somaram ao longo de sua vida para criar o gigantesco líder a quem continuamos gratos. Sua jornada de crescimento contínuo de aprendiz desconhecido e sem instrução a líder improvável nos lembra dos potenciais ocultos que costumam habitar o caráter humano, aguardando a intenção, a mentalidade, o comprometimento e o espírito corretos para serem libertos.

A própria essência da liderança consciente é a disposição de seguir os passos de indivíduos como Franklin, e embarcar em uma jornada de aprendizado e crescimento infinitos. Há um momento em nossas vidas em que precisamos confrontar nossas próprias limitações e reconhecer que, se quisermos evoluir como indivíduos, isso se resumirá a nossa própria intenção, esforço e comprometimento. Um espírito criativo universal pode ter tocado nossas almas; a boa genética pode ter abençoado nossos corpos e mentes; e nossos pais podem ter nos amado e criado até a vida adulta com grande sabedoria e beneficência; mas esse trabalho acabou. Daqui por diante, até onde iremos e quem nos tornaremos depende de nós.

> **PRATICANDO APRENDIZADO E CRESCIMENTO:**
> **Forme um Clube de Melhora Mútua**
>
> Uma das melhores formas de continuar inspirado e motivado a aprender e crescer é passar tempo com outros que estejam fazendo a mesma coisa. Siga o exemplo de Franklin e forme um clube de melhora mútua com amigos ou colegas. Esses grupos de apoio de colegas — às vezes batizados de "grupos de mastermind", um termo da lenda da autoajuda Napoleon Hill — pode ser inestimável quando se trata de obter feedbacks, ferramentas e incentivos úteis para a jornada.

ADULTOS CRESCEM?

Aprendizado. Crescimento. Desenvolvimento. Até relativamente pouco tempo, essas ideias eram mais comumente associadas a crianças do que a adultos. Como qualquer pai lhe diria, a quantidade de mudanças que ocorrem em uma criança de um ano para outro e até de um mês para o outro é impressionante. Física, mental, emocional e socialmente, uma criança está em estado constante de desenvolvimento — em boa parte visível. Entretanto, talvez porque o desenvolvimento adulto seja menos evidente que o desenvolvimento infantil, tanto biólogos quanto psicólogos acreditavam que não havia muito que pudesse mudar depois que uma pessoa "amadurecesse". Hoje, essa ideia está sendo contestada dentro do próprio campo da psicologia. Nas últimas décadas, um movimento crescente conhecido como psicologia do desenvolvimento começou a reconhecer e esclarecer o fato de que os adultos também se desenvolvem conforme envelhecem.

Isso pode parecer óbvio para você. Talvez você tenha se envolvido em algum tipo de trabalho de crescimento pessoal. Talvez sua empresa incentive o aprendizado contínuo, ou você tenha assistido a aulas de educação adulta. Alguns departamentos de RH foram renomeados como "desenvolvimento de pessoas", e oferecem todo um conjunto de oportunidade para melhorar ambas hard e soft skills. Mas vale a pena parar um pouco para pensar que esta ideia — *desenvolvimento adulto* — ainda é bem nova, ao menos do ponto de vista científico, e ainda não é bem compreendida. "A grande glória dentro de meu próprio campo tem sido o reconhecimento de que existem estes cenários psicológicos, mentais e espirituais qualitativamente mais complexos que nos esperam e aos quais somos chamados após os primeiros 20 anos de vida", diz o psicólogo do desenvolvimento de Harvard, Robert Kegan.[2]

Obviamente, apesar da adoção relativamente recente do desenvolvimento adulto pela psicologia como um campo digno de estudo, os humanos vêm tentando melhorar a si mesmos desde muito antes de Marco Aurélio escrever suas *Meditações*, Aristóteles lecionar no Liceu ou Confúcio exortar os primórdios da cultura chinesa a adotar o regime do autoaperfeiçoamento. Mais recentemente, os Estados Unidos nutriram movimentos culturais robustos que incentivavam os cidadãos a investir e se comprometer com seu próprio desenvolvimento — como o movimento Chautauqua do fim do século XIX, os transcendentalistas, e o movimento do potencial humano dos anos de 1960 e 1970. A ciência, a psicologia, a neurociência e a autoajuda modernas inseriram novos elementos importantes nessa conversa, mas o chamado ao crescimento e à maturidade também são antigos, abrangendo uma infinidade de práticas filosóficas, espirituais e religiosas. Como líderes que desejam seguir os passos inspiradores daqueles na história que aprenderam e cresceram, estamos ao lado de gigantes. Mas também temos uma vantagem única. Imagine o que Franklin daria para ter sequer uma fração da riqueza de informações que existem ao toque de nossos dedos.

No honrado caminho de aprendizado e crescimento, uma coisa é fato: inevitavelmente teremos momentos em que perderemos o chão, nos sentiremos perdidos, abandonados, jogados em território desconhecido. A insegurança temporária é o preço emocional da mudança. Mas as recompensas são ricas e frutíferas. Do outro lado da estrada menos trilhada, estamos renovados e refeitos, e encontramos as melhores partes de nós mesmos. Nesses campos abertos e sem travas existem possibilidades — de maturidade, sabedoria, liderança — que hoje mal podemos imaginar.

A LIBERAÇÃO DO APRENDIZADO PERMANENTE

O que significa aprender, crescer e se desenvolver como adulto? Aprender talvez seja o mais simples desses conceitos, apesar de a ciência estar agora descobrindo que é mais profundo do que parece. Simplificando, o aprendizado é a aquisição de novas informações e habilidades. Obviamente, isso inclui desenvolvimento profissional e atualização no terreno tecnológico, ocupacional e informacional em que você trabalha. Essas buscas são essenciais para manter-se na vanguarda de um setor, mas um líder consciente não limita seu aprendizado às demandas imediatas de seu trabalho ou setor. Muitos dos maiores líderes são estudantes vorazes, que leem e estudam amplamente em campos aparentemente não relacionados aos seus. Eles leem literatura, história, ficção científica, biografias, quadrinhos, filosofia e mais. Como diz o ditado (geralmente atribuído a Harry Truman): "Nem todos os leitores são líderes, mas todos os líderes são leitores." O lendário investidor e presidente da Berkshire Hathaway, Charlie Munger, o disse de forma ainda mais direta: "Em toda a minha vida, não conheci nenhuma pessoa sábia em um número abrangente de assuntos que não lesse o tempo todo — nenhuma, zero."[3]

Todo dia é uma oportunidade para acordar e animar-se não somente com o que vamos conquistar, mas com o que vamos aprender. Ainda que o resultado óbvio do aprendizado seja aumentar conhecimento, expertise ou proficiência, existem também outros resultados menos visíveis. Graças às descobertas da neurociência, hoje sabemos que o cérebro continua *plástico* — ou seja, mutável — ao longo da vida humana. Ele não simplesmente para de se desenvolver quando chegamos à vida adulta. Na verdade, cientistas mostraram que até mesmo pessoas com 70 anos podem produzir neurônios novos. O que muda o cérebro? Um dos principais fatores é nossa atividade mental, ou a falta dela. Quando você concentra sua atenção em um tópico, aprende uma nova habilidade, lida com uma nova língua ou luta com enigmas mentais, seu cérebro muda em nível físico-químico. Isso tem implicações profundas. Não estamos apenas crescendo como pessoas; estamos aumentando nossa massa cinzenta. Como diz o Dr. Michael Merzenich, um dos principais especialistas em neuroplasticidade, as pessoas "não percebem que receberam um grande presente. Que podem ser melhores e mais fortes mês que vem em comparação a agora. Não é apenas uma passagem ladeira abaixo na vida. Você não está travado... Fomos de fato construídos de uma forma que nos permite o autoaperfeiçoamento contínuo".[4]

Você pode não sentir seus neurônios crescendo, mas existem diversos outros efeitos positivos de aprender com os quais você deve estar mais familiarizado. Se você já tentou aprender uma habilidade nova mais tarde na vida — como esquiar, falar francês, programar ou tocar piano — provavelmente conhece a combinação estranha de desconforto e euforia que acompanha tais tentativas. Ser um iniciante novamente significa aguentar a infinidade de pequenas humilhações e triunfos que compõem a experiência do aprendizado. Para líderes que chegaram ao topo de suas carreiras, que se acostumaram a ser o especialista na sala, essa é uma prática saudável. Ela pode tirá-lo do equilíbrio de forma positiva, evitando que você fique satisfeito consigo, seja complacente ou fique preso em hábitos familiares da mente. Pode servir como um lembrete do que os zen budistas chamam de *shoshin*, ou "mente de iniciante" — uma postura de mente aberta, livre de preconceitos — e ajudá-lo a trazer essa abordagem nova até mesmo a assuntos nos quais você tem bastante conhecimento. E isso pode servir como ótimo exemplo para aqueles que trabalham com você. Um líder que não hesita em aprender, que é visivelmente curioso e que não tem medo de errar na busca por novas habilidades e conhecimentos libera todos os outros para fazerem o mesmo.

> **PRATICANDO APRENDIZADO E CRESCIMENTO:**
> **Encontre um Mentor, Professor ou Treinador**
>
> Onde quer que esteja em sua carreira e jornada de crescimento pessoal, é quase certo que haja pessoas que podem ajudá-lo, apoiá-lo, treiná-lo ou ensiná-lo. Isso pode significar investir em um coach profissional de liderança ou um coach executivo que possa ajudá-lo a aprender e crescer identificando as qualidades sobre as quais desenvolver, defeitos que precisam de trabalho, e práticas que abordam ambas. Pode significar buscar um mentor — alguém que você respeita por sua sabedoria e experiência de vida. Ou contratar professores que possam passar habilidades específicas, técnicas de crescimento ou insights. Mesmo líderes no topo de suas carreiras jamais devem ser orgulhosos demais para buscar a orientação de outros.

AMPLITUDE: O CAMINHO DE UM GENERALISTA

Um especialista, diz a velha piada, sabe cada vez mais sobre cada vez menos até por fim saber tudo sobre nada. Bem, hoje nossa sociedade deve saber um montão sobre nada, porque os especialistas dominam. Vivemos em um mundo que está se lapidando cada vez mais no sentido da hiperespecialização. É por isso que vale a pena afirmar e reconhecer a abordagem oposta ao conhecimento: ser um generalista. Sem dúvida, essa inclinação intelectual menos popular é mais importante do que nunca — especialmente para aqueles em posições de liderança. Um dos objetivos do aprendizado e do crescimento é a integração — a capacidade de melhor unir visões de uma grande variedade de ideias e disciplinas de forma sensível e ponderada. Essa capacidade é mais necessária do que nunca. A capacidade de permitir que o próprio intelecto se espalhe amplamente pelos campos, para polinizar ideias diferentes, encontrar padrões entre disciplinas, e "enxergar a floresta" é essencial em nossa era saturada de dados. Se você está no comando de uma empresa, equipe, projeto ou grupo de pessoas, precisa saber um pouco — até mais que um pouco — sobre muito.

É exatamente por causa desse atual foco intensivo em especialização que ser um generalista é uma vantagem tão poderosa para líderes conscientes. Em seu livro de 2019, *Por Que os Generalistas Vencem em um Mundo de Especialistas*, o jornalista David Epstein pesquisou uma grande variedade de disciplinas, de esportes a ciência e militarismo, para entender se era melhor ser especialista ou generalista. Ele encontrou diversos exemplos de que generalistas, no longo prazo, tendem a ser mais bem-sucedidos. No cerne de sua tese está o fato de que ter uma especialização restrita torna-se cada vez menos relevante conforme a complexidade do empreendimento aumenta. "O trabalho moderno exige transferência de conhecimento: a capacidade de aplicar conhecimento a novas situações e diferentes domínios",[5] escreve ele. De acordo com Epstein, ser um generalista lhe permite ser mais ágil e adaptável a ambientes dinâmicos. Você não fica preso em uma disciplina específica ou em uma mentalidade estreita e pode fazer uso de uma grande variedade de conhecimentos ao tomar decisões, resolver problemas ou planejar o futuro. Em vez de memorizar fatos e processos, você cultiva uma abordagem mais fundamental ao próprio pensamento. "Temos pessoas andando por aí com todo conhecimento da humanidade em seus celulares, mas elas não têm ideia de como integrá-lo", aponta ele. "Nós não treinamos as pessoas para pensar e raciocinar."[6]

A especialização profunda não deve jamais ser subvalorizada. Mas a integração é uma capacidade extraordinariamente importante para os líderes hoje. E os melhores integradores conseguem atingir uma qualidade que é, de fato, o objetivo de todo projeto de aprender e crescer: a sabedoria.

PROFUNDIDADE: A CONQUISTA DA SABEDORIA

Os colonos ao longo do Platte River no Colorado, Wyoming, e Nebraska diziam: "Tem uma milha de largura e uma polegada de profundidade, mas ainda é possível afogar-se nele." O mesmo pode muito bem ser dito de nossa era rica em dados, saturada por notícias e ligada em mídias sociais. Vivemos em uma época em que a mera avalanche de informações pode ser esmagadora, e é fácil nos ver perdidos no agito superficial desse rio de detritos digitais, lutando por ar intelectual contra a corrente de nossos feeds de conteúdo selecionado. Se quisermos realmente aprender, em todas as muitas dimensões do que essa palavra significa, precisamos de vez em quando trocar quantidade por qualidade. Precisamos mergulhar mais profundamente nos artigos longos, no livro envolvente, no documentário interessante, no diálogo enriquecedor, no questionamento inspirador, na conversa edificante. Isso significa comprometer-se com a *profundidade* — ir além do superficial e buscar o substancioso.

Nem sempre é fácil ser alguém de substância em um mundo que sempre quer que prossigamos rápido para a próxima coisa. Mas, quando firmamos esse compromisso autêntico de mergulhar mais fundo, a qualidade de nosso aprendizado, de fato, se aprofunda. E, mais importante, nosso "teto de liderança", por falta de um nome melhor, se eleva significativamente. Por mais inteligentes que possamos ser naturalmente, a liderança exige algo a mais. Quando, por meio de nossa própria curiosidade e interesse em aprender, recorremos a novas perspectivas de fontes de maior qualidade intelectual, nossa inteligência inata é alterada e enriquecida. E a reserva de conhecimento que informa nossa tomada de decisões é atualizada. A verdade dura é que não há nada mecânico ou previsível acerca da liderança consciente, demonstrada em alto nível. Independentemente de quantos livros sobre liderança possamos ler, nunca é algo automaticamente aplicável. O momento em que você acha que pode simplesmente aplicar o insight do mês passado nos problemas de hoje é o momento em que sua tomada de decisão sofre. O contexto, a situação e as particularidades sempre aparecem em novas formas, e, para responder às necessidades complexas e em constante mudança de qualquer negócio ou organização, nossa própria tomada de decisões precisa ser contextual, adaptável, criativa e altamente dinâmica.

Nossa cultura tende a idolatrar a juventude, e a juventude realmente tem muitas vantagens: a tomada de riscos, a ousadia, o frescor mental, a liberdade do fardo histórico. Negócios e sociedade se beneficiaram grandemente da ousadia da paixão da juventude. Quantas vezes você já ouviu empreendedores dizerem: "Se eu soubesse o quanto estava de fato em jogo, provavelmente jamais teria aberto a empresa"? E, ainda assim, o mundo está melhor porque eles prosseguiram. Em algumas culturas empresariais hoje, existe até a desconfiança de líderes de meia-idade ou mais velhos, como se lhes faltasse, inevitavelmente, o entusiasmo e a intensidade necessários ao compromisso. Porém, a conquista da verdadeira sabedoria, e o benefício da liderança que a acompanha, raramente habita na esfera da juventude. Líderes, até os brilhantes, costumam precisar de tempo para trilhar a jornada "de esperto a sábio", como os escritores Prasad Kaipa e Navi Radjou a descrevem em seu livro *From Smart to Wise*. A liderança sábia implica em mais do que brilhantismo operacional ou estratégico. Como os autores descrevem, significa "alavancar nossa esperteza para o bem maior ao equilibrar ação com reflexão e introspecção... nos ajudando a parar de usar nossa esperteza para benefício próprio — geralmente com mentalidade de soma zero — e começar a usá-la para criar novos valores para um propósito maior".[7]

A sabedoria pode parecer uma qualidade um tanto intangível em nosso mundo hoje; ela também é constantemente um ativo subvalorizado quando se trata de liderança de todos os tipos. É mais do que inteligência e esperteza; é mais do que conhecimento; e mais até do que experiência. É a fruta sempre madura do comprometimento de longo prazo com aprendizado e crescimento.

O TRABALHO INTERNO DO CRESCIMENTO

Aprender, na tradição de Franklin, deveria ser um comprometimento vitalício para um líder consciente. Mas nossa jornada deve englobar não somente a aquisição de novas habilidades, especializações e informações, mas também o trabalho interno do crescimento pessoal e autoaperfeiçoamento. Como o consultor de desenvolvimento de liderança Barrett Brown observa: "*Como sabemos* é tão ou mais importante quanto *o que sabemos*."[8] E o como sabemos, explica ele, depende do desenvolvimento de nossas capacidades mentais, emocionais e relacionais — a transformação de como pensamos, sentimos e entendemos o mundo — não somente a aquisição de novos conhecimentos ou competências. É a jornada adentro desses novos cenários "psicológicos, mentais e espirituais" que Robert Kegan anuncia. Essa jornada pode, em certo nível, acontecer naturalmente ao longo de uma vida, mas, como Brown aponta, os líderes hoje têm uma oportunidade inédita de acelerá-la. Para compreender totalmente as ricas oportunidades que esse campo apresenta aos líderes hoje, vale a pena fazer uma pequena viagem no tempo e visitar um dos lugares mais lindos dos EUA.

Se a costa Big Sur da Califórnia Central fosse mais facilmente acessível, certamente já se assemelharia às grandes Rivieras da Europa, com todo charme, glamour e luxo que costumam acompanhar as belezas litorâneas. Mas, mesmo hoje, as estradas sinuosas e os penhascos que serpenteiam pelo litoral da Califórnia, por mais lindos e deslumbrantes que sejam, têm um isolamento sombrio e robusto que ainda resiste à colonização da classe alta. Em um capítulo anterior, ressaltamos que a evolução — na sociedade, natureza e nos negócios — costuma acontecer nas margens geográficas e culturais, e há poucas margens mais dramáticas do que a costa Big Sur. Talvez seja por isso que ela atraia há muito tempo artistas, poetas, escritores e boêmios de todos os tipos. Então, faz sentido que tenha sido aqui, em uma falésia remota, que uma revolução teve início, uma que teve muito a ver com a tradição de experimentos culturais norte-americanos anteriores, mas que no fim das contas tem seu próprio charme único. Ela se chama Esalen.

O principal incentivador da revolução foi um jovem de Salinas, Califórnia, chamado Michael Murphy, que fora inspirado pelo professor de religiões de Stanford, Frederic Speigleberg. Speigleberg havia estudado com Tillich, Heidegger e Jung, mas trocara a Alemanha por Stanford para fugir de Hitler. Em Stanford no fim da década de 1950, ele incentivou o jovem Murphy a abraçar o estudo da filosofia oriental e passar um tempo nos ashrams da Índia, onde ele conheceu o grande sábio e revolucionário Sri Aurobindo. Tudo isso foi prelúdio para a decisão de Murphy de trilhar a estrada litorânea e abrir a propriedade de sua família em uma falésia para um movimento contracultural florescente que buscava novas formas de aprendizado e crescimento e um lugar para incubá-las.

Há muito tempo Esalen entrou no folclore norte-americano, e o incrível e diversificado elenco de personagens que passaram por lá — Abraham Maslow, Carl Rogers, Fritz Perls, Aldous Huxley, Alan Watts, Henry Miller, Carlos Castañeda, Arnold Toynbee, Ken Kesey, Linus Pauling, Paul Tillich, Ida Rolf, Werner Erhard e inúmeros outros — é testemento de sua influência admirável. Assim como outras comunidades semelhantes pelo país, ela ajudou a semear em nossa cultura algo ao mesmo tempo antigo e novo: a ideia de que os humanos têm potenciais maiores, e que crescimento e evolução eram possíveis. E Murphy, junto a seu companheiro fundador Dick Price, acompanhou tudo isso. Hoje com oitenta e tantos anos, ele manteve essa chama acesa por décadas — como escritor, maratonista, acadêmico, pesquisador, fundador de grupos de reflexão, golfista, diplomata e meditador, para mencionar alguns de seus títulos e talentos. Simplificando, ele foi um exemplo de aprendizado e crescimento integral humano como poucos.

Como praticantes espirituais de longa data, observamos com encanto e diversão enquanto as ferramentas, modalidades e práticas de crescimento e transformação, que foram cultivadas em lugares como Esalen, migraram para os negócios ao longo das últimas décadas. Ideias e processos que outrora surgiram em comunidades contraculturais podem agora ser encontradas regularmente em retiros típicos de liderança corporativos. Guias de meditação hoje têm lugar ao lado de manuais de gerência em estantes de departamentos de RH, e um pequeno exército de coaches, consultores e palestrantes encontraram um trabalho lucrativo no compartilhamento dessas ideias outrora marginalizadas pelo status quo.

Mas talvez devêssemos estar menos surpresos. As empresas são por natureza ambiciosas, pragmáticas e não ideológicas. *Não me diga, mostre. Funciona ou não?* Quando uma nova geração de executivos buscou uma vantagem de liderança, eles olharam naturalmente para esses espaços culturais que se concentram na expansão do potencial humano. Ao longo do caminho, essas práticas e métodos evoluíram — mudaram sua roupagem antiga, tornaram-se mais secularizados, e se adaptaram a uma plateia empresarial mais convencional. Mas os objetivos continuam os mesmos — crescimento, desenvolvimento, mudança, níveis maiores de fluxo e desempenho, e ocasionalmente a transcendência. Quando verdadeiramente envolvidos, eles ainda nos levam além de quem acreditamos que somos.

O crescimento sempre envolve tanto a descoberta de novas vistas quanto o descarte de crenças antigas. Precisamos deixar de lado o que Murphy chama de "ortodoxias herdadas"[9] de nossas vidas e viajar por novos caminhos, buscar novas verdades, procurar novos professores e mentores. Crescimento e desenvolvimento nos direcionam a transformações fundamentais de quem somos e das formas como interagimos com o mundo. Como você pode *se tornar* uma pessoa mais excelente — mais madura, evoluída e autoconsciente? Como você pode realizar mais de seu potencial? Como pode aprofundar sua própria autoconsciência e expandir sua vida interior? Como pode melhorar, como ser humano e líder? Como pode explorar as fronteiras mais distantes do que os humanos são capazes de experimentar e expressar?

De certa forma, todo este livro é dedicado a essas questões. Desenvolver sua capacidade de amar ou servir, por exemplo, o colocarão em uma jornada poderosa de crescimento interno. Lutar por integridade ou buscar um propósito maior o desafiarão da mesma forma a elevar-se e se tornar uma pessoa mais evoluída. Os humanos são criaturas complexas, então nossa trajetória de crescimento não segue um único caminho; ela progride junto de muitas rotas paralelas e, às vezes, intersecções. Existem, como os místicos nos disseram, muitos caminhos até o topo da montanha. No fim das contas, a abordagem específica ao desenvolvimento é menos importante do que o compromisso sincero em desenvolver-se. Nesse âmbito, a intenção de fato importa. A estrutura e método específicos de cada jornada são muito menos importantes do que o foco do próprio viajante. Raramente vemos a rota mais direta para o crescimento ou a série exata de etapas que nos levarão até onde queremos chegar. O que importa é estar na jornada.

SUJEITOS, OBJETOS E VÍDEOS

Se é difícil definir crescimento ou desenvolvimento, é ainda mais complicado operacionalizá-los em uma configuração corporativa. Porém, essa é a descrição do trabalho de Adam Leonard, líder de desenvolvimento de pessoas no Google. Ele é responsável por pegar os últimos insights da psicologia do desenvolvimento, as melhores práticas do movimento de potencial humano, as técnicas antigas dos místicos, e as novas revelações da neurociência e transformá-las em programas de desenvolvimento de liderança para algumas das melhores e mais brilhantes mentes no Vale do Silício. E há poucas pessoas mais adequadas a esse papel. Adam — que também tem raízes no Esalen Institute e trabalhou no Integral Institute com o filósofo Ken Wilber (com quem escreveu o livro *A Prática de Vida Integral*) e na Stagen Leadership Academy — é conhecedor das práticas de crescimento pessoal, com uma paixão contagiante por experimentação e aprendizado. Como um mixologista, ele sabe quando adicionar uma pitada disso ou uma dose daquilo para criar um coquetel transformacional poderoso — quer isso signifique ensinar a equipes de engenharia a virtude da vulnerabilidade ou levar grandes líderes a regiões do mundo arrasadas pela guerra para uma experiência imersiva no pensamento em sistemas. Quando questionado sobre as ferramentas de liderança mais poderosas que descobriu, Adam sempre tem uma lista pronta, mas no topo dessa lista está um conceito que pode parecer ao mesmo tempo óbvio e obscuro: a relação sujeito-objeto.

É difícil ser objetivo sobre si mesmo. Com que frequência ouvimos variações desse lema? É quase um lugar-comum. Tendemos a ver os outros com muito mais clareza e frieza do que vemos a nós mesmos, porque nossa própria experiência é inerentemente subjetiva. Porém, como o psicólogo do desenvolvimento Robert Kegan observou, a capacidade de tornar-se mais objetivo acerca de questões subjetivas — emoções, traços de personalidade, vieses, crenças, gatilhos, preconceitos, qualidades, feridas e mais — é uma medida crucial desta coisa elusiva chamada *crescimento*. De fato, se o objetivo de nossa jornada de desenvolvimento for nos tornar líderes mais conscientes, o que poderia ser mais importante do que pegar aquilo que é subjetivo — e, portanto, muitas vezes subconsciente ou inconsciente — e torná-lo objetivo, trazendo-o à luz da consciência?

Como um exemplo simples, pense em uma emoção como a raiva. Uma pessoa imatura pode experimentar o surgimento da raiva como um estado incontrolável que é quase totalmente subjetivo. "*Estou* com raiva" — é uma declaração sobre si mesmo. Há pouca ou nenhuma distância entre a experiência da raiva e a agir *com* essa raiva. Uma pessoa mais madura, por outro lado, desenvolveu a capacidade de observar o surgimento da raiva de forma mais objetiva. A experiência muda de "Estou com raiva" para "Posso ver a raiva surgindo". Essa emoção poderosa tornou-se um objeto na consciência, e não parte intrínseca do ser. É uma mudança de perspectiva pequena, mas extremamente poderosa, porque, quando algo sai do sujeito para o objeto, temos muito mais espaço para decidir como vamos agir. Podemos ainda experimentar a mesma intensidade do sentimento, mas ele não nos controla mais. Podemos aplicar este mesmo princípio de *transformar sujeito em objeto* também em aspectos mais sutis de nosso mundo.

Quando algo é altamente subjetivo, é difícil vê-lo diretamente, então devemos geralmente começar olhando os impactos que temos nos outros, e então rastreá-los até o impulso ou gatilho invisíveis. Se reagimos repetitivamente de forma exagerada a certas pessoas ou situações, por exemplo, podemos descobrir um ponto cego ou crença profunda que esteja nos fazendo associar inconscientemente uma realidade atual a experiências ou traumas passados. Ao enxergar isso de forma mais objetiva, podemos separar impulso de ação e reagir de forma mais apropriada no momento.

Adam, que sempre recorre à sabedoria de Kegan em seu trabalho no Google, concentrou-se nesta ideia fundamental de *tornar sujeito objeto* como uma alavanca poderosa para o desenvolvimento de liderança. Se os líderes puderem aprender a ver a si mesmos de forma mais objetiva, tomarão decisões melhores, melhorarão seus relacionamentos com suas equipes, e serão mais capazes de desenvolver a si mesmos com eficiência. Mas, como ver a si mesmo objetivamente é algo mais fácil de falar do que fazer, Adam empregou a ajuda da tecnologia. Tendo aprendido com os costumes dos atletas profissionais, que "assistem a vídeos" após um jogo ou partida, ele filma os líderes em cenas de dificuldade interpessoal e então assiste ao vídeo com eles, oferecendo treinamento e ajudando-os a ligar os pontos entre suas reações externas e o mundo subjetivo do qual podem não estar cientes no momento. A experiência se mostrou dolorosa — e inestimável. "Todos odeiam se ver no vídeo", admite ele, "mas não há nada como de fato ver-se em uma tela para trazer maior objetividade. Ele gruda — as pessoas se lembram. E tornam-se melhores." Tornar-se mais consciente pode parecer ótimo, mas costuma ser uma experiência bastante desconfortável. O desconforto pode ser um marco de crescimento, então é algo que aspirantes a líderes conscientes devem aprender a tolerar. Mesmo que você não queira pegar a câmera, o incentivamos a praticar a transformação de sujeito em objeto — quer seja na prática contemplativa da pessoa, em relacionamentos de treinamento solidário ou em grupos de colegas de confiança.

Os líderes mais transformadores, geralmente sem saber, adotam essa transformação sujeito-objeto repetitivamente — em si mesmos e nas equipes que lideram. É uma qualidade notável da cognição humana termos a capacidade de nos conscientizar dos muitos picos e vales de nossos mundos interiores — bem como das desagradáveis raízes e cavernas — de modo que nossa autoconsciência continue se aprofundando, e nossa própria esfera de liberdade continue se expandindo.

AS MUITAS FORMAS COMO AS PESSOAS PODEM SER ESPERTAS

"Como seres humanos, temos muitas formas diferentes de representar significado, muitos tipos de inteligência", declara o psicólogo Howard Gardner, considerado por muitos o pai da teoria de inteligências múltiplas.[10] Em seu livro revolucionário de 1983, *Estruturas da Mente*, Gardner defendeu que a inteligência analítica, ou QI, era apenas uma das muitas formas das pessoas expressarem inteligência.

A ideia de inteligências múltiplas é uma forma útil de pensar sobre a jornada multifacetada de crescimento pessoal. O fato das pessoas nascerem com talentos naturais diferentes tem sido reconhecido desde a antiguidade. Porém, durante boa parte do século XX, acreditava-se que a competência em negócios era praticamente equivalente ao QI mensurável de uma pessoa. Nas últimas décadas, entretanto, o campo do desenvolvimento profissional foi transformado pelo reconhecimento empírico dos múltiplos tipos de competências pessoais, que podem de fato ser mais importantes para a liderança de modo geral do que o QI. Isso levou a uma expansão do próprio conceito de "inteligência" para incluir formas de excelência que transcendem a capacidade cognitiva.

A inteligência analítica é fundamental quando se trata de liderança. Na verdade, o QI pode ser uma inibição se lhe der um senso falso ou arrogante de seus talentos e capacidades gerais. Como Charlie Munger, presidente da Berkshire Hathaway, explicou, é melhor "contratar uma pessoa com QI de 130, mas que acredita ser 120, do que alguém que acredita ter QI de 170, quando tem na verdade apenas um QI de 150".[11] Felizmente, é perfeitamente possível para líderes conscientes se tornarem significativamente mais inteligentes de diversas formas que vão muito além do QI.

Hoje, a teoria das inteligências múltiplas é cada dia mais adotada, tanto na cultura popular quanto nos negócios, como maneira de representar a realidade de que há muitas formas de os seres humanos serem inteligentes. Pesquise livros que incluem "inteligência" no título e encontrará dezenas de exemplos, de inteligência visual à inteligência financeira, inteligência moral e inteligência física. Alguns baseiam suas alegações em pesquisas mais rigorosas e empíricas, outros são mais especulativos, mas juntos eles fazem parte de um oceano maior de mudanças sobre como entendemos a inteligência e, por tabela, o que significa aprender e crescer. O próprio Gardner propôs inicialmente sete inteligências e sugeriu mais algumas em escritos posteriores. Algumas são mais relevantes para negócios e liderança do que outras, mas talvez a mais consolidada e importante para líderes conscientes entenderem seja aquela que conquistou os círculos de liderança e negócios nas duas últimas décadas: *a inteligência emocional*.

Enquanto Michael Murphy acolhia as conversas mais interessantes da Califórnia com vista para o Oceano Pacífico, outro jovem na Costa Leste, também em busca de mais, estava explorando os caminhos do desenvolvimento humano que acabariam reverberando pelo mundo dos negócios. Em 1967, o professor de Harvard Richard Alpert viajou para a Índia, onde encontrou o santo Neem Karoli Baba, que se tornaria seu professor. Richard adotou o nome Ram Dass, e essa jornada se tornaria a base de seu livro clássico *Esteja Aqui Agora*, que inspirou uma geração a seguir seus passos. Em seu retorno aos EUA em 1968, Ram Dass acabou conhecendo Daniel Goleman, um jovem pós doutor de Harvard. Determinado a ver por si mesmo a terra e as pessoas que forjaram tal transformação em seu novo conhecido, Goleman partiu em sua própria jornada ao Oriente. Ele também voltou a Harvard inspirado pelas possibilidades contidas na consciência humana. Então desenvolveu um curso, "The Psychology of Consciousness" que fez sucesso entre os alunos de Harvard na década de 1970, e seu primeiro livro, *The Varieties of Meditative Experience* [As Variedades da Experiência Meditativa, em tradução livre], foi publicado em 1977. Viriam muitos mais. Mas aquele que o colocaria em evidência e alteraria para sempre nosso léxico cultural não foi publicado até 1995. Foi intitulado *Inteligência Emocional: A Teoria Revolucionária Que Redefine O Que É Ser Inteligente*, e vendeu bem mais de 5 milhões de cópias em dezenas de idiomas.

A inteligência emocional, colocando de forma simples, é a capacidade de perceber e entender melhor suas próprias emoções, motivações e impulsos, bem como ter maior empatia e entender os de outras pessoas. A capacidade de ser emocionalmente inteligente fundamenta-se no autoconhecimento e na autoconsciência. Ao nos tornarmos mais conscientes de nossas próprias emoções e vida interior, obtemos a capacidade de gerenciar e alinhar nossas emoções com nossos objetivos de liderança mais amplos. Podemos assumir mais responsabilidade por nossa própria experiência emocional e compreender como ela impacta os outros. Todos sabemos como é estar perto de alguém que parece estar desconectado de seu próprio turbilhão interno, incapaz de conter suas reações ou sentimentos, que se derramam e afetam seu trabalho, relacionamentos e mais. Provavelmente todos já fomos essa pessoa em diferentes momentos de nossas vidas. No estresse dos ambientes de trabalho, é muito comum encontrar pessoas que são altamente treinadas em habilidades técnicas e boas em seus trabalhos, mas que são quase infantis quando se trata de gerenciar seus sentimentos.

Ao aumentar nossa consciência de nossa vida emocional, nos tornamos naturalmente mais sintonizados com as emoções das outras pessoas. Muitas vezes, inconscientemente, nos relacionamos com os outros por meio do filtro de nossas próprias ideias e conceitos. Filtro esse que costuma trair e ocultar a verdade de quem somos. Quanto maior nossa inteligência emocional, mais somos capazes de nos sintonizar verdadeiramente com as outras pessoas, e no processo nossa empatia aumenta a passos largos. Conforme a desenvolvemos, somos mais capazes de interpretar toda uma gama de sinais emocionais — expressões faciais, linguagem corporal, tom de voz — e as qualidades emocionais interiores que os fundamentam. Em seu melhor, a inteligência emocional autêntica também gera confiança e lealdade entre colegas ao construir laços de conexão e cuidado pessoal sinceros. E ajuda os líderes a prever melhor e compreender a forma como seus colaboradores serão impactados emocionalmente por eventos externos.

Por mais que seus impactos possam ser sentidos na esfera social, a essência da inteligência emocional é na verdade uma questão interna. Segundo Robin Stern, do Yale Center for Emotional Intelligence: "Algumas pessoas pensam em inteligência emocional como uma soft skill ou como uma capacidade ou tendência a ser legal. Na verdade, se trata de entender o que no momento está acontecendo com você de modo que possa fazer escolhas conscientes sobre como quer usar suas emoções, como quer gerenciar a si mesmo e como quer ser visto no mundo."[12]

> **PRATICANDO A INTELIGÊNCIA EMOCIONAL:**
> **Nomeie Suas Emoções**
>
> Existem muitos métodos para mensurar, desenvolver e praticar a inteligência emocional, mas o ponto de partida é quase sempre a prática ilusoriamente simples da autoconsciência emocional. Você é capaz de reconhecer e identificar suas próprias emoções? Apesar de parecer uma tarefa básica, ela pode ser esclarecedora na tentativa de conscientizar-se e nomear com sinceridade as muitas emoções que surgem e passam em nossa experiência interna no curso de uma hora ou um dia. Por exemplo, em meio a uma reunião de equipe executiva difícil na qual as coisas não estão indo no sentido que você esperava, você pode perceber um sentimento vago de depressão. Quando olha mais de perto, porém, percebe que uma forma mais precisa de descrever o sentimento seria impotência. Identificar corretamente o sentimento permite que você reaja a ele de forma mais autêntica. Você não precisa só de um ânimo, precisa encontrar uma forma de aceitar as decisões tomadas e manter seu senso de liderança competente. O desenvolvimento de consciência emocional — também chamada de educação emocional ou fluência emocional — é um caminho de crescimento surpreendentemente poderoso, e que revela continuamente novos níveis de nuança e sutileza.

Enquanto algumas pessoas associam inteligência emocional à intimamente ligada noção de inteligência social, Goleman, que pesquisou e escreveu sobre ambas, faz uma distinção útil. A inteligência social concentra-se mais exteriormente, explica ele. Ao concentrar-se nesse aspecto do caráter humano, "o foco muda para aqueles momentos efêmeros que surgem conforme interagimos. Esses têm consequências profundas quando percebemos como, por meio de sua soma total, criamos uns aos outros".[13]

Qualquer líder que trabalhe com uma equipe — sejam 2 ou 200 pessoas — se identificará com a importância desta declaração. *Nós criamos uns aos outros*. Seres humanos são criaturas sociais por natureza, profundamente sintonizados e influenciados uns pelos outros — não apenas no nível perceptível das palavras e ações, mas no nível imperceptível das emoções, atitudes e crenças. Desenvolver nossa inteligência emocional e social nos permite ser mais eficientes ao interagir com uma grande variedade de pessoas e entender e gerenciar as dinâmicas interpessoais e culturais que operam em muitas comunidades humanas, incluindo empresas.

Ainda que seja um conceito muito mais novo do que as outras inteligências discutidas anteriormente, sugerimos mais uma importante via de desenvolvimento que os líderes conscientes podem considerar buscar. Nós a chamamos de *inteligência cultural*. A fim de navegar habilmente pelas controvérsias que fervilham cada vez mais nas culturas internas de algumas das maiores organizações dos EUA hoje, líderes conscientes precisam de uma compreensão sofisticada dos valores e das cosmovisões culturais mais amplas que são suas fontes. Esses conflitos podem ser sentidos em todos os cantos do mercado. Exemplos familiares incluem a demissão de um engenheiro pelo Google por causa de um memorando polêmico e resistência interna perante seus assuntos governamentais; o fechamento nacional do Starbucks para treinamento de emergência; e o boicote ao restaurante Chick-fil-A por causa das visões cristãs conservadoras do seu CEO. Quando se trata de questões de valores e identidade pessoais, líderes empresariais enfrentam um possível campo minado, e, às vezes, parece que até o conhecimento psicológico contemporâneo mais sofisticado e a empatia pessoal não nos capacitam adequadamente a lidar com essas questões. Por quê? Porque as raízes desses conflitos não jazem simplesmente em atitudes, crenças ou patologias individuais, nem em estruturas institucionais, mas em sistemas de valor cultural mais amplos que estão mudando, evoluindo e, às vezes, discordando.

Ainda que haja muitas formas de ser "culturalmente inteligente", nós definimos inteligência cultural como uma perspectiva integrativa recém-surgida que pode integrar e harmonizar favoravelmente uma grande variedade de valores conflitantes. Como líderes, podemos reconhecer quando valores tradicionais como dever, fé e autossacrifício estão em confronto com valores que são naturalmente mais modernistas, como a liberdade pessoal? Podemos reconhecer como os valores como diversidade, sustentabilidade e justiça social, que surgiram ao longo das últimas décadas (às vezes chamados de valores pós-modernos), estão hoje influenciando significativamente os negócios e alterando formas estabelecidas de trabalhar juntos? Podemos ser solidários com a disrupção que isso cria em algumas pessoas, mesmo quando defendemos os valores que talvez nos movam pessoalmente? Podemos honrar as contribuições positivas de múltiplos sistemas de valor, mesmo enquanto rejeitamos suas patologias? Essas são algumas das habilidades e capacidades que distinguirão líderes conscientes no local de trabalho de hoje e de amanhã. (Para ver uma discussão mais detalhada dos diversos sistemas de valor ou cosmovisões que estão ativas em nosso país e mundo hoje, por favor, veja o apêndice, "Sobre Cultivar a Inteligência Cultural" na página 215).

> **PRATICANDO APRENDIZADO E CRESCIMENTO:**
> **Construa uma Organização que Aprende**
>
> Apesar das práticas pessoais que compartilhamos neste capítulo, podemos recomendar também a prática de transformar sua equipe, ou até toda a sua empresa, em uma "organização que aprende" (um termo criado por Peter Senge em seu livro *A Quinta Disciplina*). Uma organização que aprende é aquela que facilita ativamente o crescimento de seus membros e, portanto, transforma a si mesma continuamente em resposta a pressões competitivas. A noção de que uma organização por si só possa aprender levou à prática disseminada do aprendizado em equipe, em que as pessoas trabalham juntas para melhorar suas capacidades tanto individuais quanto coletivas simultaneamente. Muitas escolas de administração já integraram o aprendizado em equipe em suas estruturas curriculares, especialmente em seus programas de MBA. Robert Kegan também contribuiu com esse campo com sua pesquisa sobre o que ele chama de organizações de desenvolvimento deliberado.

O ESPÍRITO DA LIDERANÇA CONSCIENTE

Uma discussão sobre as muitas formas e métodos pelos quais os seres humanos crescem e prosperam cedo ou tarde nos leva às portas da espiritualidade. O que significa crescer espiritualmente? E como é possível saber se houve progresso no desenvolvimento espiritual? Essas são questões sobre as quais alguns dos maiores líderes e professores da humanidade refletiram por milhares de anos. E, ainda que essas questões tenham sido vistas como muito distantes das preocupações mundanas dos negócios, hoje não é incomum que líderes falem abertamente sobre sua busca por caminhos e práticas espirituais, quer usem ou não a terminologia específica. O crescimento espiritual é um assunto profundo e complexo, porém repleto de possíveis enigmas, e não se presta prontamente a ser suavemente conceitualizado como apenas uma entre muitas habilidades de liderança.

Algumas pessoas descrevem o desenvolvimento espiritual como outro tipo de inteligência, o que é correto, mas também é muito mais do que isso. Inevitavelmente, significa coisas diferentes para pessoas diferentes. Na verdade, cada um dos autores deste livro tem um comprometimento vitalício com prática e crescimento espiritual, mas cada um de nossos caminhos é diferente e tem sabor único. Temos certeza de que isso também é real para muitos de nossos leitores. Mas, independentemente de como o definimos, trabalhar para se desenvolver espiritualmente é um aspecto essencial da liderança consciente autêntica. O crescimento espiritual tem sido intimamente relacionado com a busca por tornar-se *mais consciente*, o que obviamente é o tema central deste livro.

O desenvolvimento espiritual é como uma alavanca interna. Quanto mais nos desenvolvemos espiritualmente, mais poderoso é o impacto que podemos ter em todos os outros aspectos de nossas vidas, e maior nossa capacidade de liderar de forma eficiente e consciente. Como diz o especialista em liderança Stephen Covey: "A inteligência espiritual é a principal e mais fundamental de todas as inteligências, porque se torna a fonte de orientação da(s) outra(s)."[14]

Seria tolice fingir que poderíamos, nestas poucas páginas, sequer começar a captar a amplitude e profundidade do que significa para os humanos desenvolverem a si mesmos como seres espirituais. Mas, na jornada da liderança consciente, também não podemos evitar as questões mais profundas da existência. Quem somos, no sentido mais profundo? Como ascendemos em nossas vidas individuais e coletivas, para incorporar melhor a verdade, o bem e a beleza? Como buscamos nosso propósito maior? Como contribuímos com a maior evolução da cultura humana? Como servimos melhor nossos semelhantes e nosso planeta? Parte de nos reconciliar com nosso papel nesta breve estadia de existência terrena é fazer as maiores perguntas da vida, buscando respostas autênticas, e, quando as encontramos, estar à altura delas fazendo o melhor que podemos.

Existem inúmeras abordagens ao crescimento espiritual, tanto na visão das grandes tradições do mundo quanto no caldeirão da espiritualidade contemporânea. Em certo nível, cada uma delas nos leva além da construção estreita de um ego pessoal localizado — expandindo nossa consciência e ampliando nossos horizontes.

Alguns se concentram nos domínios internos — a jornada profunda no Ser, a exploração contemplativa dos mundos interiores, a busca de níveis mais profundos e superiores de consciência que expandem e transcendem a personalidade. O meditador no topo da montanha, o ermitão na caverna, e até os praticantes de hoje que frequentam retiros que enfatizam a autoconsciência e a solidão — todas essas buscas estão seguindo o caminho bem percorrido que leva para dentro.

E existem abordagens que viram o foco para fora, vendo o espírito expresso em atos de serviço e devoção, amor pelo próximo, cuidado e altruísmo. Os grandes santos e curandeiros trilharam esse caminho, como muitos no mundo de hoje que encontram ajuda espiritual e profundo significado no serviço. Albert Schweitzer, um dos exemplos dessa forma de espiritualidade, expressou bem isso em suas palavras imortais: "Os únicos entre vocês que serão realmente felizes são aqueles que procuraram e descobriram como servir."[15]

Há também caminhos espirituais que enfatizam o poder de um chamado superior, a rendição ou comprometimento com um propósito transcendente. Entregar a si mesmo a algo maior que si — que isso seja concebido como Deus, como uma maior contribuição com o mundo ou como um papel na evolução ou nossa consciência e cultura — é um caminho poderoso para expressar nossas convicções espirituais. Alguns dos maiores heróis da história escolheram o propósito como seu caminho espiritual, e acreditamos que a ideia também é digna de muitos dos líderes orientados por propósito de hoje, nos negócios e além.

Propósito, amor, integridade — as três virtudes que exploramos na Parte I deste livro — são cada um, de certa forma, uma porta para o crescimento espiritual, e em certo nível os líderes conscientes devem envolver-se com cada um deles. Mas, como indivíduos, somos naturalmente inclinados a buscar o que realmente importa de forma que faça sentido com o conteúdo específico de nossas próprias almas. Por fim, nossa intenção neste livro tem sido despertar e inspirar líderes a considerar algumas dessas questões mais profundas e encontrar suas próprias respostas. Esperamos ter fornecido também alguma sabedoria relevante e importante.

Aonde quer que cheguemos nesta jornada de aprendizado e crescimento, uma vida de liderança consciente exige encontrarmos formas de expressar nossas convicções mais profundas e chamados mais elevados nas ações que fazemos todos os dias. Obviamente, nem todo momento mundano pode ser injetado com o sublime. As realidades prosaicas de nossas empresas e organizações jamais podem ser abandonadas, e há centenas de escolhas que cada um de nós faz, todos os dias, que continuam intocadas por aspirações mais profundas ou elevadas. Mas se trilharmos esse caminho com integridade, propósito e amor; se estivermos nisso pelo longo prazo e abordarmos a jornada com um grande espírito de criatividade e benefício mútuo; e, se nos importarmos profundamente conosco e com as equipes com quem compartilhamos a jornada, descobriremos o espírito essencial da liderança consciente. Nossas vidas, nossas organizações e nosso mundo serão melhores por isso.

APÊNDICE

Sobre Cultivar a Inteligência Cultural

No capítulo final apresentamos a ideia de "inteligência cultural", que definimos como uma perspectiva emergente que pode harmonizar e integrar favoravelmente uma grande variedade de valores conflitantes. Esse novo tipo de inteligência dá aos líderes conscientes a capacidade de navegar habilmente a guerra cultural que aflige boa parte do mundo desenvolvido atualmente. A inteligência cultural, porém, não busca uma neutralidade impossível, nem é inevitavelmente politicamente centrista. A perspectiva expandida que é a base da inteligência cultural está eficientemente posicionada "fora e acima" das facções conflitantes que estão tentando usar o mundo dos negócios como seu campo de batalhas.

A capacidade de liderança da inteligência cultural se fundamenta em um reconhecimento claro das três principais cosmovisões, ou estruturas de valor cultural, que estão agora competindo por domínio no mundo desenvolvido. Essas três cosmovisões, seja individualmente ou em certa combinação, oferecem os valores para a grande maioria da população da América do Norte, Europa e Austrália. Porém, para evitar que essa discussão se complique, vamos conter nossa análise à cultura norte-americana, sobre a qual obviamente temos mais conhecimento e experiência.

Cosmovisões, como as entendemos, são conjuntos coerentes de valores e ideais que perduram por múltiplas gerações. Estas convenções de valor em larga escala dão significado à realidade e oferecem às pessoas um senso de identidade. Cosmovisões são certamente as unidades básicas da cultura. Então, a inteligência cultural da qual líderes conscientes precisam no ambiente cultural complexo de hoje exige conhecimento destes sistemas de valores dinâmicos. A significância cultural das cosmovisões estão imediatamente aparentes na diferença bem reconhecida entre a cosmovisão de *modernidade* e a cosmovisão das religiões tradicionais que antecederam a modernidade na história, e que continuam a prevalecer em grandes segmentos da cultura norte-americana.

Os valores da modernidade (ou "modernismo") incluem progresso, prosperidade, liberdade individual e racionalidade científica. Em contrapartida, os valores da cosmovisão tradicional incluem fé, família, dever, honra e patriotismo. Existe, é claro, uma considerável sobreposição entre esses conjuntos de valores, mas a distinção cultural entre a cosmovisão da modernidade e a contrastante cosmovisão do tradicionalismo costuma ser aceita dentro do discurso popular. Entretanto, o terceiro maior bloco cultural dos EUA — a cosmovisão progressista — continua inadequadamente compreendida. Apesar das preocupações progressistas como ambientalismo e justiça social serem óbvias para as correntes dominantes, o fato do progressismo representar hoje a terceira maior cosmovisão por si só costuma se perder para comentaristas do status quo. A Figura A.1 mostra alguns exemplos das três maiores cosmovisões dos EUA, as quais geralmente chamamos de modernismo, tradicionalismo e progressismo.

Em termos de tamanho demográfico, o modernismo continua sendo a cosmovisão majoritária nos EUA hoje, mantendo a fidelidade de cerca de 50% da população, seguida pelo tradicionalismo, com cerca de 30%, e depois pela cosmovisão progressista, com talvez até 20%.[1] Mas, apesar da cosmovisão progressista ser a menor, ela domina o meio acadêmico e boa parte das indústrias de mídia e entretenimento dos EUA, então sua influência crescente não pode ser desconsiderada ou ignorada. Ao menos pelas próximas décadas, a competição contínua entre essas três grandes cosmovisões continuará definindo os contornos da cultura norte-americana como um todo, especialmente a cultura organizacional.

A maioria das empresas opera em um ambiente que contém stakeholders de todas as cosmovisões. Esses stakeholders, por exemplo, podem incluir colaboradores millennials progressistas, investidores modernistas e um grupo demograficamente diverso de clientes que abrangem todas as três.

Não há afinidades entre essas cosmovisões. Mas não precisamos ficar no meio do fogo cruzado. Podemos aprender a ser superiores e integrar esses conjuntos de valores até então conflitantes. Essa prática de integrar valores começa no reconhecimento de que cada uma dessas cosmovisões

APÊNDICE

	Exemplos de Cosmovisão Tradicional	Exemplos de Cosmovisão Modernista	Exemplos de Cosmovisão Progressista
O Bom	Fé, família e país Autossacrifício pelo bem do todo Dever e honra Lei e ordem A vontade de Deus	Progresso econômico e científico Liberdade e estado de direito Conquistas pessoais, prosperidade e riqueza Status social e educação superior	Justiça social e ambiental Diversidade e multiculturalismo Estilo de vida natural e localismo Cura planetária
O Real	Escrituras Regras e normas da comunidade religiosa Diretrizes e autoridade legítima	Ciência Razão e objetividade Fatos, evidências e provas Literatura e filosofia	Perspectivas subjetivas, "o que for verdade para você" Sensibilidades "despertadas" O desmascarar das estruturas de poder
Possíveis Patologias	Intolerância, racismo, sexismo, homofobia Fundamentalismo religioso e anticiência Resiste à evolução moral e à maior inclusão Autoritarismo, xenofobia	Elitismo indiferente e exploração egoísta Tomados por interesses especiais Podem ser cientificistas e hostis à religião Capitalismo clientelista e autopromoção	Antimodernismo e patriotismo reverso Divisão identitária Repreensões hipócritas e exigências autoritárias Pensamento mágico e narcisismo
Alguns de Seus Heróis	Ronald Reagan Winston Churchill Edmund Burke Papa João Paulo II Billy Graham William Buckley Phyllis Schlafly Antonin Scalia	Thomas Jefferson John F. Kennedy Franklin D. Roosevelt Albert Einstein Thomas Edison Adam Smith Carl Sagan Milton Friedman Frank Lloyd Wright	Mahatma Gandhi Nelson Mandela John Lennon John Muir Margaret Mead Betty Friedan Joan Baez Oprah Winfrey
Figuras Contemporâneas	Ross Douthat Patrick Deneen Rod Dreher Rick Warren Tucker Carlson	Hillary Clinton Steven Pinker Thomas Friedman Bill Gates Sheryl Sandberg	Bernie Sanders Ta-Nehisi Coates Marianne Williamson Naomi Klein Bill McKibben

Figura A.1. Exemplos das Três Maiores Cosmovisões dos EUA

tem vantagens saudáveis e desvantagens maléficas. Todas contém valores construtivos e perenes, junto a deficiências e patologias negativas. Como afirmamos o bom e descartamos o mal? Esse é o trabalho da inteligência cultural. (A Figura A.1 lista algumas das possíveis patologias que são intimamente associadas aos valores positivos de cada grande cosmovisão).

A inteligência cultural distingue claramente os pontos positivos de cada cosmovisão de seus pontos negativos associados. Separar as "dignidades" dos "desastres" de cada cosmovisão nos permite afirmar e usar os valores positivos e perenes que cada uma delas continua trazendo para nossa cultura mais ampla. Por exemplo, líderes conscientes podem usar valores tradicionais para invocar o espírito desafiador de Winston Churchill e se fortalecer perante a vilania. E, em situações nas quais precisam ser mais inclusivos, podem usar o espírito progressista de resistência não violenta de Mahatma Gandhi para superar a oposição. É aprendendo a reconhecer e integrar os valores positivos de todas as grandes cosmovisões que os líderes conscientes podem expandir o escopo do que são capazes de valorizar pessoalmente, e assim evoluir sua própria consciência no processo.

Para usar a inteligência cultural, porém, não precisamos desconsiderar nossas lealdades à cosmovisão específica que informa nossa identidade. A liderança consciente culturalmente inteligente pode ser praticada de dentro do âmbito de cada uma dessas grandes cosmovisões. No ramo dos livros de negócios, por exemplo, podemos ver a liderança consciente expressa por uma perspectiva tradicional socialmente conservadora no livro *Todos São Importantes* [Alta Books, 2020], de Bob Chapman e Raj Sisodia. Por outro lado, a liderança consciente de uma perspectiva progressista e pós-moderna pode ser vista no livro de Paul Hawken *Capitalismo Natural*. E uma liderança consciente de uma perspectiva modernista convencional pode ser reconhecida no influente livro de Ray Dalio, *Princípios*. Cada autor expressa uma versão autêntica da liderança consciente. Porém, ainda que a liderança consciente possa ser efetivamente praticada dentro do esquema de valores de cada grande cosmovisão, a intensidade crescente da guerra cultural coloca um prêmio nos líderes capazes de integrar favoravelmente toda a gama de valores norte-americanos positivos.

| Características da Emergente Cosmovisão Integral ||||
O Bom	O Real	Possíveis Patologias	Alguns de Seus Heróis
Moralidade globocêntrica Evolução da consciência e da cultura Valores positivos de todas as grandes cosmovisões Assumir responsabilidade pessoal pela solução de problemas	Desenvolvimento dialético Avaliação inclusiva Harmonização entre ciência e espiritualidade	Pode ser insensível ou impaciente Pode parecer elitista ou indiferente	Pierre Teilhard De Chardin Alfred North Whitehead Sri Aurobindo Jean Gebser Clare Graves

Figura A.2. Características da Emergente Cosmovisão Integral

Ainda assim, apesar dos líderes de cada uma dessas cosmovisões existentes serem capazes de usar efetivamente a inteligência cultural, a perspectiva da própria inteligência cultural se fundamenta em uma quarta cosmovisão — uma perspectiva cultural recém-emergente que é basicamente *pós-progressista*. Essa cosmovisão pós-progressista, ou "integral", honra e inclui muitos valores progressistas no sentido de ser capaz de fazer o que a visão progressista não consegue: ela reconhece totalmente a legitimidade e a necessidade contínua dos valores positivos de todas as cosmovisões anteriores. Essa cosmovisão integral, portanto, segue adiante recuando.[2]

A cosmovisão integral também tem seus valores relativamente únicos, tais como o desejo de harmonizar ciência e espiritualidade, um senso melhorado de responsabilidade pessoal pelos problemas do mundo, um reconhecimento aumentado das verdades conflitantes e do raciocínio dialético, e uma nova valorização do significado da evolução em geral e da evolução cultural especificamente. A Figura A.2 mostra algumas das características dessa cosmovisão emergente, que é a principal fonte da nova habilidade de liderança da inteligência cultural.

A inteligência cultural ainda não é totalmente reconhecida como um conjunto de habilidades de liderança necessárias. Mas, conforme cada vez mais conflitos culturais impactam as empresas norte-americanas, a demanda por líderes altamente eficazes que possam contornar essas três cosmovisões conflitantes se torna cada vez mais urgente.

MAIS LEITURAS SOBRE INTELIGÊNCIA CULTURAL

Inglehart, Ronald. *Cultural Evolution: People's Motivations Are Changing, and Reshaping the World*. Cambridge, UK: Cambridge University Press, 2018.

McIntosh, Steve. *Developmental Politics: How America Can Grow into a Better Version of Itself*. St. Paul, MN: Paragon House, 2020.

Phipps, Carter. *Evolucionários: Revelando o Potencial Espiritual e Cultural de Uma das Maiores Ideias da Ciência*.

Wade, Jenny. *Changes of Mind: A Holonomic Theory of the Evolution of Consciousness*. Albany: State University of New York Press, 1996.

Welzel, Christian. *Freedom Rising: Human Empowerment and the Quest for Emancipation*. Nova York: Cambridge University Press, 2013.

Wilber, Ken. *Trump and a Post-Truth World*. Boulder, CO: Shambhala, 2017.

NOTAS

INTRODUÇÃO

1. "Business Roundtable Redefines the Purpose of a Corporation to Promote 'An Economy That Serves All Americans'", Business Roundtable, 19 de agosto de 2019, https://www.businessroundta ble.org/ business--roundtable-redefines-the-purpose-of-a-corporation-to-promote-an- econ omy/that-serves-all-americans.

CAPÍTULO 1: PRIORIZE O PROPÓSITO

1. Roy Spence, "We Don't Have to Have Legs to Fly", Conscious Capitalism CEO Summit, Austin, TX, 2017, https://www.youtube.com/watch?v=gDGU5WUNiAY.
2. Richard Branson, "Setting Goals with Virgin Media at Southampton FC", Virgin.com, 20 de maio de 2019, https://www.virgin.com/richard-branson/setting-goals-virgin-media-southampton-fc.
3. William McDonough e Michael Braungart, *The Upcycle: Beyond Sustainability — Designing for Abundance* (Nova York: North Point Press, 2013), 7.
4. Lydia Denworth, "Debate Arises over Teaching 'Growth Mindsets' to Motivate Students", *Scientific American*, 12 de agosto de 2019, https://www.scientificamerican.com/article/debate-arises-over-teaching-growth-mindsets-to-motivate-students/.
5. Kristin Kloberdanz, "Ideas to Action San Francisco: UVA Darden Professors Tell the 'New Story of Business'", Darden Report, University of Virginia, 23 de julho de 2018, https://news.darden.virginia.edu/2018/07/23/ideas-to-action-san-francisco-uva-darden-professors-tell-the-new-story-of-business/.
6. John Mackey e Raj Sisodia, *Conscious Capitalism: Liberating the Heroic Spirit of Business* (Boston: Harvard Business Review Press, 2014), 52. [Publicado no Brasil como *Capitalismo Consciente. Como Libertar o Espírito Heroico dos Negócios*]
7. Nancy Atkinson, *Eight Years to the Moon: The History of the Apollo Missions* (Salem, MA: Page Street Publications, 2019), 41.
8. Bert Parlee, "Polarity Management", Bert Parlee (site), http://bertparlee.com/training/polarity-management/.
9. Barry Johnson, *Polarity Management* (Amherst, MA: HRD Press, 1996), xviii.
10. Citado no livro de Max Delbrück, *Mind from Matter? An Essay on Evolutionary Epistemology* (Palo Alto, CA: Blackwell Scientific Publications, 1986), 167.

CAPÍTULO 2: LIDERE COM AMOR

1. Steve Farber, *Love Is Just Damn Good Business* (Nova York: McGraw-Hill Education, 2019).
2. Andrew S. Grove, *Only the Paranoid Survive: How to Exploit the Crisis Points That Challenge Every Company* (Nova York: Currency, 1999). [Publicado no Brasil como *Só os Paranóicos Sobrevivem (Editora Gradiva, 2000)*].
3. Esta citação costuma ser erroneamente atribuída a Vince Lombardi. Segundo a Wikipedia, vem do "Treinador de futebol americano dos UCLA Bruins, Henry Russell ('Red') Sanders, que disse duas versões diferentes da citação. Em 1950, em um workshop de educação física na Cal Poly San Luis Obispo, Sanders disse a seu grupo: 'Cara, serei honesto. Vencer não é tudo', então após uma longa pausa, 'Cara, é a única coisa!' Em um artigo de três partes, de 7 de dezembro de 1953, sobre Red Sanders, por Bud Furillo do *Los Angeles Herald and Express*, a frase é citada no subtítulo. Furillo disse em suas memórias não publicadas que foi o primeiro a ouvir a declaração de Sanders depois da derrota da UCLA para o USC em 1949." Wikipedia, s.v. "Winning isn't everything; it's the only thing", https://en.wikipedia.org/wiki/Winning_isn%27t_everything;_it%27s_the_only_thing, modificado em 10 de fevereiro de 2020.

4. Game of Thrones, temporada 1, episódio 7, "You Win or You Die", dirigido por Daniel Minahan, transmitido em 29 de maio de 2011, na HBO.
5. Game of Thrones, temporada 5, episódio 7, "The Gift", dirigido por Miguel Sapochnik, transmitido em 24 de maio de 2015, na HBO.
6. Jonathan Keyser, *You Don't Have to Be Ruthless to Win* (Lioncrest Publishing, 2019), 50.
7. Keyser, *You Don't Have to Be Ruthless to Win*, 14.
8. D. H. Lawrence, *Apocalypse* (Nova York: Viking, 1966), 149. [Publicado no Brasil como *Apocalipse*]
9. Krystal Knapp, "George Will to Princeton Graduates: The Antidote to the Overabundance of Anger in America Is Praise", Planet Princeton, 3 de junho de 2019, https://planetprinceton.com/2019/06/03/george-will-to-princeton-graduates-the-antidote-to-the-overabundance-of-anger-in-america-is-praise/.
10. Molly Rubin, "Full transcript: Tim Cook delivers MIT'S 2017 Commencement Speech," Quartz, 9 de junho de 2017, https://qz.com/1002570/watch-live-apple-ceo-tim-cook-delivers-mits-2017-commencement-speech/.
11. Sri Mata Amritanandamayi Devi, *May Your Hearts Blossom: An Address to the Parliament of World's Religions, Chicago, September 1993*, trans. Swami Amritaswarupananda (1993; Kerala: Mata Amritanandamayi Mission Trust, 2014), 54.
12. Lewis B. Smedes, *Forgive and Forget: Healing the Hurts We Don't Deserve* (1984; Nova York: Plus/HarperOne, 2007), x. [Publicado no Brasil como *Perdoar e Esquecer*]
13. Edward Freeman, "What Is Stakeholder Theory?" Business Roundtable Institute for Corporate Ethics, Darden School of Business, University of Virginia, 1 de outubro de 2009, https://www.youtube.com/watch?v=bIRUaLcvPe8.

CAPÍTULO 3: SEMPRE AJA COM INTEGRIDADE

1. Thomas Jefferson a Nathaniel Macon, 12 de janeiro de 1819, Manuscript Division, Thomas Jefferson Papers, Library of Congress.
2. Bill George, "Truth, Transparency & Trust: The 3 Ts of True North Leaders", Bill George (site), 8 de julho de 2019, https://www.billgeorge.org/articles/truth-transparency-trust-the-3-ts-of-true-north-leaders/.
3. Elizabeth Haas Edersheim, "Alan Mulally, Ford, and the 6Cs", Brookings Institute blog, 28 de junho de 2016, https://www.brookings.edu/blog/education-plus-development/2016/06/28/alan-mulally-ford-and-the-6cs/.
4. S. Cook, R. Davis, D. Shockley, J. Strimling e J. Wilke, eds., *Do the Right Thing: Real Life Stories of Leaders Facing Tough Choices* (Create Space, 2015), xxvii.
5. Stephen M. R. Covey, *The Speed of Trust* (Free Press, 2006), 247. [Publicado no Brasil como *A Velocidade da Confiança*]
6. Zach Hrynowski, "What Percentage of Americans Are Vegetarian?" Gallup, 27 de setembro de 2019, https://news.gallup.com/poll/267074/percentage-americans-vegetarian.aspx.
7. Robert Solomon, *A Better Way to Think About Business: How Personal Integrity Leads to Corporate Success* (Oxford e Nova York: Oxford University Press, 2003), 42.
8. Solomon, *A Better Way to Think About Business*, 41.
9. Ken Wilber, Terry Patten, Adam Leonard e Marco Morelli, *Integral Life Practice: A 21st-Century Blueprint for Physical Health, Emotional Balance, Mental Clarity, and Spiritual Awakening* (Boston: Integral Books, 2008), 43. [Publicado no Brasil como *A Prática de Vida Integral*]

CAPÍTULO 4: ENCONTRE SOLUÇÕES GANHA-GANHA-GANHA

1. *Sucesso a Qualquer Preço*, dirigido por James Foley, roteiro de David Mamet.
2. *Shark Tank*, temporada 1, episódio 1, dirigido por Craig Spirko, estrelando Kevin O'Leary, transmitido em 8 de agosto de 2009, na ABC.
3. Alexander McCobin, "Listening to Adam Smith, Gordon Gekko, and Dilbert: A Human Approach to Capitalism", *The Catalyst: A Journal of Ideas from the Bush Institute* no. 16 (Outono de 2019), https://www.bushcenter.org/catalyst/capitalism/mccobin-conscious-capitalism.html.
4. "Declining Global Poverty: Share of People Living in Extreme Poverty, 1820–2015", Our World in Data, https://ourworldindata.org/grapher/declining-global-poverty-share-1820-2015.
5. Stephen Covey, *The 7 Habits of Highly Effective People* (Nova York: Simon & Schuster, 2013), 213–16. [Publicado no Brasil como *Os 7 Hábitos das Pessoas Altamente Eficazes*]

6. Peter Senge, *The Fifth Discipline: The Art and Practice of the Learning Organization* (Nova York: Doubleday, 1990), 6–7. [Publicado no Brasil como *A Quinta Disciplina*]

CAPÍTULO 5: INOVE E CRIE VALOR

1. Deirdre McCloskey, *Why Liberalism Works: How True Liberal Values Produce a Freer, More Equal, Prosperous World for All* (New Haven, CT: Yale University Press, 2019).
2. Hans Rosling, *Factfulness: 10 Reasons We're Wrong About the World — and Why Things Are Better Than You Think* (Nova York: Flatiron, 2018), 52. [Publicado no Brasil como *Factfulness: O Hábito Libertador de Só Ter Opiniões Baseadas em Fatos*]
3. Deirdre McCloskey, *Bourgeois Equality: How Ideas, Not Capital or Institutions, Enriched Our World* (Chicago: University of Chicago Press, 2017), xiii.
4. Fred Turner, *From Counterculture to Cyberculture: Stewart Brand, the Whole Earth Network, and the Rise of Digital Utopianism* (Chicago: University of Chicago Press, 2008), vii.
5. Bob Dylan, vocalista, "Brownsville Girl," composta por Bob Dylan e Sam Shepard, faixa 6 de *Knocked Out Loaded*, Columbia Records, 1986.
6. Al Ramadan, Dave Peterson, Christopher Lochhead e Kevin Maney, *Play Bigger: How Pirates, Dreamers, and Innovators Create and Dominate Markets* (Nova York: Harper Business, 2016), 3–4.
7. Robert D. Hof, "How Google Fuels Its Idea Factory", *Bloomberg BusinessWeek*, 28 de abril de 2008, https://www.bloomberg.com/news/articles/2008-04-28/how-google-fuels-its-idea-factory.
8. Robert Greifeld, *Market Mover: Lessons from a Decade of Change at Nasdaq* (Nova York: Grand Central, 2019), 242–43.
9. Carlota Perez, "An Opportunity for Ethical Capitalism That Comes Once in a Century", United Nations Conference on Trade and Development, https://unctad.org/en/pages/newsdetails.aspx?OriginalVersionID=2077.
10. John Chambers com Diane Brady, *Connecting the Dots: Lessons for Leadership in a Startup World* (Nova York: Hachette, 2018), 41.
11. Claire Cain Miller, "Arthur Rock, Legendary V.C., Invested with Bernard Madoff", *BITS* (blog), *New York Times*, 5 de fevereiro de 2009, https://bits.blogs.nytimes.com/2009/02/05/arthur-rock-legendary-vc-invested-with-bernard-madoff/.
12. Arthur Koestler, *The Act of Creation* (1964; London: Hutchinson, 1976), 96.
13. Ray Dalio, "Billionaire Ray Dalio on His Big Bet That Failed: 'I Went Broke and Had to Borrow $4,000 from My Dad'", Make It, CNBC, 4 de dezembro de 2019, https://www.cnbc.com/2019/12/04/billionaire-ray-dalio-was-once-broke-and-borrowed-money-from-his-dad-to-pay-family-bills.html.
14. Steven Johnson, *Where Good Ideas Come From: The Natural History of Innovation* (Nova York: Penguin, 2010), 31. [Publicado no Brasil como *De Onde Vêm as Boas Ideias*]
15. "The Adjacent Possible: A Talk with Stuart A. Kauffman", Edge, 9 de novembro de 2003, https://www.edge.org/conversation/stuart_a_kauffman-the-adjacent-possible.

CAPÍTULO 6: PENSE NO LONGO PRAZO

1. Gary Hamel, citado no artigo de Seth Kahan, "Time for Management 2.0", *Fast Company*, 6 de outubro de 2009, http://www.fastcompany.com/blog/seth-kahan/leading-change/hamel-hypercritical-change-points-radical-changes-required-management.
2. Jay Coen Gilbert e Alexander McCobin, "How to Build and Protect Your Purpose-Driven Business", Medium, 12 de novembro de 2018, https://bthechange.com/how-to-build-and-protect-your-purpose-driven-business-a2bc51557180.
3. Simon Sinek, *The Infinite Game* (Nova York: Portfolio, 2019), 9. [Publicado no Brasil como *O Jogo Infinito*]
4. Peter Diamandis, "What Does Exponential Growth Feel Like?", Diamandis Tech Blog, https://www.diamandis.com/blog/what-does-exponential-growth-feel-like.
5. Salim Ismail, "Adapting to the Changes of the New World", Elevate Tech Fest 2018, Toronto, https://www.youtube.com/watch?v=FuXeh0Ymnog.
6. Kevin Kelly, *What Technology Wants* (Nova York: Viking, 2010), 73.
7. *William Gibson: No Maps for These Territories*, dirigido por Mark Neale, Mark Neale Productions, 2000.
8. Pierre Teilhard de Chardin, *The Future of Man* (1959; Nova York: Image Books/Doubleday, 2004), 186.

9. Atribuído a Twain no livro de Alan Goldman, *Mark Twain and Philosophy* (Lanham, MD: Rowman & Littlefield, 2017), 127.
10. Philip Tetlock, *Superforecasting: The Art and Science of Prediction* (Nova York: Broadway Books, 2016), 32. [Publicado no Brasil como *Superprevisões: A Arte e a Ciência de Antecipar o Futuro*]
11. Atribuído a Napoleão Bonaparte no livro de Jules Bertaut, *Napoleon in His Own Words,* trans. Herbert Edward Law and Charles Lincoln Rhodes (Chicago: A.C. McClurg, 1916), 52.
12. Kai Weiss, "The Importance of Entrepreneurs: An Interview with Deirdre McCloskey", Austrian Economics Center, n.d., https://www.austriancenter.com/importance-entrepreneurs-mccloskey/.
13. Veja Steven Pinker, *O Novo Iluminismo: Em Defesa da Razão, da Ciência e do Humanismo*.
14. Phil Lebeau, "Relax, Experts Say It's At Least a Decade Before You Can Buy a Self-Driving Vehicle", CNBC, 30 de julho de 2019, https://www.cnbc.com/2019/07/29/experts-say-its-at-least-a-decade-before--you-can-buy-a-self-driving-car.html.

CAPÍTULO 7: DESENVOLVA A EQUIPE CONSTANTEMENTE

1. *Jerry McGuire,* dirigido por Cameron Crowe (TriStar Pictures, 1996).
2. Marcel Schwantes, "Warren Buffett Says Look for This 1 Trait If You Want to Hire the Best People", *Inc.*, 26 de agosto de 2019, https://www.inc.com/marcel-schwantes/warren-buffett-says-look-for-this-1-trait--if-you-want-to-hire-best-people.html.
3. Larry Page e Sergey Brin, "2004 Founders' IPO Letter: 'An Owner's Manual' for Google's Shareholders", Alphabet Investor Relations, https://abc.xyz/investor/founders-letters/2004-ipo-letter/.
4. Gregg Thompson, *The Master Coach: Leading with Character, Building Connections, and Engaging in Extraordinary Conversations* (Nova York: SelectBooks, 2017), 34–35.
5. Dan Schawbel, "Denise Morrison: How She Became the First Woman CEO at Campbell Soup Company", Forbes, 6 de novembro de 2017, https://www.forbes.com/sites/danschawbel/2017/11/06/denise-morrison-how-she-became-the-first-woman-ceo-at-campbell-soup-company/#3529be286be4.
6. Rand Stagen, "You're Doing It Wrong — How Not to Give Feedback", 27 de julho de 2018, https://stagen.com/youre-doing-it-wrong-how-not-to-give-feedback/.
7. Linda Berens, "Typologies", Linda Berens Institute, n.d., https://lindaberens.com/typologies/.
8. Berens, "Typologies".

CAPÍTULO 8: REVITALIZE-SE REGULARMENTE

1. "The Kiril Sokoloff Interviews: Stanley F. Druckenmiller", Real Vision, 28 de setembro de 2018, https://www.realvision.com/shows/the-kiril-sokoloff-interviews/videos/the-kiril-sokoloff-interviews-stanley-f-druckenmiller.
2. Dee Hock, "The Art of Chaordic Leadership", *Leader to Leader* no. 15 (Inverno 2000), 20–26, http://www.griequity.com/resources/integraltech/GRIBusinessModel/chaordism/hock.html.
3. "Do American Workers Need a Vacation? New CareerBuilder Data Shows Majority Are Burned Out at Work, While Some Are Highly Stressed or Both", CareerBuilder, 23 de maio de 2017, http://press.careerbuilder.com/2017-05-23-Do-American-Workers-Need-a-Vacation-New-CareerBuilder-Data-Shows-Majority-Are-Burned-Out-at-Work-While-Some-Are-Highly-Stressed-or-Both.
4. Eric Garton, "Burnout Is a Problem with the Company, Not the Person", *Harvard Business Review*, 6 de abril de 2017, https://hbr.org/2017/04/employee-burnout-is-a-problem-with-the-com pany-not-the-person.
5. Leslie Kwoh, "When the CEO Burns Out", *Wall Street Journal*, 7 de maio de 2013, https://www.wsj.com/articles/SB10001424127887323687604578469124008524696.
6. Richard Feloni, "The Founder of the B Corp Movement Celebrated by Companies Like Danone and Patagonia Explains How Overcoming Cancer Taught Him a Lesson That's Made Him a Better Leader", *Business Insider*, 20 de novembro de 2019, https://www.businessinsider.com/b-lab-cofounder-jay-coen-gilbert-shares-best-productivity-advice-2019-11.
7. Matthew Walker, *Why We Sleep: Unlocking the Power of Sleep and Dreams* (Nova York: Simon & Schuster, 2017), 8. [Publicado no Brasil como *Por Que Nós Dormimos*]
8. Walker, *Why We Sleep*, 8.
9. Rasmus Hougaard e Jacqueline Carter, "Senior Executives Get More Sleep Than Everyone Else", *Harvard Business Review*, 28 de fevereiro de 2018, https://hbr.org/2018/02/senior-executives-get-more-sleep-than-everyone-else.

NOTAS 225

10. Walker, *Why We Sleep*.
11. Andrei Codrescu, *An Involuntary Genius in America's Shoes (And What Happened Afterwards)* (Boston: David R. Godine, 2001), 130.
12. David Katz, "Diets, Doubts, and Doughnuts: Are We TRULY Clueless?" *HuffingtonPost*, 13 de agosto de 2016, http://www.huffingtonpost.com/entry/diets-doubts-and-doughnuts-are-we-truly-clueless_us_57af2fe9e4b0ae60ff029f0d.
13. Michael Pollan, *Food Rules: An Eater's Manual* (Nova York: Penguin, 2009), xv. [Publicado no Brasil como *Regras da Comida: Um Manual da Sabedoria Alimentar*]
14. Dan Buettner, *The Blue Zones: Lessons for Living Longer from the People Who've Lived the Longest* (Washington, DC: National Geographic, 2010).
15. Nisargadatta Maharaj, *I Am That* (Bangalore: Chetana, 1973), 15.
16. Steven Johnson, *Where Good Ideas Come From: The Natural History of Innovation* (Nova York: Penguin, 2010), 172. [Publicano no Brasil como *De Onde Vêm as Boas Ideias*]
17. John Muir, *Our National Parks* (Boston e Nova York: Houghton, Mifflin, 1901), 56.
18. Florence Williams, "This Is Your Brain on Nature", *National Geographic*, janeiro de 2016, https://www.nationalgeographic.com/magazine/2016/01/call-to-wild/.
19. Kevin McSpadden, "You Now Have a Shorter Attention Span than a Goldfish", *Time*, 14 de maio de 2015, https://time.com/3858309/attention-spans-goldfish/.
20. Adrian F. Ward, Kristen Duke, Ayelet Gneezy e Maarten W. Bos, "Brain Drain: The Mere Presence of One's Own Smartphone Reduces Available Cognitive Capacity", *Journal of the Association for Consumer Research* 2, no. 2 (abril de 2017), https://www.journals.uchicago.edu/doi/abs/10.1086/691462.
21. Alison Coleman, "Six Business Leaders Share Their Digital Detox Strategies", *Forbes*, 27 de novembro de 2018, https://www.forbes.com/sites/alisoncoleman/2018/11/27/six-business-leaders-share-their-digital-detox-strategies/#46ee6ebf1456.

CAPÍTULO 9: APRENDA E CRESÇA CONTINUAMENTE

1. *Autobiografia de Benjamin Franklin* (1791; Nova York: Henry Holt, 1916).
2. Elizabeth Debold, "Epistemology, Fourth Order Consciousness, and the Subject-Object Relationship", entrevista com Robert Kegan, *What Is Enlightenment* 22 (outono/inverno 2002), 149.
3. Charlie Munger na Reunião Anual de Berkshire Hathaway de 2003, citado no livro de Barton Biggs, *Hedgehogging* (2006; Hoboken, NJ: John Wiley & Sons, 2011), 198.
4. Peter Hartlaub, "SF Scientist Tells You How to 'Hack Your Brain' on Science Channel", *San Francisco Chronicle*, 17 de setembro de 2014, https://www.sfgate.com/tv/article/SF-scientist-tells-you-how-to-hack-your-brain-5762523.php.
5. David Epstein, *Range: Why Generalists Triumph in a Specialized World* (Nova York: Riverhead, 2019), 45. [Publicado no Brasil como *Por Que os Generalistas Vencem em um Mundo de Especialistas*]
6. Epstein, *Range*, 277.
7. Prasad Kaipa e Navi Radjou, *From Smart to Wise: Acting and Leading with Wisdom* (San Francisco: Jossey-Bass, 2013), 12.
8. Barrett C. Brown, "The Future of Leadership for Conscious Capitalism", MetaIntegral Associates, https://www.apheno.com/articles.
9. Andrew Marantz, "Silicon Valley's Crisis of Conscience: Where Big Tech Goes to Ask Deep Questions", *New Yorker*, 19 de agosto de 2019, https://www.newyorker.com/magazine/2019/08/26/silicon-valleys-crisis-of-conscience.
10. Howard Gardner, "An Education for the Future: The Foundation of Science and Values", arigo apresentado no Symposium of the Royal Palace Foundation, Amsterdã, 14 de março de 2001, in *The Development and Education of the Mind: The Selected Works of Howard Gardner* (Abingdon, UK: Routledge, 2006), 227.
11. Jimmy Aki, "Billionaire Charlie Munger Destroys Elon Musk's Hyperinflated Sense of IQ", CNN, 28 de fevereiro de 2019, https://www.ccn.com/charlie-munger-rips-elon-musk-high-iq.
12. Citado no artigo de Erin Gabriel, "Understanding Emotional Intelligence and Its Effects on Your life," CNN, 26 de julho de 2018, https://www.cnn.com/2018/04/11/health/improve-emotional-intelligence/index.html.
13. Daniel Goleman, *Social Intelligence: The New Science of Human Relationships* (Nova York: Bantam, 2006), 5. [Publicado no Brasil como *Inteligência Social: A Ciência Revolucionária das Relações Humanas*]

14. Stephen Covey, *The 8th Habit: From Effectiveness to Greatness* (Nova York: Free Press, 2004), 53. [Publicado no Brasil como *O 8º Hábito: Da Eficiência à Grandeza*]
15. Albert Schweitzer, em um discurso aos alunos da Silcoates School, Wakefield (junto com "inúmeros meninos e meninas da Ackworth School"), sobre "O Significado dos Ideais na Vida", aproximadamente às 15h40 de 3 de dezembro de 1935, "Visit of Dr. Albert Schweitzer" (como traduzido do francês por intermédio do intérprete do Dr. Schweitzer), *The Silcoatian*, New Series No. 25 (Dezembro, 1935): 784-85 (781-86 com 771-72; "Things in General").

APÊNDICE

1. Estas estimativas aproximadas baseiam-se em dados da World Values Survey e outras pesquisas de ciências sociais. Veja, p. ex., Ronald Inglehart, *Cultural Evolution: People's Motivations Are Changing, and Reshaping the World* (Cambridge, UK: Cambridge University Press, 2018); Ronald Inglehart, ed., *Human Values and Social Change* (Nova York: Brill, 2003); Christian Welzel, *Freedom Rising: Human Empowerment and the Quest for Emancipation* (Cambridge, UK: Cambridge University Press, 2013); Paul Ray e Sherry Anderson, *The Cultural Creatives: How 50 Million People Are Changing the World* (Nova York: Harmony, 2000). Veja também Robert Kegan, *The Evolving Self: Problem and Process in Human Development* (Cambridge, MA: Harvard University Press, 1982); M. Geral, F. A. Richards e C. Armon, eds., *Beyond Formal Operations*, vol. 1: *Late Adolescent and Adult Cognitive Development* (Nova York: Praeger, 1984); Don Beck e Chris Cowan, *Spiral Dynamics* (Nova York: Blackwell, 1995); Jenny Wade, *Changes of Mind: A Holonomic Theory of the Evolution of Consciousness* (Albany, NY: SUNY Press, 1996); e Jeremy Rifkin, *The Empathic Civilization* (Nova York: Tarcher Putnam, 2009).
2. Apesar da palavra integral geralmente ser associada especificamente com o trabalho do filósofo norte-americano Ken Wilber, o campo da filosofia integral é muito mais amplo do que a filosofia de Wilber. A filosofia integral se concentra nas estruturas e significados maiores por trás do desenvolvimento evolucionário da humanidade. Essa filosofia de evolução começou com G. W. F. Hegel, mas não é uma filosofia estritamente hegeliana. Outros filósofos notáveis que tentaram entender a evolução da consciência e cultura, e assim contribuíram com a filosofia integral, incluem Henri Bergson, Alfred North Whitehead, Pierre Teilhard de Chardin, Sri Aurobindo, Jean Gebser e Jürgen Habermas. Para saber mais sobre a cosmovisão integral e a filosofia por trás dela, veja os livros de Steve McIntosh, *Integral Consciousness and the Future of Evolution* (St. Paul, MN: Paragon House, 2007) e *Developmental Politics: How America Can Grow into a Better Version of Itself* (St. Paul, MN: Paragon House, 2020).

ÍNDICE

A

Accenture, 60
Agile, 112
Airbnb, 104
Alan Mulally, 57
Altruísmo recíproco, 79
Amazon, 19, 62, 77, 137, 151
  Amazon Prime, 92
  programa Technical Advisor, 163
  Technical Advisor, 163
Amor, 31
  ciclo virtuoso de, 37
  faces do, 37
    compaixão, 43
    cuidado, 42
    generosidade, 37
    gratidão, 38
    perdão, 44
    reconhecimento, 40
  liberar o, 31
  liderar com, 26
  o lado forte do, 46
  operacionalizar o, 25
  virtude do, 26
Andrew Grove, 27
Andy Eby, 47
Aprendizado
  permanente, 195
AT&T, 138
Autenticidade, 158
Autoaperfeiçoamento, 192
  contínuo, 196
Autoconhecimento, 6, 158, 207
Autoconsciência, 205, 207
  emocional, 208
Autonomia moral, 70
Avaliações 360°, 160

B

Baixo desempenho
  gerencie os de, 164
B Corp, 127. **Consulte também** Empresa B
Benefício mútuo, 86
Benjamin Franklin, 191
Bill Gates, 186
Bill Mackey, 163
Blue Zones, 181
Bolha de afirmação, 115

C

Campbell Soup Company, 163
Capacidade
  de empatia, 43
  de revitalizar-se, 173
Capitalismo
  Caubói, 103
  Consciente, vii, 11, 18, 125
Capital social, 42
Charlie Munger, 195, 205
Ciclo
  de Alarde, 143
  de feedback holístico, 160
  de trabalho, 174
Cisco Systems, 108–109
Compensação financeira, 152
Competição, 103
  e cooperação, 21
Comunidade
  construção de, 166
  de stakeholders, 31
Confusão mental, 172
Consciência emocional, 208
Contratação, 149
  na entrevista, 153
  Warren Buffett, 154

Cosmovisão, 215
　da modernidade, 216
　do tradicionalismo, 216
　integral, 219
　progressiva, 216
Criação de valor, 12, 98, 116
Cultura
　consciente
　　desenvolvendo uma, 155
　de confiança, 63
　de reconhecimento, 41
　de treinamento, 162, 163
　organizacional, 100, 155
　próspera, 149
Cultura organizacional, 23

D

Data.world, 167
　grupos de interesse, 167
David Epstein, 197
Daybreaker, 118
Denise Morrison, 163
Desafio e apoio, 156
Design organizacional, 110, 112
Dev Patnaik, 135
Disrupção tecnológica, 138
Diversidade humana, 169
Don Davis, 60
Driversselect, 149

E

Ed Freeman, 49
Efeito cascata, 42
Ego organizacional, 114
Energia
　emocional, 175
　espiritual, 176
　física, 175
　humana, 173
　mental, 176
Eric Schmidt, 106

Esalen, 200
Esgotamento laboral, 172
Especialista vs generalista, 197
Estabilidade da equipe, 150
Estratégias ganha-ganha-ganha, 29, 79, 179
Expedia, 82

F

Feedback, 52, 160, 164–165
　honesto, 57
FIFCO, 51, 54, 65
　FIFCO Opportunities, 66
Ford, 57

G

Generalista vs especialista, 197
Gênio coletivo, vii
Google, 13, 109, 204
Gordon Moore, 131
Grupos de mastermind, 193

H

Halla Tómasdóttir, 121
Hierarquia burocrática, 111
Hotels.com, 83
Humildade, como vantagem competitiva, 114

I

Igualdade salarial, 152
Indicadores-chave de desempenho (KPIs), 53
Inércia institucional, 111
Inovações disruptivas, 109
Insight criativo, 172
Integridade, 51, 55
　cinco qualidades da, 55
　　autenticidade, 58
　　coragem, 60
　　credibilidade, 62

falar a verdade, 55
honra, 57
falta de, 55
senso de, 52
Intel, 27
Inteligência
  analítica, 205
  criativa, 114
  cultural, 209, 215
  emocional, 153, 206
  social, 208

J

JANA Partners, 76, 88, 125
Jay Coen Gilbert, 127
Jeff Bezos, 19, 89, 147
Jejum Digital, 188
Jim Loehr, 173
Jogos
  finitos, 128
  infinitos, 128
John Chambers, 108

L

Lean manufacturing, 112
Lei
  da Condenação, 142
  de Amara, 142
  de Moore, 131
Lewis B. Smedes, 45
Líder
  consciente, 6, 32, 64, 99
    conectar pessoas ao propósito, 4
    jornada do, 6
  servil, 34
Liderança
  consciente, 192
  servil, 33–34

M

Martin Luther King Jr., 87, 87–88
Melhoria contínua, 31–32
Mentalidade "infinita", 129
Metáfora
  da comunidade, 31–32
  da guerra, 77
  de guerra, 26
  dos jogos, 28
Metas e avaliações, 160
Michael Merzenich, 195
Michael Murphy, 200, 206
Microsoft, 137, 186
Mindfulness, 184
Mindset
  de soma zero, 85
  do benefício mútuo, 84

N

Netflix, 136
Neuroplasticidade, 195

O

Obsolescência programada, 8
Orgulho organizacional, 114
Otimismo saudável, 140

P

Padrões culturais, 111
Pensamento
  exponencial, 130
  ganha-perde, 86
  sistemático, 94
PepsiCo, 121
Personalidade
  tipos de, 168–170
Peter Diamandis, 132
Phil Knight, 7

Pierre Teilhard de Chardin, 137
Poder
    da atenção, 39
    do descanso, 172
Possível adjacente, 119
Projeto
    Aristóteles, 159
    Genoma Humano, 133
Propósito, 5
    cultivo do, 9
    declaração de, 5
    defensores do, 16
    e pragmatismo, 19
    idealista, 19
    jornada do, 6
    maior, 12
    paixão pelo, 5
    senso de, 7
    vs lucro, 11
Psicologia do desenvolvimento, 193

R

Radha Agrawal, 117
Ramón Mendiola, 51, 65
Reed Hastings, 136
Relação sujeito-objeto, 203
Revitalização emocional, 176
Richard Branson, 7
Ritmo circadiano, 177
Robert Kegan, 203
Robert Solomon, 70

S

Safer Way, 15
Salesforce, 104
Segurança psicológica, 159
Senso de integração, 59
Sentimento anticorporativo, 11
Simon Sinek, 128
Soluções ganha-ganha-ganha, 78, 82
Sombra, conceito, 70
Southwest Airlines, 156

Stephen Covey, 81
Steve Hall, 149

T

Taxa de crescimento, 131
Teoria
    da polaridade, 21
    de stakeholders, 49
The Motley Fool, 156, 161
Tim Cook, 42
Tim Ferriss, 180
Tom Gardner, 161
Tripé de sustentabilidade, 52

W

Warren Buffett, 81
    sobre contratação, 154
Whole Foods Market, 12, 67, 77, 112, 151, 179

Projetos corporativos e edições personalizadas
dentro da sua estratégia de negócio. Já pensou nisso?

Coordenação de Eventos
Viviane Paiva
viviane@altabooks.com.br

Assistente Comercial
Fillipe Amorim
vendas.corporativas@altabooks.com.br

A Alta Books tem criado experiências incríveis no meio corporativo. Com a crescente implementação da educação corporativa nas empresas, o livro entra como uma importante fonte de conhecimento. Com atendimento personalizado, conseguimos identificar as principais necessidades, e criar uma seleção de livros que podem ser utilizados de diversas maneiras, como por exemplo, para fortalecer relacionamento com suas equipes/ seus clientes. Você já utilizou o livro para alguma ação estratégica na sua empresa?

Entre em contato com nosso time para entender melhor as possibilidades de personalização e incentivo ao desenvolvimento pessoal e profissional.

CONHEÇA OUTROS LIVROS DA **ALTA BOOKS**

Todas as imagens são meramente ilustrativas.

PUBLIQUE
SEU LIVRO

Publique seu livro com a Alta Books. Para mais informações envie um e-mail para: autoria@altabooks.com.br

 /altabooks   /alta-books   /altabooks   /altabooks   /altabooks

Este livro foi impresso nas oficinas gráficas da Editora Vozes Ltda.,
Rua Frei Luís, 100 – Petrópolis, RJ.